卓越学术文库

U0558364

传统农区城镇化与农业现代化协调发展研究

CHUANTONG NONGQU CHENGZHENHUA YU NONGYE XIANDAIHUA XIETIAO FAZHAN YANJIU

河南省高等学校哲学社会科学优秀著作资助项目

邱书钦 著

郑州大学出版社

郑 州

图书在版编目(CIP)数据

传统农区城镇化与农业现代化协调发展研究/邱书
钦著.—郑州:郑州大学出版社,2020.4
(卓越学术文库)
ISBN 978-7-5645-6938-9

Ⅰ.①传… Ⅱ.①邱… Ⅲ.①农业区-城镇化-关系-
农业现代化-协调发展-研究-中国 Ⅳ.①F320.1②F299.21

中国版本图书馆 CIP 数据核字(2020)第 056996 号

郑州大学出版社出版发行
郑州市大学路 40 号   邮政编码:450052
出版人:孙保营   发行电话:0371-66966070
全国新华书店经销
河南龙华印务有限公司印制
开本:710 mm×1 010 mm   1/16
印张:13
字数:250 千字
版次:2020 年 4 月第 1 版   印次:2020 年 4 月第 1 次印刷

书号:ISBN 978-7-5645-6938-9   定价:69.00 元
本书如有印装质量问题,请向本社调换

前　言

　　城镇化是我国现在所面临的富有时代特点的新任务,是引领中国经济发展的强大动力,是扩大内需和促进产业升级的最重要抓手。实施城镇化发展战略,是促进我国经济持续健康发展,引领中国走向现代化的必由之路。农业现代化是我国无法绕开的一个历史性课题,农业、农村、农民问题的解决,始终是事关全局的头等大事。在工业化和城镇化加速推进的关键阶段,我国农业承载的任务更为繁重,农业发展面临的风险更为突出,保障粮食安全和农产品有效供给的挑战更为严峻。补齐农业现代化发展的短板,解决"谁来种地""谁来种粮"的问题更为紧迫。

　　城镇化和农业现代化相互协调是实现城乡一体化发展的关键所在,必须把二者发展中的突出矛盾、突出问题综合起来考虑,才能顺利推进城乡发展一体化,才能从根本上解决"三农"问题,才能实现我国现代化建设目标。尤为值得关注的是,我国幅员广大,城乡、区域之间社会、经济发展差别较大,推进城镇化与农业现代化协调发展面临的具体条件不同,解决的具体路径也不相同,如何实现传统农区城镇化和农业现代化协调发展是一个亟待研究的课题。

　　传统农区大多数是国家重要粮食产区,为保证国家粮食安全做出了巨大的贡献。但必须正视的是,在这些传统农区中,城镇化与农业现代化协调发展方面仍然存在一些亟待解决的突出问题。一是盲目圈地筑城,城镇化没有产业发展做支撑,农民被上楼,出现城镇空心化;二是忽视农业发展,尤其是忽视粮食生产,农业投入不足,导致农业增效慢、农民增收难,粮食安全存在隐患,农业发展仍然是短板;三是盲目承接东部地区的产业转移,新上高能耗、重污染的工业项目,造成传统农区土地、水资源、空气污染,生态环境日趋恶化;四是部分异地转移的农业劳动力无法市民化,不能实现真正意义上的人的城镇化。因此,在我国城镇化加快推进的大背景下,探讨传统农区城镇化与农业现代化协调发展就有着特别重要的理论和现实意义。

　　本书以传统农区城镇化与农业现代化协调发展为研究对象,选择中部平原农区为研究范围,以河南省和黄淮平原为研究样本。在参阅大量研究资料的基础上,本书按照提出问题、分析问题、解决问题的思路,运用规范的经济学研究方法进行理论研究和实证研究,分析了传统农区城镇化与农业现代化协调发展存在的问题和影响因素,构建了城镇化与农业现代化协调发展的评价体系,并运用该体系对于二者协调发展的水平进行了评价。基于传统农区实现协调发展的依据和条件,提出了城镇化与农业现代化实现协调发展的思路和对策,最后进行了典型案例分析。全书主要内容如下:

导论部分首先介绍了本书的研究背景、研究意义、研究目的;其次,对国内外相关研究文献进行综述,明确研究起点;再次,阐述了本书研究的方法和技术路线;最后,说明了本书的研究内容和可能的创新点。

第一章是核心概念和基础理论。该部分首先对于传统农区、城镇化、农业现代化基本概念进行详细的界定,确保概念的准确性,避免可能出现的概念模糊。其次对于本研究相关的基础理论进行分析归纳,包括梯度转移理论、协调发展理论、增长极理论、低水平均衡理论、中心外围理论,为接下来的研究奠定了坚实的理论基础。

第二章是城镇化与农业现代化的相互作用和协调机理。该部分主要是对城镇化与农业现代化的关系进行了一般性的理论分析,为后续的研究打好基础。首先,分析了二者之间的相互作用,包括农业现代化对于城镇化的基础作用、城镇化对于农业现代化的引领带动作用;其次,从五个方面具体分析了二者协调发展的机理,包括工农互促、产城融合、城乡统筹、以人为本、生态文明。

第三章是传统农区城镇化与农业现代化协调发展的问题分析。该部分以河南省和黄淮平原为研究范围,具体分析了传统农区城镇化发展的现状和问题、农业现代化发展的现状和问题、城镇化与农业现代化协调发展的现状和问题。重点分析了农民进城安居而不落户、两地城镇化、半城镇化、就地城镇化滞后、城乡二元差距拉大等问题。

第四章是对传统农区城镇化与农业现代化协调发展水平的评价。该部分以黄淮平原的黄淮四市(商丘、信阳、周口、驻马店)为样本,选择1990—2012年的农业现代化和城镇化的相关数据,对于二者协调发展的水平进行了分析和评价。首先,分析了黄淮四市城镇化与农业现代化协调发展的现状和问题,并且利用联合国模型法对四市1990—2012年城镇常住人口比率进行了统一修正;其次,从传统农区实际出发,构建了评价城镇化与农业现代化协调发展的综合指标体系,阐述了指标权重的确定方法、协调发展水平的评价方法;最后,对黄淮四市城镇化与农业现代化协调发展水平进行了评价,包括协调发展绝对水平的纵向评价、协调发展相对水平的纵向评价、县域范围协调发展水平的横向评价。

第五章是传统农区城镇化与农业现代化协调发展的影响因素分析。该部分把影响协调发展的因素归纳为三个方面:首先是自然因素和国家区域政策因素;其次是制度、二元体制和发展路径因素;最后是工业化发展水平和城镇化发展水平因素,并且对于城镇化本身滞后的原因进行了实证分析。

第六章是传统农区城镇化与农业现代化协调发展的路径选择。该部分首先分析了传统农区协调发展路径选择的依据和特殊性、有利条件和机遇;其次以此为立足点,提出了协调发展的路径模式,包括龙头企业带动模式、工业园区带动模式、返乡创业推动模式、产业融合推动模式。

第七章是传统农区城镇化与农业现代化实现协调发展的思路和对策。通过前述理论探讨和实证分析,对全书做出了总结性的归纳。首先,提出了实现协调发展的基本思路,包括稳定粮食生产、推进农业产业化、推动土地流转、产城融合发展、农民就地转移为主和异地转移为辅、统筹城乡发展等;其次,提出了实现协调发展的对策建议,包括发展农产品加工业、建设优势农产品带、构建完善的城镇体系、加快县域经济和镇域经济发展、有效承接产业转移、构建新型农业经营体系、建立现代农业综合试验区等。

第八章是传统农区城镇化与农业现代化实现协调发展的案例分析。该部分选择了传统农区的农业大县潢川县、人口大县固始县、产粮大县淮阳县,分别从农业产业化带动、回归创业推动和产业融合推动的角度,详细分析了三个典型案例实现城镇化与农业现代化协调发展的思路和具体做法,归纳和总结了其中成功的经验。

第九章是研究结论与展望。该部分对于全书研究得出的结论进行了总结概述,指出了本研究的不足,展望了未来研究的方向。

本书可能的创新之处:

1. 本书将研究视角锁定在传统农区,具体分析了传统农区城镇化与农业现代化协调发展的突出问题,体现协调发展的特殊性和依据,研究更具有针对性和指导性。

2. 本书从城乡统筹发展的高度,以国家主体功能区规划为着眼点,结合传统农区资源、区位、体制等来探讨城镇化与农业现代化协调发展的问题,具有一定的新意。

3. 在突出传统农区承担国家粮食安全责任的基础上,本书构建了传统农区城镇化子系统和农业现代化子系统的评价指标体系,并且从纵向和横向的角度对于协调发展水平进行了评价。

4. 在对城镇化与农业现代化协调发展的理论基础进行一般性分析的基础上,本书选择中部平原农区作为研究范围,以河南省和黄淮四市为样本,通过三个具有典型意义案例的分析,深刻地揭示了传统农区城镇化与农业现代化协调发展的紧迫性和现实可行性。

5.在综合运用产业经济学、制度经济学、发展经济学、区域经济学等学科的基础上,通过多角度、定性和定量的分析,本书提出了传统农区实现协调发展的思路和对策。

目录

导　论

第一节　研究背景、目的和意义

一、研究背景

农业、农村、农民问题的解决,始终是党的工作重心。从2004年到2014年连续十一年,中央一号文件始终锁定"三农"这个主题,都强调了"三农"问题在我国现代化建设中的重要地位,强农惠农支农的政策力度更是前所未有。在强有力的政策支持下,我国农业的发展取得了举世瞩目的成就,尤其是进入新世纪,我国粮食生产实现"十连增"①,农民收入实现"十连快",形势喜人,成绩斐然。在国内外各种复杂局势跌宕起伏的大背景下,我国社会能够保持和谐稳定的大好局面,经济能够实现又好又快的发展,就是因为农业的发展提供了坚实的基础。然而在新的发展阶段,我国经济社会发展中依然面临诸多问题,有些问题相当突出,不协调的情况相当明显,并且很多问题交织在一起,这些问题的存在,对我国经济实现又好又快的发展带来诸多不利影响。党的十八大报告指出,城乡区域发展差距过大,是当前我国经济发展不平衡、不协调、不可持续的突出表现。这些不协调不平衡问题的集

---

① 国家统计局:2013年我国粮食总产量为60194万吨,增幅达到2.1%,http://www.stats.gov.cn/。

中体现就是城乡关系失衡、工农关系失衡,归根结底就是农业现代化发展滞后、农民收入增长乏力、农民权益保护滞后、农村发展缓慢,因而"三农"问题依然是我国现代化建设的薄弱环节。

能否实现"到 2020 年实现全面建成小康社会"的宏伟目标,关键就取决于"三农"问题能够在多大程度上得到顺利解决,所以三农问题的解决既具有紧迫性,又具有艰巨性。在新的发展阶段,面对新的问题和矛盾,农业问题的解决不能完全局限于农业本身,农村问题的解决不能完全局限于农村本身,必须跳出农业解决农业问题、跳出农村解决农村问题,因此"三农"问题的解决必须做出战略性、全局性的新部署。

"十二五"规划把推进城镇化的健康发展作为扩大内需的最主要抓手。学界和政界对于城镇化的作用基本达成共识,肯定城镇化是推动未来 20 年中国经济持续发展的根本动力。因此城镇化是引领中国经济发展的引擎,是扩大内需的最大潜力①。只有城镇化才能让中国进入高收入国家,实现经济社会的持续健康发展。实施城镇化发展的战略,是促进我国经济持续健康发展,中国走向现代化的必由之路。十八届三中全会做出了"使市场在资源配置中起决定性作用"的决定,并且把城乡一体化的发展作为解决三农问题的根本途径。然而很多地方现有的城镇化发展带来了诸多问题,完全偏离人的城镇化这一核心要求,带来土地城镇化、半城镇化、农村病和城市病等诸多问题,突出表现在以下几个方面:

第一,土地城镇化的速度远远快于人口城镇化的速度。城镇化的过程本来是土地利用率提高的过程,而我国很多地方的城镇化发展的结果却是背道而驰,出现土地浪费扩张。根据国土资源部的统计数据,从 1990 年到 2000 年,我国城镇建设面积增加了 90%,人口增加了 52%,土地城镇化的速度是人口的 1.71 倍,从 2000 年到 2012 年,城镇建设面积增加了 83.4%,人口增加了 45%,土地面积增加是人口增加的 1.85 倍。土地城镇化快于人口城镇化带来的最明显结果就是大批三四线城市的"空城""鬼城"频繁出现。土地城镇化引发的另一个严重的问题就是地方政府对于土地财政的过度依赖,由此引发的征地强拆事件频频发生,而失地农民的权益难以得到维护。

第二,伪城镇化现象突出。2012 年我国城镇化率虽然达到 52.6%②,但是伪城镇化问题突出,其主要原因是目前在城乡流动的 2.6 亿农民工,其中

---

① 马旭:我国城镇化率每提高一个百分点,会带来 1300 多万的农村人口转移,带来新增消费 1700 亿。http://news.xinmin.cn/domestic/2013/03/18/19269843.html。
② 按照城镇常住人口统计的城镇化率为 52.6%,而按照户籍统计出来的城镇化率只有 35%,二者相差 17.6%。

有 1.6 亿农民工是跨省流动,而 1 亿的农民工是在本省流动①。进城农民工从事的是非农产业,已经完成了职业的转变,但是由于户籍制度改革的滞后,农民工身份的转变困难重重,进城农民工不能真正融入城镇,形成"两只脚都不着地"的尴尬困境:一条腿已经进入城市,但是不能平等享受城市的医疗、教育、社会保障,不能在城市立足,人为设置的障碍导致城市出现新的"二元结构"②;一条腿已经离开农村,脱离农业,但是户籍和土地还在农村,家人孩子还在农村,由此形成农村的留守老人、留守妇女、留守儿童"三留守"人群。

第三,农民作为城镇化的主体被忽视。很多地方城镇化发展带来的结果是农民权益的受损,农民没有真正参与到城镇化的进程中,没有分享到现代化、城镇化发展所带来的收益。目前已经有 2.6 亿农民工的庞大群体,城镇化的过程应该首先关注这一部分群体的生活和就业,实现他们的市民化待遇,但是很多地方并没有将城镇化的重心放在他们身上,也没有把改善留在农村务农的农民生产生活水平作为着力点,更多的是把目光盯在农民的承包地和宅基地上,形成土地财政,违背农民的意愿而把城镇化强加于农民,引发严重的社会矛盾。

第四,城乡二元结构突出。城乡要素交换不平等,农村资源过多流向城市,是目前我国城乡二元结构最为突出的表现。在农产品统购统销时期,工农产品通过"剪刀差"的形式,让农民和农村做出牺牲以支持工业和城市③。目前价格"剪刀差"虽然依旧存在,但主要表现为土地、资金、劳动力等要素的城乡价格"剪刀差"④。城市的发展对农民土地的征收补偿标准过低,远远低于市场价格,巨大的收益并没有让农民分享。通过金融机构"抽水机"式的存贷款,导致农业和农村积累的资金大量流向城市建设和工业项目;农民工工资虽然有所增加,但是依然是同工不同酬。农民为城市的发展每年积累几千亿的资金,却享受不到城市的各种福利和保障。在公共资源的配置上,依然是以城市为主,农村的公共服务依然相当滞后,很多方面甚至是一片空白。

---

① 张占斌:《城镇化核心是改革 1.6 亿农民工进城问题》,http://www. chinanews. com/gn/2013/11-18/5512961。

② 李效民:《城市内部二元结构问题及多纬度研究》,《城市发展研究》2013 年第 9 期,第 17～20 页。

③ 崔晓黎:《新中国城乡关系经济基础与城市化问题研究》,《中国经济史研究》1997 年第 4 期,第 1～22 页。

④ 罗军:《新双轨制、人口红利、土地红利——基于转轨视域的中国城乡二元结构考察》,《中州学刊》2011 年第 1 期,第 61～65 页。

党的十八大报告指出:"坚持走中国特色新型工业化、信息化、城镇化、农业现代化道路,推动信息化和工业化深度融合、工业化和城镇化良性互动、城镇化和农业现代化相互协调,促进工业化、信息化、城镇化、农业现代化同步发展。"①在此基础上,报告又进一步强调了"三农"问题的重要性,并且放到全党工作重中之重的位置,首次提出通过"城乡发展一体化"来解决三农问题的全新战略。这是我们党在新的阶段、立足全局,基于我国的实际发展情况做出的新判断,是站在新的历史起点上重大的理论创新,体现了党对于加快我国转变经济发展方式,解决"三农"问题的认识达到新的高度。"四化"同步和城乡一体化思想的提出,表明了我们党对解决"三农"问题高屋建瓴的认识,关于城乡关系的全新定位,为2020年建成全面小康社会指明了方向和路径。

从本质上来看,"四化"同步的过程也是"四化"互动的过程,是相辅相成的一个整体,每一部分都是不可缺少的环节,其中工业化发挥动力作用、城镇化主要是引领作用,农业现代化提供基础和支撑作用,信息化通过融合推动其他"三化"发展,因此要实现我国经济社会的协调平衡发展,就必须在互动中推动"四化"同步发展。然而"四化"同步发展面临的最大问题是三条腿长,一条腿短,这条短腿就是农业现代化。农业现代化发展滞后不仅成了"四化"同步的短腿,而且还是制约同步发展的"后腿"。

城镇化既是一个大战略,也是一个复杂的系统工程,因此如何有效、平稳、持续推进城镇化的发展,既是经济社会发展的紧迫要求,也是社会文明进步的应有之义。城镇化作为推动我国经济引擎作用的发挥,就不能只是考虑城镇土地规模的扩大,也不能只是只顾及城市自身的发展而不考虑农村,不能总是无偿、低偿索取农业资源②。城镇化健康持续发展,必须在四化同步的框架下、在城乡一体化的范围内,和新农村建设一同推进,补齐农业现代化发展的"短腿"和"后腿",实现与农业现代化的协调发展,同步推进。

第一,实现城镇化与农业现代化协调发展,可以解决我国农业在新的发展阶段面临的难题。我国农业的发展可以分为三个阶段③:第一个阶段解决的主要是食品供给问题,第二个阶段解决的主要是农民收入的问题,我国农业目前已经进入了第三个阶段,主要是实现农业现代化,解决粮食安全和农

① 胡锦涛:《坚定不移沿着中国特色社会主义道路前进为全面建成小康社会而奋斗》,http://cpc.people.com.cn/18/n/2012/1109/c350821-19529916.html。

② 厉以宁:《关于中国城镇化的一些问题》,《当代财经》2011年第1期,第5~6页。

③ 王国敏、赵波:《中国农业现代化道路的历史演进:1940—2010》,《西南民族大学学报(人文社会科学版)》2011年第12期,第207~212页。

产品的有效供给的问题。前两个发展阶段的任务解决主要是依靠制度创新、稀缺要素尤其是土地生产率的提高、农产品价格上涨、剩余劳动力转移、政府"三农"财政的投入等。然而新阶段农业问题的解决面临的挑战包括农业劳动力的短缺和素质不高、农业经营规模小、农业劳动生产率不高等问题的,其中最主要的是农业转移人口市民化的问题,因为随着农业现代化的发展,将产生大量的剩余劳动力,就必须保证这些人的就业。要实现农业的现代化,就要实现"一个出来,两个进去":一个出来就是让剩余的劳动力出来,推进土地流转,实现规模化经营。两个进去,其中一个是让资本进去,推动农业的产业化、规模化,解决小农户大市场的难题;另一个就是让知识进去,通过体制的创新,让懂经营、会管理、有知识的年轻人进去,提高农业发展的科技化、信息化、知识化水平。因此,农业发展新阶段这些问题的解决需要高质量的城镇化,并且要实现城镇化与农业现代化的协调发展、同步推进。通过提高城镇化的发展质量,实现农民工市民化制度的创新、农村土地制度的创新,让土地成为农民的资产和进入城镇的物质保障。

第二,实现城镇化与农业现代化协调发展可以缩小城乡差距,从根本上改变城乡二元结构。城乡二元结构的存在长期以来制约着我国经济的均衡健康发展,是城乡发展一体化的最主要障碍,通过城镇化与农业现代化的协调发展可以有效破解这一难题。城镇化的大门为农民打开,不再有身份户籍的限制,农民进入城市从事二、三产业,可以像城里人一样享受现代化带来的文明,还可以进一步促进城市的进步。而对于不想进入城市而留在农村的农民,由于劳动力的减少实行适度规模经营,发展现代农业,提高农业劳动生产率而提高务农收入,获得不低于进城就业的收入水平。通过新农村建设同样可以享受到城镇的生活方式,农民只是一种职业,不再有身份的限制,农村和城镇都是安居乐业之地。这样就可以最大限度地改变城乡收入悬殊的局面、农村和城市的巨大差别的局面。十八届三中全会提出了破解城乡二元结构的这一历史难题的勇气和决心,并且提出了建立新型工农城乡关系的智慧和路径,因此改革的红利必将进一步释放城镇化的最大潜力,实现城乡一体化的发展。

第三,实现城镇化与农业现代化的协调发展,才可以使我国成功跨越"中等收入陷阱"。中等收入陷阱是指当一个国家的人均收入水平达到1000美元中等收入水平之后,收入水平难以突破12000美元,将会出现经济结构调整乏力,发展的动力不足,经济停滞不前的一种现象。2012年我国人均生产总值达到6100美元,正处在中等收入偏上的轨道上快速发展。要实现未来10年经济快速持续发展,成功避开中等收入陷阱,就需要改变现有的不平衡、不协调的经济发展模式,让市场在资源配置中发挥决定性作用,最为关键的是通过三农问题的解决,实现农业的现代化。农业现代化的成功实现必须依靠城镇化的推进,使得城镇化的进程和新农村的建设统一到城乡一体化发展的轨道上来。

第四,实现城镇化与农业现代化协调发展才能保证全面建成小康社会。党的十八大报告提出,要实现国内生产总值和城乡居民收入比 2010 年翻一番的目标,如期建成全面的小康社会。这需要在保持可持续性、平衡性、协调性的基础上实现经济社会的健康发展,但是最大的挑战和难题是"三农"问题发展严重滞后,因此要实现城镇化与农业现代化的协调发展,补齐农业发展的这一短腿和后腿,才能如期建成全面的小康社会。

在工业化、城镇化加速推进的关键时期,传统农区作为维护我国粮食安全、保障农产品有效供给特殊区域,其重要性越来越明显。但是随着资金、土地、劳动力的加速外流,"谁来种地""谁来种粮"以及"如何种地"、城乡二元差距拉大的问题、经济社会发展滞后的问题越发明显。在这样的背景下,研究传统农区城镇化与农业现代化协调发展,缩短与全国整体发展水平的差距,实现区域经济的健康持续发展,就具有现实必要性和紧迫性。

二、研究目的

传统农区是实现城乡一体化发展面临的矛盾和困难最为集中的区域,是制约区域经济协调发展的明显短板。在城镇化加速发展的大背景下,如何破解传统农区"三农"发展的难题,打破城乡二元结构,实现城镇化与农业现代化协调发展是本研究的主要目的。

(一) 深刻剖析阐明传统农区实现协调发展的依据条件

一方面,传统农区在承担国家粮食安全、保护生态环境方面具有重大历史职责,另一方面,传统农区在整个国家工业化、城镇化加速推进的背景下,具有加快实现城镇化与农业现代化协调发展的紧迫性和必要性。尤为重要的是,传统农区必须以国家主体功能分区规划为着眼点,把城镇化与农业现代化的协调发展纳入整个国民经济协调发展的高度推进。因此本研究特别强调从传统农区实际出发,从保障国家粮食安全大局出发,通过实证分析和典型案例,把传统农区城镇化与农业现代化协调发展的特质、依赖条件阐述透彻,从而为实现协调发展明确思路,指明方向。

(二) 探寻传统农区协调发展的路径模式和政策思路

如何实现城镇化与农业现代化协调发展是本研究的重点和难点。以牺牲农业、牺牲农民利益、牺牲生态环境的传统的城镇化发展模式以及不突破现有体制农民"异地转移"和"离土不离乡"的城镇化的路径引发诸多问题,如"农村空心化""农民老龄化""半城镇化"、生态危机、耕地资源浪费等。

基于此,传统农区城镇化与农业现代化协调发展应该以城乡统筹、城乡一体化为核心,以加快农业现代化发展、强农富农为目的,以体制机制创新为突破口,突出新型城镇化的引领作用,带动产业集聚和人口集聚,实现土地集约利用、农业规模经营、农民多元就业、促进产城互动、产业互动、城乡互动,从而加快生产方式和生活方式转变,实现新型城镇化和新型农业现代化协调发展。

三、研究意义

(一)理论意义

本研究在前人研究的基础上,运用现代经济学研究范式,紧紧抓住传统农区这一特殊区域,通过理论和实证研究论证城镇化与农业现代化协调发展的必要性、可行性以及实现途径,以期为破解城乡二元结构、统筹城乡发展、如期全面建成小康社会提供有力的理论支撑和依据。

首先,本研究在对有关概念和理论充分认识的基础上,明确了城镇化的内涵,农业现代化的内涵,以及二者协调发展的本质内涵,为进一步的研究奠定了坚实的理论基础。

其次,本研究有助于完善不同区域城镇化与农业现代化协调发展的评价体系和方法。在充分理解协调发展本质属性的基础上,本研究从传统农区经济社会的实际出发,通过设置综合评价指标体系,对城镇化子系统、农业现代化子系统,以及二者协调发展的整体水平进行量化评价。城镇化与农业现代化协调发展理论框架的构建以及评价体系的设置,丰富了协调发展理论的研究体系。

再次,本研究将为传统农区选择城镇化与农业现代化协调发展的路径和模式提供一个较好的分析框架,为进一步深入分析区域协调发展理论提供一个新的思路。城镇化与农业现代化协调发展的理论既是理论热点,也是理论难点,目前国内外学者对于城镇化与农业现代化协调发展的研究取得了丰富的成果,提出了很多独到全新的见解和思路,然而大多数研究仅仅停留在宏观的国家层面,而对中观区域层面的研究较为欠缺,尤其是对于传统农区的研究,更是缺乏深入的理论分析和定量化的逻辑论证,因而本研究期望对于传统农区城镇化与农业现代协调发展理论做出一定的尝试和创新。

(二)现实意义

我国已经进入了城镇化加速推进的关键时期,城镇化的快速发展对于我国粮食安全和主要农产品的有效供给、农业综合生产能力的稳定和提升、农民收入水平的提高、农村发展的繁荣、生态和环境的改变带来深刻的影响,很容易导致城镇化与农业现代化发展的脱节、矛盾和问题的出现,这对于进一步推进城镇化的健康发展、农业现代化水平的提高,进而实现城乡一体化都会带来不利的影响,也会从根本上影响全面建成小康社会的目标实现,所以实现城镇化与农业现代化的协调发展就成为事关全局的问题。由于我国幅员辽阔、资源禀赋不同、区域差异较大,各地区在推进城镇化与农业现代化协调发展方面面临的具体条件相差较大,因而解决的具体路径也不同,而"三农"问题特别集中的传统农区如何实现城镇化与农业现代化协调发展是尤为亟待解决的问题。

传统农区大多是国家重要的粮食产区,为国家的粮食安全、农业的稳定发展做出了巨大的贡献,但是必须正视的是,在这些地区推进城镇化和农业现代化协调发展的瓶颈问题依然没有解决,某些方面的问题和矛盾表现得较为突出:一是一些地方财政收入提高了,经济发展了,但是粮食生产、生态环境破坏了,农业增效慢、农民增收难、农村发展难,"谁来种田、谁来养猪"的问题更为突出,城乡收入差距大,农业依然是短板;二是一些地方粮食生产上去了,生态环境保住了,但是经济发展上不去,城镇化发展滞后、城乡分割、城乡失衡的社会结构性矛盾愈加突出,城乡二元结构进一步固化。以我国中部传统农区为例,该区域共有5475万农户,占全国农户总数的27.8%,粮食、油料、肉产量分别占全国的29.8%、44.1%、26.9%①,有相当一部分县(市)农业发展基础好、生态环境好,是国家粮、棉、油等大宗农产品的主产区,甚至是粮食生产的核心区,但是这些县市往往是"农业大县、工业小县、财政穷县","三农"问题愈加突出,社会、经济、生态协调发展面临诸多矛盾和困难,与其他区域的发展差距愈来愈大,成为区域经济发展不平衡的最明显的短板。

因此,在我国城镇化加快推进的大背景下,本研究针对传统农区城镇化与农业现代协调发展问题研究就有着特别重要的现实意义,同时本研究对解决传统农区城镇化与农业现代协调发展的相关政策建议可以为政府制定相关政策提供依据。

① 关付新:《中部粮食主产区现代粮农培育问题研究——基于河南省农户的分析》,《农业经济问题》2010年第7期,第69~77页。

第二节　文献综述

一、国外研究综述

钱纳里(1957)认为发展就是经济结构的成功转变,经济发展的不同阶段有着不同的产业结构与之相对应[①],国外经济学家早期更多的是从产业结构变动对于经济影响来研究城市与农业的关系。17世纪末,英国经济学家威廉·配第(Willin Petty)在研究英国等国家的农业、工业和商业活动时,就注意到不同产业之间收入差异及由此而引起的劳动力产业结构的变动。他认为由于受比较利益的驱动,包括劳动力、资本等在内的农业要素将会在农业部门内部的推力和非农部门的拉力共同作用下流向非农部门,结果促进了劳动力的非农化过程,推动了人口城市化水平的提高。

1940年,经济学家柯林·克拉克(Colin Clark)研究了经济发展过程中劳动力就业结构的变动规律。他认为当经济发展时,人们收入水平提高以后,一个共同的现象就是劳动力会从第一产业转移出来,进入城市的非农产业部门,非农产业吸纳就业人员的比重会逐步地增加;在这个基础上,劳动力会逐步地从第二产业向第三产业转移。伴随着就业结构的非农化,以工业和服务业为产业支撑的城市会自然得到形成和发展。另一方面,城市的发展也会带动农业的发展,德国经济学家李斯特(Friedrich List)指出,农产品的需求主要是由国内的城市需求构成,国内城市市场对于农产品需求的重要性要远远大于国际市场的重要性,"一旦国内工业得到充分的发展,那些以土地为生的人们能够获得的市场远比他们在整个世界可以找到的市场大得多、有利得多"。舒尔茨(Theodore W. Schultz)认为,农业的快速发展是发展中国家发展的基础和依靠,但是传统农业自身却没有形成稳定持续的发展能力,因此必须把传统农业改造为现代农业,核心是通过现代农业科技,促使农业结构发生改变,改变农业生产要素投入结构,提高农业生产要素的生产力,促使外部资金投向农业。

经济学家西蒙·库兹涅茨(Simon Smith Kuznets)1966年在《现代经济增长》中分析了农业与城市化之间的相互促进关系。他指出,产业结构变动对

---

① H. B. Chenery, Patterns of development. Oxford University Press, 1957.

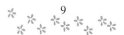

城市化带来的影响是由产业的不同属性决定的。由于农业生产需要大规模的土地,因而农民居住在分散的农村比较合适,随着经济的发展,产业结构中的主导产业就由农业转向非农产业的制造业和服务业,产业结构的转变所需要投入的要素,比如资本、土地、劳动力等就会由农村向城市转移,进而会促进城市化的进程。而城市化对于农业的影响体现在两个方面:城市化意味着分工和专业化的加强,大量的农村转移人口向城市非农产业转移之后会形成对于市场需求的强化,以前完全由农民自己生产的食物、衣服等生活消费品现在必须通过市场的购买才能得到,结果就会形成农产品需求的增加、农产品市场的扩大。与此同时,农业剩余劳动力的减少会促使农业机械化和农业集约化的形成,进而促进农业的发展、农业生产效率的提高。另一方面,由于城市人口消费的农产品需要从农村运来,这就需要花费更多的成本,结果会引起围绕农业的服务业的发展,同样也会促进农业的发展。

对于存在"二元经济"的发展中国家的城市化与农业现代化的关系,西方经济学家同样进行了深入的研究。威廉·阿瑟·刘易斯(William Arthur Lewis)认为发展中国家的经济存在着二元结构形态,他在1954年发表的《劳动无限供给条件下的经济发展》①一文中强调了农业现代化的实现更多的来自于城市的拉动作用。他认为发展中国家农业资金投入不足,生产效率低下,潜在的剩余劳动力巨大,经济的发展需要城市的工业部门的扩张,而城市工业部门的扩张需要农业部门提供丰富的廉价劳动力,由于发展中国家"二元经济"的存在,城市生产率高的工业部门工资高于农村生产率低的农业部门,进而吸引农业剩余人口向城市转移。一旦农业剩余劳动力转移完毕,农业劳动生产率也就相应提高,这样城市工业部门想要雇佣更多的农业劳动力,就需要提高工资与农业竞争,农业就会逐步实现现代化,"二元经济"也就变成了"一元经济"。随后费景汉(1961)和拉尼斯(1963)②分别对刘易斯模型进行了改进,都强调了农产品剩余对于城市非农产业部门扩张的重要性。费景汉-拉尼斯模型考虑到了农业生产部门和城市非农部门之间平衡发展的问题,同时也注意到了随着城市工业部门的扩张,那些流入城市的农村剩余人口的口粮问题,因而要想保持城市非农产业对于农村剩余劳动力的吸纳能力,就需要保持非农部门和现代化农业之间的相互动态平衡作用。只有农业的迅速发展,提供更多的农村剩余劳动力满足城市非农

---

① Lewis W. A. Economic development with unlimited supply of labour. Journal of The Manchester School of Economics and Social Studies, 1954, vol. 20, pp. 139–192.

② Chenery H etal. Redistribution with Growth. London and New York. Oxford University Press, 1974, pp. 340–366.

产业劳动力对农产品的需求,才能促使愈来愈多农村剩余劳动力向城市转移,因而农业生产率提高而出现农产品剩余是农业劳动力流入城市工业部门的先决条件。

托达罗①(M. P. Todaro)强调了在二元经济结构转变和工业化进程中农业发展的重要性,他认为农业和工业,农村和城市在发展过程中具有同等的重要性,消除二元经济结构不能仅仅依靠农村人口流入城市,更为关键的是要依靠农业生产能力的提高,改善农村的生产条件,使城乡差别和工农差别不断缩小,最终使二元经济结构消失。

在城市化与农业现代化相互影响的具体关系方面,Murata(2002)、Davis(2002)和 Henderson(2003)都提到技术进步对农业发展的重要促进作用,而城市工业部门就是技术创新的平台。农药、化肥、机械等生产要素在农业生产中的大量使用,导致农业生产效率的大幅度提高,最终引起农业部门释放大量的剩余劳动力,正是由于剩余劳动力大量转移到城市中的相关非农产业,促使城市化的快速发展。Moomaw 和 Shatter(1996)通过计量方法考察了影响城市化的因素,通过实证结果发现农业人口的增加会阻碍城市化的进程。

总之,国外关于城市化与农业现代化理论研究成果较多,而基于产业结构和城市化的关系的基础上进行研究城市化与农业现代化的理论成果更为丰富。其中对于存在二元经济结构的发展中国家的研究,对于研究我国城镇化与农业现代协调发展关系具有更好的借鉴意义。

二、国内研究综述

国内学者对城镇化、农业现代化,以及二者协调关系进行了广泛和多视角的研究,形成了丰富的理论成果,概括起来研究内容主要集中在以下几个方面。

(一)关于中国城镇化发展问题的研究
1. 关于中国城镇化发展模式选择方面的研究

国内学者提出了不同模式选择。一是小城镇模式,根据中国的国情,中国应该走小城镇为主、大城市为辅的城镇化道路。著名学者费孝通②(1984)首先提出"小城镇、大问题",之后小城镇的研究一段时间之内成为热点,在

---

① Todaro M. P, Economic Development in the Third World. Third edition:Longman, 1985.

② 费孝通:《小城镇的发展在中国的社会意义》,《瞭望周刊》1984 年第 32 期,第 8~10 页。

20 世纪 80 年代出现了"乡村集镇化"的观点,有学者认为"集镇化"才是符合我国独特国情的城镇化道路①。向春玲(2004)认为,小城镇的发展是我国农村劳动力转移的重要渠道,小城镇发展的重点是县城和中心镇。二是中等城市发展模式。中等城市具有独特的发展潜力和效益,同时兼有小城镇和大城市的优点,又可以避免二者的不足,因此中国的城镇化应该更多地发挥中等城市的作用,以发展中等城市为重点(刘纯斌,1988)。三是大城市发展模式。这一观点认为中国的城镇化道路应该走大城市扩容,以发展大城市为主的道路。周天勇等②(1989)指出人口向城市的迁移,尤其是向大城市转移集聚是城市化发展的共同特点,中国的城镇化道路应该走大城市扩容、以发展大城市为主的城镇化道路,只有把大城市的发展作为中国城市化发展的重心,才能有效带动中小城市和小城镇的发展。四是均衡发展模式,中国城镇化道路应该选择以大城市为引导、中等城市为主体、小城镇为基础的多功能、多层次均衡发展道路③。周一星(2006)认为,我国需要构建大中小城市功能互补、协调发展的城镇化体系。中国应该走出误区,合理发展大城市,积极发展中等城市,适当发展小城镇④。汪光焘(2002)、辜胜阻(2008)都指出中国城镇化由于农业人口多,需要转移的农村人口既要向大城市转移一部分,也需要向小城镇转移一部分,小城镇不仅要成为接受大城市辐射的地区,而且还要成为带动农村经济社会发展的中心,必须以县城为中心推动农村的城镇化。五是多元模式。由于我国不同区域发展的不均衡,经济社会发展水平不一,不可能采用同样的城镇化发展道路来解决城镇化问题,因而必须因地制宜,根据各地实际采用多元化的道路来解决中国的城镇化问题(唐若兰,2003);东部地区应该走以分散型城镇化为主的道路,中部地区应该走集中型和分散型相结合的城镇化道路,而西部则必须注重本地特色和现实情况(向春玲,2004)。牛凤瑞(2003)认为,多样化是中国特色城镇化的基本特征,这种多样化体现在很多方面,比如城镇布局的多样化、城镇规模的多样化、城镇化进程的多样化。汤茂林(2000)具体分析了不同地域的城镇化发展模式:以资源开发型为代表的攀枝花模式;以集体经济为主导的苏南城镇化模式;以个体经济和民营经济为主导的温州小城镇模式;以外向型经济为动力的

① 任清尧:《关于乡村集镇化和集镇建设的探讨》,《经济地理》1985 年第 2 期,第 146～150 页。

② 周天勇、李春林:《论中国集中性城市化之必然》,《人口研究》1989 年第 2 期,第 17～24 页。

③ 王颖:《城市发展研究的回归与前瞻》,《社会学研究》2000 年第 1 期,第 65～75 页。

④ 简新华:《走好中国特色的城镇化道路》,《学习与实践》2003 年第 11 期,第 45～64页。

珠三角城市化模式。六是城市群发展模式。杨建荣(1995)认为中国的城镇化应该走城市群带动的模式,只有城市群才是中国最有效率、最符合实际的城镇化模式,通过组建若干个城市群,实现中国经济空间上的多极带动发展,城市群内部的大中小城市可以获得合理分工、协调发展。

2.关于中国城镇化"特色"研究方面

汪光焘(2002)认为建制镇和市是城市型人口集聚地,乡政府所在的集镇也具有小城镇的特征,中国城镇化的过程,不仅包括进入城市和建制镇的过程,也包括进入集镇的过程。钱振明(2008)指出中国的城镇化必须走中国特色的城镇化,这是"中国经验"的总结,也是历史选择的结果;中国城镇化的问题不仅仅是经济发展、空间布局结构的问题,还是重大的政治和公共政策问题,因而国家的政策和制度对城镇化的发展起着非常重要的作用。许经勇(2006)认为,中国城镇化特色的集中体现就是城镇化的发展与"三农"问题的解决是相互关联的。中国城镇化的特色主要是:城镇化的双重发展模式和双重动力机制,政府在城镇化中起着相当重要的作用;东部和中西部双重城镇化道路;农民工和市民是城镇化的双重主体,数以亿计的农民工是推动城镇化的重要力量;城镇化与工业化、市场化、信息化和国际化紧密相连。我国当前的"半城镇化"突出地表现为农民工既不能完全从农村和农业中退出,也不能完全地融入城市,身份得不到确认[①]。林毅夫(2002)认为我国城市化水平滞后和城乡隔离都是"重工业优先发展战略"造成的结果。与西方发达国家伴随着工业化的城镇化不同,我国城镇是伴随着工业化和信息化的快速发展同时进行的,既要完成工业化,也要完成信息化[②]。贾绍凤(1998)认为人口城镇化是社会的发展趋势,而农村工业化和城镇化只适用于我国部分条件较为优越的地区,大部分地区的农村是不可能工业化、城镇化的。陶然、曹广忠(2008)认为我国在高速城镇化过程中解决城乡协调发展问题面对的主要矛盾是"空间城镇化"和"人口城镇化"不匹配以及由此所带来的一系列问题。朱宝树(2006)认为我国城镇化最需要关注的是已经开始走上城市化道路但实际城市化进程滞后的农民工群体,具有中国特色的农民工问题很大程度上是城镇化和二元结构转变滞后的诸多矛盾集中体现。辜胜阻(1992)主张推进有中国特色的二元城镇化发展战略:以发展城镇圈带为中心的内涵城市化和以充分发挥农村非农产业为目标的据点式、

---

① 辜胜阻:《统筹解决农民工问题需要改进低价工业化和半城镇化模式》,《中国人口科学》2007年第5期,第2~4页。

② 汪光焘:《关于当代中国城镇化发展战略的思考》,《中国软科学》2002年第11期,第2~10页。

外延的农村城镇化。陈锡文[1](2013)认为,我国城镇化进程中最大的问题是人口城镇化落后于土地城镇化,2.6亿多城市常住人口并没有真正成为城镇的居民,农民变市民必须解决的问题至少应该包括就业问题、住房问题、社会保障问题、随迁子女的入学问题等。

(二)关于中国农业现代化发展问题的研究

1. 关于我国农业现代化发展所面临问题的研究

陈锡文(2012)认为我国农业现代化现在面临的突出问题一个是粮食等主要农产品有效供给问题,另一个是城乡收入差距过大的问题。我国农业和农村发展落后的原因主要在于城乡二元结构,由此带来资源从农村长期流出,致使农业发展的资金技术等要素的支持作用不足,这样的局面目前依然没有根本改变。我国农业现代化的发展面临许多制约因素:我国人多地少、农业资源短缺,这是最基本的特点;小规模分散生产经营与大生产、大市场的矛盾是最大的难题[2];农业生产力落后,科技水平低,农业生产的粗放式发展;传统农业经营思想和现代农业经营理念的矛盾;农业生产的产业链短、附加值低,农业竞争力不强;农业发展的组织化程度不高,区域之间的农业发展水平差异大(叶普万、白跃世,2002;薛亮,2007)。"三农"问题的根本原因还是土地问题,因为土地是农民最主要的资产,中国农业现代化的过程主要是围绕土地问题展开[3]。

2. 关于中国特色农业现代化道路方面的研究

我国农业整体上还是处于从传统农业向现代农业转变的阶段[4]。薛亮(2007)认为家庭经营适合且不妨碍农业现代化的发展,是发展现代农业的基础;由于人多地少的国情,中国需要在小规模家庭经营的前提下实现农业的现代化。中国特色的农业现代化道路必须立足国情,顺应世界农业发展的趋势,把"三农"问题的解决作为出发点,强化支农惠农的政策体系;提高农业的土地生产率、劳动生产率、资源利用率、农产品的商品化率,实现农业的可持续发展,形成产加销、农工贸一体化的产业体系(杨梅枝,2008;白文周,2008;卫龙宝,2009)。中国特色的农业现代化道路必须解决的突出问题

---

① 陈锡文:《当前我国农村改革发展面临的几个重大问题》,《农业经济问题》2013年第1期,第4~6页。

② Lin Yi Fu, Rural Reforms and Agricultural Productivity Growth in China. American Economic Review, 1992, vol. 82, pp. 34~51.

③ 张晓山:《关于走中国特色农业现代化道路的几点思考》,《经济纵横》2008年第1期,第58~61页。

④ 高帆:《中国农业现代化道路的"特色"如何体现》,《云南社会科学》2008年第4期,第33~37页。

包括:把粮食安全放在农业现代化的首位,提高农民收入,重视耕地的保护和可持续性,增加现代农业要素流入,争取农业发展的国际话语权等[1]。

(三)关于城镇化与农业现代化协调发展问题的研究

1. 关于城镇化对农业拉动作用方面的研究

很多学者在探讨城镇化和农业拉动之间的关系时,特别强调城镇化的带动作用。尹成杰(1999)认为,我国农业和农村发展已经进入新的阶段,出现了很多新情况、新问题,必须通过小城镇的发展来解决农业和农村面临的深层次问题。曾芬钰(2003)认为城市化可以减少农村人口,进而增加对农产品的市场需求的多样化,进而会促进以种植业为主的传统农业向高级化、多元化、市场化的现代农业转变,最终引起农业结构的优化。技术进步、结构转变和制度变迁是农业现代化的基本决定因素,而这些因素的成长对城市化有着很强的依赖性,没有城市化的协同推进,农业现代化就不可能实现(郭剑雄2003、张雪玲2005)。胡培兆(2003)指出农业现代化的发展必然使农村人口比例合理地减少,而农村人口的合理减少又有利于农业现代化的发展,使"以多养少"的外部经济条件强化,因此,推进城镇化建设是必需的。钱陈、史晋川(2006)运用 Black and Henderson 的分析框架构建了城乡两部门的经济增长,结果表明在经济增长的初期,城市化水平的上升会导致农业人均产出水平的不断提高以及农业产出比重的不断下降,在经济实现稳定增长之后,农业人均产出水平和产出比重达到均衡值。王永苏[2](2012)认为城镇化的推进有利于更好地维护粮食安全,有利于农业劳动生产率的提高,我国的粮食安全问题主要还是城镇化水平太低,补农带乡的能力太弱,农民向城市转移太少太慢,农业规模太小。影响农业现代化有两个最为核心的问题:一是怎么样使农民的收入规模变大,二是怎么样使农业的就业规模变小,这两个问题之间存在着内在的相互依存关系,而解决问题的根本出路就是大力提升城镇化水平,实现城乡人口结构的合理变迁[3]。赵鹏(2011)认为,城镇化和农业现代化协调发展需要充分发挥城镇化对现代农业的辐射带动作用,使更多的农民真正地融入城镇化进程,加快形成城乡经济社会一体化的格局,为促进经济又好又快发展提供广阔的平台和持久动力。

---

[1] 杨万江:《走中国特色农业现代化道路必须解决十大问题》,《浙江社会科学》2009 年第 2 期,第 36~38 页。

[2] 王永苏:《正确认识和处理"三化"协调发展中的几种关系》,《经济经纬》2012 年第 1 期,第 2~3 页。

[3] 郭庆海:《在统筹推进"三化"中加快吉林振兴》,《当代经济研究》2012 年第 10 期,第 58~63 页。

2. 关于农业现代化对城镇化的促进作用

许毅①(2000)认为,农业现代化一方面会促进农业产业结构的调整,使农村经济从单一的农业经济向农业、农产品加工、农业服务体系、农村第三产业等综合性经济转化;另一方面,也必然造成农村社会关系的变革,使原来小农经济条件下以血缘、地缘为主要纽带转变成以资本为纽带,以经济关系决定的人际关系。这种农村产业结构的变化与人际关系的变化,是农村小城镇出现的根本原因。城市化的快慢要以农业发展的快慢为条件,城市化的推进必须以农业的发展为基础,因而城市化离不开农业的现代化②。秦宪文(2004)认为只有农业获得发展,作为农业投入要素的资本、劳动力以及农产品才会出现剩余,农业的商品化和产业化才成为可能,才会有农业企业的出现,单个的企业形成为区域性的产业集聚才会实现,进而形成专业性的市场,在市场和产业形成的地方,城市在集聚效应的作用下才会形成并获得发展。韩长赋(2011)认为我国农业现代化明显滞后于工业化、城镇化,已经成为我国现代化建设的瓶颈,不仅影响农村经济社会的持续发展,还会进一步削弱城镇化发展的基础。

3. 关于城镇化与农业现代化相互协调发展的必要性

甄峰等(2000)认为,农村的发展不能仅仅依赖城市的辐射,也不能盲目地推进农村的工业化,应该同步推进城镇化与农业产业化的发展,这是城乡协调发展的基本动力。许经勇③(2004)认为,城市问题和农村问题的解决不能分开进行,必须当成一个整体统一推进。"三农"问题的核心是收入问题和就业问题,需通过城镇化的发展推动农业的发展和农村的发展,而城镇的非农产业的发展又需要农业的发展来提供保障。郑鑫(2005)从产业发展的角度分析认为,城镇化与农业现代化是工业化的两个方面,城镇化与农业现代化的相互关系,本质上就是第二、三产业的发展与第一产业的发展相互影响的关系,是相互依存、互为条件的,两者发展的不协调会影响到整个经济的持续和健康发展。吴文倩(2007)认为,农村城镇化与农业现代化是新农村建设的方式和手段,是同一事物的两个方面,农村城镇化是农村剩余劳动力的蓄水池,有利于提高农民素质,是农业产业化的有利依托,是乡镇企业

① 许毅:《新世纪农村发展道路的探索——兼论农业现代化和农村城镇化》,《财政研究》2000 年第 6 期,第 24~29 页。

② 吴海峰:《推进城市化必须与农业发展相协调》,《红旗文稿》2004 年第 11 期,第 14~17 页。

③ 许经勇:《加快我国城镇化进程的关键在于全面繁荣农村经济》,《广东社会科学》2004 年第 6 期,第 53~58 页。

发展的客观基础;而农业剩余是城市化的前提,农业产业化的发展是城市化的催化剂,剩余劳动力的转移是城镇化的发展的内在机制。陈锡文(2012)认为城镇化可以带动农业现代化,农业现代化则为城镇化提供支撑和保证。城镇化若不发展,农业现代化就缺乏动力;反过来农业现代化不能获得发展,粮食等农产品供应不上,城镇化的发展就会受阻,甚至会出现"逆城市化"现象。统筹城乡发展的本质在于推进农业现代化、加快城镇化。以深入推进农业产业化经营为基础,促进农业现代化,可以加快农村城镇化的进程;加快城市化进程,特别是农村城镇化进程,就会为农业产业化提供广阔的平台和载体①。贺叶玺(2011)认为,城镇化和农业现代化都是实现现代化的必要条件,分工使得城镇化与农业现代化各自只具有部分功能而非全部,因而忽视其中任何一方面,都不能使宏观经济体系完备,二者必须保持动态平衡发展,协调推进,否则就会带来经济层面和社会层面的畸形发展,进而影响到现代化进程。

4.关于城镇化与农业现代化协调机制

伍国勇(2011)从现代农业多功能的角度论述了农业现代化和城镇化之间协调发展的机理,认为多功能农业为城镇化提供劳动力、食物、休闲以及稳定的发展环境,形成城镇化发展的动力源泉;而城镇化则是多功能农业发展的保证,加速现代多功能农业发展方式的转型。城镇化可以从经营规模、资金、技术装备、产业依托、农民素质等方面加快农业现代化发展,而城镇化的起步和发展在很大程度上取决于农业生产力的发展和农业领域中资源要素的转移②。张友良(2008)通过实证分析表明县域经济强弱与现代农业水平存在正相关。通过县域经济的发展,为现代农业拓展市场空间,提供技术装备与资金支持,促进农村剩余劳动力的彻底转移,培育并吸引优秀农业人才参与现代农业建设。程丹等(2013)主要从劳动力、土地、产品、科学技术等方面论述了城镇化与农业现代化的耦合关系的内在机制。

5.关于城镇化与农业现代化协调发展的影响因素

郑鑫(2005)认为影响二者协调发展的主要因素表现在对资源的争夺上,要保证两者的协调,就需要政府的参与,以避免两者的不同步,消除两者之间的矛盾。农村经济与城镇经济脱节、农业与现代工业和现代服务业脱

① 蔡雪雄:《我国城乡二元结构的演变历程及趋势分析》,《经济学动态》2009年第2期,第37~40页。
② 崔慧霞:《工业化、城镇化、农业现代化同步发展研究》,《调研世界》2012年第6期,第45~49页。

节以及农民与城镇市民脱节是影响我国城镇化与农业现代化协调发展的核心因素①。农业现代化与城镇化协调发展面临着许多有利的条件,表现在三大产业结构日趋合理、城乡居民消费结构的优化、农村居民在教育培训上的花费支出增加,同时也有不利条件,主要是区域社会经济发展差距进一步拉大、城乡居民收入水平呈现日渐扩大的趋势②。王永苏(2011)认为非农产业能否根据比较优势和竞争优势实现集群发展,形成特色优势产业集群和基地是城镇化和农业现代化实现协调发展的主导因素。崔慧霞(2012)认为城镇化与农业现代化能否保持协调发展的关键因素是农业人口能否保持较低水平。徐大伟等(2012)基于协同效应和机制设计,分析了"三化同步"的机理认为,城镇化是农业经济发展的外在体现,而农业现代化是农业经济发展的目标,利益趋于一致是农业现代化与城镇化协调发展合理制定的内在基础,而信息充分和对称是二者协调发展有效实现的必要条件。

6.关于城镇化与农业现代化的协调关系实证方面

学者利用计量和数理统计方法,论证了二者的相互影响。孙致陆(2009)、王贝(2011)、夏春萍(2012)、周战强(2012)都通过 VAR 模型、格兰杰模型、脉冲响应模型进行了实证分析,结果都表明城市化与农业现代化之间具有长期均衡关系,存在着相互促进的关系,城镇化对农业现代化的短期推动作用相对较大。城镇化是农业现代化的格兰杰原因,而农业现代化是不是城市化的格兰杰原因却存在分歧,是采用数据和指标选取不同所致。脉冲响应结果的分析表明农业现代化对城镇化的响应表现出负向响应,这说明城镇化水平的提高对于农业现代化表现出阻碍作用,但是农业现代化水平的提高会对城市化产生持续稳定的推进作用,有利于城市化水平的提高,但是总体上农业现代化对城镇化的影响不显著,这说明我国城镇化与农业现代化发展不够协调。苏发金(2011)通过实证分析也认为,城镇化对于农业增长的长期效应要大于短期效应,也就是城镇化对于农业现代化的影响短期内不明显;同时,短期内农业的增长对于城镇化的作用也不明显,但是从长期来看作用很明显,说明农业增长是城镇化发展的基础。石如根(2012)通过分析全国 13 个粮食主产区认为,2000 年以来,13 个主产区均不同程度存在城镇化与粮食生产相冲突的矛盾。陈莞桢③(2006)从理论与实

① 刘玉:《农业现代化与城镇化协调发展研究》,《城市发展研究》2007 年第 6 期,第 37~40 页。

② 夏春萍:《工业化、城镇化与农业现代化的互动关系研究》,《统计与决策》2010年第 10 期,第 125~127 页。

③ 陈莞帧:《我国城市化与农业现代化关系的分析》,《统计教育》2006 年第 11 期,第 39~41 页。

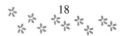

证两个方面对农业自身发展和城市化之间的关系进行分析,证实了城镇化与农业现代化之间有着密不可分的联系。

7. 关于实现城镇化与农业现代化协调发展的建议方面

柯福艳(2011)认为我国城乡二元结构与制度等障碍因素阻碍了现代农业的发展,建立城镇化与农业现代化相互促进的长效机制,政策的支撑和公共服务的均衡化是实现二者协调的基础。曾福生[1]等(2010)认为,要使城市化与农业现代化获得协调发展,只有通过有效的载体,才能实现相互促进的效果,才能真正有效缩小城乡差别和工农差别。崔慧霞(2012)认为,真正实现城乡统筹发展,实现二者协调发展的基础应该是以县域为基础,以产业为支撑。

8. 关于不同地区城镇化与农业现代化协调关系的研究

刘建铭(2004)认为在农区发展城市工业和大城市的同时,农区必须因地制宜,围绕农村富余劳动力转移、农民增收,尽快培育县域或者中心城镇的新兴产业,在传统农业向现代农业转变的同时,实现产业集聚,提高农民的兼业水平,从而推进城镇化。董栓成(2011)通过定量分析模型,对河南省"工业化、城镇化与农业现代化"协调发展的程度进行测度,认为河南省已经进入了工业反哺农业、城市支持农村的时期,但是农业现代化和工业化、城市化协调度较低,说明中原农区长期运行的传统的生产组织方式与农业现代化、城镇化协调发展是不相称的。孟俊杰等(2012)认为河南省的城镇化水平有了较大的发展,但是农业现代化指数波动较大,部分年份还呈现下降态势,主要原因是农业基础设施还需要完善。城镇化与农业现代化在1999年之前处于较低发展水平的协调,2000年之后发展水平逐步提高,2004年之后处于较高发展水平的协调状态。王发曾[2](2012)认为,河南省要保证粮食生产,必须推进农业现代化,要富民强省,必须推进新型工业化和城镇化;而要二者兼顾,就必须走协调发展之路,走协调发展之路的前提,应该是不以牺牲粮食和农业、生态和环境为代价。江学清(2012)通过实证分析了皖北地区城镇化与农业现代化协调发展问题认为,该地区城镇化水平和农业现代化水平总体上处于较低水平,农业现代化处于起步阶段,城镇化处于加速阶段,二者之间存在互动关系,但是二者协调程度不是很明显,农业现代化对城镇化有一定的促进作用,但是城镇化对于农业现代化并没有明显的带动作用。在工业化和城镇化双加速的背景下,传统农业大省的发展需要吸

---

① 曾福生、吴雄周、刘辉:《论我国目前城乡统筹发展的实现形式——城镇化和新农村建设协调发展》,《农业现代化研究》2010年第1期,第19~23页。

② 王发曾:《中原经济区的"三化"协调发展之路》,《人文地理》2012年第3期,第55~59页。

取沿海发达地区的经验教训,应该以绿色城镇化为引领,以农业现代化为基础,协调推进发展①。

梳理文献发现,学者对于城镇化与农业现代化协调发展的问题进行了比较深刻广泛的研究,为本研究进一步研究奠定了理论和方法基础,但是现有研究存在两个方面的不足。一是由于城镇化与农业现代化相互协调发展问题涉及面较为宽泛,存在问题较多,研究的多学科多视角性等,研究结论存在很多方面的分歧,甚至相左,仍需要进一步深入探讨,更为准确地揭示二者协调发展的内在本质问题。二是研究的针对性不够充分。我国是一个处在工业化、城镇化快速推进的发展中国家,城乡二元经济明显,农村人口众多,而土地等农业资源尤为稀缺,经济发展面临着严重的生态和粮食安全问题,同时我国幅员广大,各地区环境、经济、社会发展差别较大,客观上需要加强对"三农问题"尤为集中的传统农区城镇化与农业现代化协调发展问题进行有针对性的研究,但是现有研究对传统农区的专题性研究很少。

第三节 研究方法和技术路线

一、研究方法

(一)实证和规范相结合

本研究从两种方法联系的角度入手,通过对现实问题的具体研究,在回答"是什么"的基础上,提出"该怎么样"的对策建议。

(二)静态分析和动态分析

城镇化与农业现代化协调发展是一个动态的历史过程,因此不管是理论分析还是实证分析,都需要在动态的过程中进行考察,这样才能科学准确地把握城镇化与农业现代化协调发展问题和发展的趋势,提出有针对性的对策建议。

(三)一般分析和个别分析相结合

由于各个地区、各个省份农区城镇化发展水平、农业现代化程度、资源禀赋、区位人文条件各异,首先采用一般分析的方法,科学把握城镇化与农

---

① 魏厚凯:《走好"双加速"下的"三化"协调之路》,《经济经纬》2012 年第 1 期,第 1~2 页。

业现代化协调发展的历史演变、一般规律。然后在这个基础上,再选择具有传统农区若干具有典型特征的区域进行具体分析。

(四)定性和定量

定性分析是定量分析的基础,定量分析是定性分析的升华,二者相辅相成,结合使用,力求取得较好的效果。在这方面本研究先后选取了线性回归方法、复相关系数法、熵值法等定量分析评价的方法。

(五)典型案例研究法

选择有代表性的样本,做深入的案例剖析,包括对选择样本的实地调研和深度访谈。

二、研究技术路线

本研究按照提出问题、分析问题、解决问题的思路,研究技术路线如下:

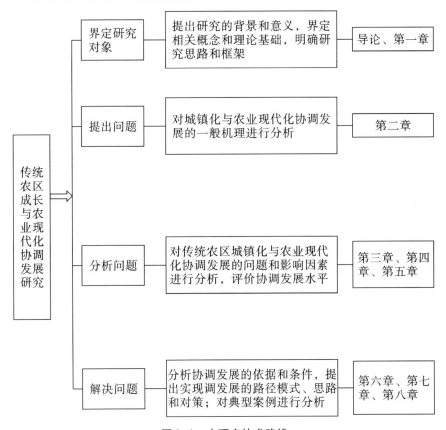

图 0-1　本研究技术路线

第四节　研究内容和可能的创新

一、研究内容

本研究内容共有三个部分,第一部分包括导论、第一章和第二章,是提出问题、文献综述、城镇化与农业现代化协调发展的一般机理分析;第二部分是分析问题,包括第三章、第四章、第五章,选择河南省和黄淮平原进行具体分析,以黄淮四市为样本进行协调发展水平评价。第四部分包括第六章、第七章、第八章,主要是解决问题,在分析传统农区协调发展的依据和条件的基础上,提出发展的路径模式、思路和对策,最后对于典型案例进行实证分析。各章主要内容如下:

导论部分首先介绍了本研究的研究背景、研究意义、研究目的;其次,对国内外相关研究文献进行综述,明确研究起点;再次,阐述了本研究的方法和技术路线;最后,说明了本研究的研究内容和可能的创新点。

第一章是核心概念和基础理论。该部分首先对传统农区、城镇化、农业现代化基本概念进行详细的界定,确保概念的准确性,避免可能出现的概念模糊。其次对于本研究相关的基础理论进行分析归纳,包括梯度转移理论、协调发展理论、增长极理论、低水平均衡理论、中心外围理论,为接下来的研究奠定了坚实的理论基础。

第二章是城镇化与农业现代化的相互作用和协调机理。该部分主要是对城镇化与农业现代化的关系进行了一般性的理论分析,为后续的研究打好基础。首先,分析了二者之间的相互作用,包括农业现代化对于城镇化的基础作用,城镇化对于农业现代化的引领带动作用;其次,从五个方面具体分析了二者协调发展的机理,包括产业结构优化、空间布局优化、以人为本、生产要素流动合理化、公共产品均等化。

第三章是传统农区城镇化与农业现代化协调发展问题分析。该部分以河南省和黄淮平原为研究范围,具体分析了传统农区城镇化发展的现状和问题、农业现代化发展的现状和问题、城镇化与农业现代化协调发展的现状和问题。重点分析了农民进城安居而不落户、两地城镇化、半城镇化、就地城镇化滞后、城乡二元差距拉大等问题。

第四章是传统农区城镇化与农业现代化协调发展的评价。该部分以黄淮平原的黄淮四市(商丘、信阳、周口、驻马店)为样本,选择1990—2012年的农业现代化和城镇化的相关数据,对于二者协调发展的水平进行了分析和评价。首先,分析了黄淮四市城镇化与农业现代化协调发展的现状和问题,并且利用联合国模型法对四市1990—2012年城镇常住人口比率进行了统一修正;其次,从传统农区实际出发,构建了评价城镇化与农业现代化协调发展的综合指标体系,阐述了指标权重的确定方法、协调发展水平评价的方法;最后,对于黄淮四市城镇化与农业现代化协调发展水平进行了评价,包括协调发展绝对水平的纵向评价、协调发展相对水平的纵向评价、县域范围协调发展水平的横向评价。

第五章是传统农区城镇化与农业现代化协调发展的影响因素。该部分把影响协调发展的因素归纳为三个方面:首先是自然因素和国家区域政策因素;其次是制度、二元体制和发展路径因素;最后是工业化发展水平和城镇化发展水平因素,并且对城镇化本身滞后的原因进行了实证分析。

第六章是传统农区城镇化与农业现代化协调发展的路径选择。该部分内容首先分析了传统农区协调发展路径选择的依据和特殊性、有利条件和机遇;然后以此为立足点,提出了协调发展的路径模式,包括龙头企业带动模式、工业园区带动模式、返乡创业推动模式、产业融合推动模式。

第七章是传统农区城镇化与农业现代化实现协调发展的思路和对策。通过前述传统农区城镇化与农业现代化协调发展的理论探讨和实证分析,对本研究做出了总结性的归纳,首先,提出了实现协调发展的基本思路,包括稳定粮食生产、推进农业产业化、推动土地流转、产城融合发展、农民就地转移为主和异地转移为辅、统筹城乡发展等;其次,提出了实现协调发展的对策建议,包括发展农产品加工业、建设优势农产品带、构建完善的城镇体系、加快县域经济和镇域经济发展、有效承接产业转移、构建农业新型经济体系、建立现代农业综合试验区等。

第八章是传统农区城镇化与农业现代化协调发展案例分析。该部分选择了传统农区农业大县潢川县、人口大县固始县、产粮大县淮阳县,分别从农业产业化推动、劳务经济推动和三次产业协调推动的角度,详细分析了三个典型案例实现城镇化与农业现代化协调发展的思路和具体做法,归纳和总结了其中成功的经验。

第九章是研究结论与展望。该部分对本研究得出的结论进行了总结概述,展望了未来研究的方向。

二、可能的创新

(一)本研究将研究视角锁定在传统农区,具体分析了传统农区城镇化与农业现代化协调发展的突出问题,实现协调发展的特殊性,研究更具有针对性和指导性。

(二)本研究从城乡统筹发展的高度,以国家主体功能区规划为着眼点,结合传统农区资源、区位、体制等来探讨城镇化与农业现代化协调发展的问题,具有一定的新意。

(三)在突出传统农区承担国家粮食安全责任的基础上,本研究构建了传统农区城镇化子系统和农业现代化子系统的评价指标体系,并且从纵向和横向的角度对于协调发展水平进行了评价。

(四)在对城镇化与农业现代化协调发展的理论基础进行一般性分析的基础上,本研究选择中部平原农区作为研究范围,以河南省和黄淮四市为样本,通过三个具有典型性意义案例的分析,深刻地揭示了传统农区城镇化与农业现代化协调发展紧迫性和现实可行性。

(五)在综合运用产业经济学、制度经济学、发展经济学、区域经济学等学科的基础上,通过多角度、定性和定量的分析,本研究提出了传统农区实现协调发展的路径模式和政策思路。

第一章

第一节　核心概念

一、传统农区

传统农区的概念最早源于耿明斋[①]（1996）提出的"平原农业区"，2004年他又提出"欠发达平原农区"概念，并对该区域地理范围和特征进行了分析。从地理范围上看该区域主要包括"河北和河南境内太行山伏牛山以东、桐柏山大别山以北的地区；大别山和长江以北、陇海铁路以南的苏北和淮北地区；山东省境内京沪铁路以西地区以及纵贯辽宁、吉林和黑龙江三省中部的广大地区。实际上也就是东北、华北和黄淮三大平原的全部"[②]。这一区域包括了我国北方的主要农业产区和大多数农业人口，该区域的特征可以概括为：土地平坦，农业生产条件好；矿产资源和渔牧业资源缺乏，农业仍是该地区最重要的经济活动，乡镇企业薄弱；相对封闭，道路通信等基础设施建设相对滞后；意识落后，小农意识仍是占主导地位。王理（2008）对于"传统平原农区"又进一步进行了概念界定和地理范围划分，认为传统平原农区

---

①　耿明斋：《平原农业区工业化道路研究》，《南开经济研究》1996年第4期，第3～9页。

②　耿明斋：《欠发达平原农区工业化若干问题研究》，《中州学刊》2004年第1期，第13～16页。

是指地处内陆、缺乏可供开采加工的自然资源、农业经济比重过高但产业结构层次较低、人口众多但思想相对比较封闭、小农意识仍占主导地位的经济发展相对落后的平原地区,通过 GIS 技术,按照海拔 50 米以下、相对高差 20 米以下、坡度不超过 7°的标准,界定了该区域地理范围共包含河北、河南、安徽、江苏、山东等 5 个省的 260 个行政县(市)①。随后王理又在《制度转型与传统农区工业化》一书中提炼出"传统农区"的概念。祝洪章(2010)在上述"传统平原农区"地理范围的基础上对于传统农区的范围进行了扩展,认为还应该加上"北部低中高原、江南丘陵山地、四川盆地、西南中高原山地、青藏河谷等其他地形区域的传统农区,那么,传统农区所覆盖的面积之广,人口之多则不难想象"②。这样"传统农区"这一概念就被研究具备这一特征的区域的学者逐渐使用,并且对其概念的内涵和外延进行了相应的扩展(王宇燕,2009;宋伟,2009)。

本书要研究的"传统农区"是对以上概念的进一步拓展,并不对具体地理范围进行界定,主要是指经济以农业尤其是种植业为主,人口以农民为主的不发达或者欠发达的区域,其区域分布面积远远超过了东部沿海区域。传统农区有两个关键之处:一是"传统",也就是思想上与农耕文明相适应的小农意识保存完整并且一直延续;二是"农区",这一区域农业生产条件好,我国粮食主产区大多数都位于该区域。传统农区的主要社会经济特征概括如下:

第一,传统观念浓厚,小农思想占据主导位置,思想意识相对保守封闭。虽然近年来随着改革开放的逐步推进、市场经济意识对于该地区的渗透力度不断加大,传统的经济结构被打破,但是总体上该区域的市场竞争意识不强烈,缺乏冒险与创新精神,没有尝试新事物的勇气,自主创业氛围不浓厚,普遍存在小进即满、小富即安的思想,传统保守的思想观念在该区域依然根深蒂固。

第二,没有明显的区域优势,在一定程度上甚至属于区位劣势的地区。该区域地处内陆,距离沿海沿江开放地区地理位置较远,因而受海外和沿海经济发达大城市甚至内陆中心城市的辐射带动作用都比较弱,相对较为封闭,交通、通信等基础设施相对较差。

第三,土地面积广阔平坦,雨水和气温适度,农业生产条件好。传统农

① 王理:《制度转型与传统平原农业区工业化路径研究》,河南大学博士论文,2008年。

② 祝洪章:《传统农区走新型工业化道路分析》,《求是学刊》2010 年第 9 期,第 48~53 页。

业尤其是种植业仍然是此类地区的主要经济活动,这些地区仍然沿袭着传统的农耕文明,经济自我复制能力很强,经济结构和经济水平的变化不大,仍然处于平面循环的状态,这也是小农思想存在的经济社会基础。该类区域的很多地方不具备国家发展工业的政策优势,是政策的真空地带,导致工业化刚刚起步,甚至还没有起步的局面。

第四,自然资源严重匮乏。传统农区除了土地和丰富的农产品之外,缺少可供开采加工的自然资源和渔牧资源,这也是该地区依然延续以传统农耕为主的一个主要原因,因而资源魔咒加上区位劣势相互交叉导致该类地区经济发展转型的困难。而与之相对应,那些矿藏资源丰富的地区,由于资源价格的上升带来财富的积累,依靠资源优势带动经济结构的升级调整,已经逐步摆脱了以农为主的产业结构,就不属于本书所研究的传统农区范畴。

第五,资本严重不足。相对于二、三产业的财富创造和积累能力,农业尤其是传统农业财富创造和盈利能力相对下降,在经济结构中的比重和地位逐步降低。因而以农业为主的产业结构导致了该类区域的自我资本积累能力相对薄弱,加上缺乏可以开采的各种自然资源和区位劣势等客观因素的影响,资本严重不足是非农产业起步和发展面临的巨大障碍,导致此类地区难以摆脱经济社会的"贫困陷阱"。

第六,人口密集居住,分布稠密,农业富余劳动力大量存在。富余劳动力一部分流入东部沿海和大城市打工,但是由于当地非农产业发展的滞后,更多的富余劳动力依然滞留在农业生产之中,得不到有效利用,导致农业劳动生产率难以大幅度地提高。产业结构方面处于主导地位的依然是第一产业,非农产业不发达,发展较为滞后,民营企业发展规模较小,基础较为薄弱;经济结构层次较低,各项经济指标都位居全国后列。

具有以上经济社会特征和资源禀赋条件的区域,经济还处于"低水平循环状态或者刚进入螺旋上升状态"[①],其经济社会发展的很多因素都相同,面临的机会与问题也相近,都属于本书研究城镇化与农业现代化协调发展的传统农区。

总体上来看,传统农区经济社会依然处在不发达状态,但这又是一个在我国经济发展格局中起着举足轻重地位的地区,因为它不但以丰富的农产品资源和大量的廉价劳动力供给支撑了我国经济的高速发展,而且它也是我国产业转移、梯度发展由东向西、由南到北推进的第一个接力点,这一包含着众多人口和面积的区域经济社会发展,将会使我国整体发展水平推向

---

① 耿明斋:《欠发达平原农业区工业化问题研究》,《中州学刊》2004 年第 1 期,第 13~16 页。

一个更高的层次。因而加快这一地区的经济社会发展,摆脱低水平循环状态,步入"起飞"阶段,就成为当前我国经济和社会发展中亟待研究解决的重大理论和现实问题,也是我国实现全面小康社会的关键所在。

二、城镇化

城镇化是人类社会发展到一定阶段的产物,起始于欧洲 18 世纪 60 年代的工业革命是城镇化的开端。城镇化的过程也就是生产力发展的过程,是人口的转移和产业集中的过程,也是现代文明的扩散和传播过程,所以城镇化是经济社会发展的必然趋势,也是现代化的重要标志。

(一)城镇化概念

城镇(urban)早就存在,是一个名词,在古代主要是指商品集中交易的场所,是人的集聚地,先有集、市,再有镇、城。现在的城镇是二、三产业和非农人口集聚地,科技高度集中,交通、通信等公共实施和公共服务相对完备,是社会的经济、政治文化教育中心①。与城市相对应的是农村,农村主要是指从事种植业和养殖业的人群集聚地,呈单一分散的村庄形式分布。"城市化"(Urbanization)这一术语最早是由西班牙城市规划师 A. 塞尔达于 1876年在《城市化概论》一书提出,用于表明随着工业的发展,乡村向城市的转变过程。"城市化"作为一个术语出现之后,国内外学者从不同的角度对城市化的概念进行界定,只是我国学者对城市化的定义更多强调城镇的作用,用城镇化的概念来替代城市化的概念。其实城市化和城镇化本质上是相同的,镇包含于广义的城市之中,是城市的初级发展阶段,人口不管转移到城镇还是城市都是经济的发展、社会的进步、生活方式的改变。

目前学术界对于城镇化的概念还没有形成一个统一权威的认识,不同学科从不同角度给出了城镇化的定义,形成了以下几种观点:

1. 人口城镇化

城镇化就是分散的人口由农村向城市迁移和集中,农村人口逐渐转变为城市人口的过程。在这个过程中,农村人口数量减少了,城市人口数量增多了,城镇人口比重不断上升,城市规模不断扩大。例如赫茨勒认为,城市化就是农村人口流向城市并在城市的集中②。库兹涅茨也指出城市化就是城市人口和农村人口分布方式的转变③。这一定义把城镇化限定在农村人

① Frank J. Coppa, Countygovement:Aguidetoefficentandac-countablegovementWestort. Conn:praeger,20000.5.

② 赫茨勒:《世界人口的危机》,商务印书馆,1965 年,第 52 ~ 70 页。

③ 西蒙·库兹涅茨:《现代经济增长》,北京经济学院出版社,1989 年,第 1 ~ 10 页。

口的转移上,没有考虑城市人口快速增长所带来的问题,忽视了城镇化过程中经济、社会、生活方式的改变,没有体现出城镇化的"质"的内涵。

2. 经济城镇化

技术的进步使得大规模生产成为可能,引起生产活动的集中,因此城镇化是技术变革、产业结构变迁、经济增长的产物,是包括二、三产业的非农产业在城市集中、从农村经济转变为城市经济的过程,是生产过程不断实现专业化、集约化的过程。这个过程主要是从以农业为主的乡村社会向以工业和服务业为主的城市社会转变。城镇化的主要内容就是经济活动的集聚,既包括生产、交换、消费集聚,也包括生产要素的集聚(叶裕民,2001;许成安等,2002)。这一定义强调了城镇化的经济实质,却忽略了这一过程中作为主体的人的作用,忽略了城市对乡村的辐射带动作用。

3. 生活方式城镇化

当农村居民享受到城市的物质条件和生活方式以后,他们的生活方式也就城市化了,因此城镇化的过程就是全社会接受城市文明,乡村生活方式向城市生活方式的转变过程,以及城市化的生活方式、城市文明、城市价值观向乡村的传播和渗透过程,既是城市的发展过程,也是农村的发展过程。

4. 地域城镇化

城镇化就是随着经济的发展,人口、产业、基础设施不断从乡村地域向城市地域转变、集聚的过程,是地域空间转变的过程,呈现空间上、地域上的城市特征,表现为区域范围内城市数量的增多和规模的扩大。日本学者山田浩之指出,城市区域就是同时具有密集性、土地利用的非农性、流动性三个特征的区域空间。[1] 崔功豪等认为,城市的二、三产业在具备地理条件的地域空间建立,在此基础上形成相应的消费地域空间,多种经济和生活地域空间的集聚过程就是城镇化的过程。[2]

5. 制度城镇化

城镇化就是"人类社会经济活动组织及其生存社区制度安排由传统的制度安排向新型的制度安排转变的过程"[3]。农村和城市是两种不同的制度安排,城镇化的过程就是制度变迁的过程,是城市制度替代农村制度的过程,是农村人口向城镇集中,产业和就业结构的非农化制度重组的过程(辜胜阻、李正友,1998;李保江,2000)。这一定义强调了城镇化是一个过程而

---

① 山田浩之:《城市经济学》,东北财经大学出版社,1991 年,第 10~15 页。

② 崔功豪:《城市地理学》,江苏教育出版社,1992 年,第 1~2 页。

③ 刘传江、宋栋:《移民建镇的制度创新》,《管理世界》2000 年第 1 期,第 209~211 页。

不是一个状态。

由于城镇化本身是一个复杂的系统,总的来说,上述城镇化的定义都具有一定的理论基础,但是都是从某一方面给出城镇化的概念,不能全面揭示城镇化的内涵,因此需要从整体上给出城镇化的概念。本书认为,城镇化的定义应该包括两个方面:一方面城镇化是指伴随着工业化和信息化,由于经济分工的细化,城镇数量增多,城镇的空间结构扩张的过程,城镇人口所占比重增多的过程;另一方面城镇化是指城市的生产结构、技术变革在城镇体系之间的扩散并向农村辐射的过程,城市的生活方式、价值理念等现代文明向农村的渗透和传播过程。城镇化的根本目的是社会进步、人们生活水平和质量的提高,城镇化的发展过程是经济发展自然过程,是水到渠成的结果。

(二)城镇化发展的规律

美国学者诺瑟姆(Ray M. Northam)在分析英美等西方国家的城镇化水平变化趋势的基础上提出了城镇化发展的一般规律,认为一个国家和地区所经历的城镇化发展的规律呈现出一条被拉平的"S"形曲线,要经历初期、加速期和后期三个不同的历史阶段过程:在工业化初期,轻纺工业是主导产业,城镇进展缓慢,农村人口占有绝对比重,此时处于城镇化的起步阶段,城镇化率低于30%。在工业化中期,机械、钢铁、化工等重化工业就成为主导产业,城镇规模扩大、人口和产业向城镇集聚,数量增多,城镇化率从30%以较快的速度向70%攀升,这个阶段是城镇化的加速阶段。在工业化的后期,第二产业在达到40%以后则会缓慢地下降,此时第三产业就会快速获得发展,成为城镇化发展的主要推动力。这个阶段的农村劳动生产率大大提高,农村和城市的经济差别较小,人口转移动力减小,城镇化率大于70%,增长速度逐渐趋缓甚至停止,此时城镇化则处于稳定发展时期。西蒙·库兹涅茨概括出了一个国家和地区的城镇化三个阶段的不同特征(见表1-1)。

(三)新型城镇化

党的十八大报告提出了走新型城镇化的发展道路。新型城镇化是立足于国内外城镇化发展的经验教训而提出的,是对于城镇化理论和实践的创新。目前新型城镇化的内涵和特征还在进一步发展中,还没有一个严格统一的定义,但是不同学者对新型城镇化的本质认识逐步趋同。本研究认为,新型城镇化是在遵循城镇化发展一般规律,坚持科学发展观的前提下,按照"集约、低碳、绿色、宜居"的原则,坚持以人为本的理念,强调产城互动、产业互动、城乡互动,促进大中小城市互动,以全面提升城镇化的发展水平和质量,实现城乡一体化的发展。

表 1-1　城镇化三个阶段的不同特征

城镇化的不同阶段	人均收入水平（1958年美元/人）	第一产业占GDP比重（%）	第二产业占GDP比重（%）	第三产业占GDP比重（%）	城市人口占总人口的比重（%）
城镇化起步阶段	100以下	49.9	22.7	27.3	22.8
	101~200	32.6	28.5	38.6	32.1
城镇化加速阶段	201~350	33.8	29.2	37.2	36.3
	351~575	15.2	39.3	45.6	49.8
	576~1000	14.2	50.8	35.1	65.7
城镇化稳定阶段	1000以上	–	–	–	68.1

资料来源:西蒙·库兹涅茨《现代经济增长》,北京经济学院出版社,1989年。

1. 新型城镇化具有新的发展核心

新型城镇化的核心是人,重点是人的城镇化,不是物的城镇化,是以人为核心,城乡居民都能得到好处的城镇化。由片面强调城镇规模和空间的扩张转变到促进人的发展,从根本上改变以往发展中只见物不见人的弊端。新型城镇化主要解决的是农业转移人口逐步融入城市,重点是农民工市民化问题。

2. 新型城镇化具有新的发展理念

新型城镇化实现的是包容性发展,公共服务的均等化,目的是破除城乡二元结构、破解城市内部的二元结构。实现城乡一体化的发展、公共服务的均等化,做到机会平等、权利平等。

3. 新型城镇化具有新的发展路径

在坚持工业化、信息化、城镇化和农业现代化互动协调的过程中推动的城镇化。新型城镇化发展的基础是依靠产业的支撑,做到产城互动,产业协调,城乡互动。

4. 新型城镇化具有新的发展方式

城镇化发展的过程与生态文明融为一体,始终贯穿着生态文明的理念和精神,实行集约、高效、绿色、低碳的发展方式。

5. 新型城镇化具有新的发展格局

在遵循国家整体规划前提下,实现城市群、大中小城市和小城镇合理布局,既考虑经济协调持续发展的问题,同时也要考虑国家安全的问题。

三、农业现代化

(一)农业现代化的概念

农业现代化是一个复杂的系统,涉及的内容相当广泛,关于农业现代化的概念,学者从不同角度进行界定,形成以下几种有代表性的观点。

1.农业现代化过程论①

一方面,农业现代化是包括农业生产、经营、流通全过程的现代化,还包括消费过程的现代化;另一方面,农业现代化还包括农村的现代化、农民素质的现代化,因而农业现代化不仅仅是农业的一个方面、一个过程的现代化,而且是全方位的现代化,但是归根结底应该是农民的现代化。农业现代化既是农业经营体制的创新过程,也是政府对农业的各种支持保护政策体系不断完善的过程,是科技支撑能力不断增强、农业生产装备技术不断提升的过程。

2.农业现代化转变论②

农业现代化是一个渐变的、阶段性的发展过程,随着经济的发展在不同时期被赋予不同的内涵。因而农业现代化就是通过现代的科学技术、现代的生产工具、现代的经营管理理念,不断提高农业生产的装备水平、技术水平的过程,进而使得农业生产率获得持续提升,生产水平不断调整,使得落后的传统农业逐步向具有先进生产力的现代农业转变的过程。

3.农业现代化制度论③

农业现代化就是由于科学技术在生产过程中的应用推广进而引起管理理念、组织制度的变革和创新,最终消除经济结构的二元化,实现农业制度的现代化。

4.农业现代化配置论④

从资源配置的角度看,农业现代化是指更加有效地进行资源配置,提高农业要素的生产率、利用率,因而农业现代化就是体制系统、生产力系统和

---

① 陈春霞:《农业现代化的内涵及其拓展》,《生产力研究》2010年第1期,第54~56页。

② 叶普万、白跃世:《农业现代化问题研究评述—兼谈中国农业现代化的路径选择》,《当代经济科学》2002年第9期,第89~92页。

③ 陈孟平:《农业现代化与制度创新》,《北京社会科学》2001年第3期,第55~62页。

④ 郑星、张泽荣、路兴涛:《农业现代化要义》,《经济与管理研究》2003年第3期,第10~14页。

保证系统三大系统的有机统一的整体。

5.农业现代化的一体论①

农业现代化就是随着经济的一体化,以及在 WTO 框架下,农业的发展逐步走出摆脱封闭自我运行的循环过程,通过现代管理方法和技术的应用,逐步走向国际,具备较强的竞争力和经济效益。

本研究认为,农业现代化既是一个全面综合概念,也是一个发展历史性的概念,同时也是一个世界性、时代性的概念。农业现代化的内涵应该是共性和个性、普遍和特殊的统一体,一方面,农业现代化水平必须具备国际的标准,达到世界公认的先进水平;另一方面,农业现代化必须与具体的时间结合,在不同的区域根据具体的自然环境、资源禀赋而具有不同的特点,表现出农业现代化实现形式的多元性和特殊性。

(二)现代农业

2007 年的中央一号文件全面准确地概括了现代农业的定义:"用现代化物质条件装备农业,用现代化科学技术改造农业,用现代化产业体系提升农业,用现代经营形式推进农业,用现代发展理念引领农业,用培育新型农民发展农业。"②

现代农业是建设新农村的产业基础,也是新农村的首要任务,是农民增收的基本途径,是提高农业综合生产能力的重要方式。建设现代农业的过程,也是改造传统农业,实现农业又好又快发展的过程。

(1)建设现代农业,必须大幅度地增加农业投入,增强农业发展的基础,必须形成农民资金投入、政府财政持续支持、社会主导参与的多元化的资金投入保障机制。

(2)建设现代农业,必须加强农业的技术装备水平,提升农业的基础设施建设,改善农村的生产生活条件。强化科技对农业的支撑力度,推进农业科技体制的创新,加强科技的转化应用能力,提升科技的贡献度,突破资源对农业发展的约束。

(3)建设现代农业,就必须向农业的广度和深度进军,要开发农业的食品、原料、就业、观光、生态、文化等多种功能,促进农业发展的理念和方式转变。

(4)建设现代农业,就必须健全农村市场体系,强化农村流通的基础设

---

① 王廷生:《农业现代化:一种多纬度关联界定》,《广西社会科学》2004 年第 6 期,第 36~38 页。

② 中共中央国务院:《关于积极发展现代农业扎实推进社会主义新农村建设的若干意见》,http://www.gov.cn/gongbao/content/2007/content_548921.htm。

施,发展现代化新型的物流业态,构建多元化、多层次的物流主体,形成完善的农村物流市场。

(5)建设现代农业,就必须全面提高农民的素质,培养有知识、会经营、懂管理的新型农民,强化人力资源的开发力度,发挥农村人力资源的优势。深化农村综合改革,改善农业生产经营组织,推动农业发展制度创新,为现代农业提供体制机制保障。

第二节　基础理论

一、产业梯度转移理论

产业梯度转移也称作"产业区域转移""产业区际转移"。梯度转移理论最初的来源是弗农(Vernon)提出的产品生命周期理论,该理论认为产品生命周期会依次经过创造、成长、成熟、衰落的不同阶段。后来赫希哲(Hirsch)和威尔斯(Louis T. Wells)对该理论进行了发展。经济学家将这一理论通过改造用来解释区域经济发展问题和现象,就形成了产业梯度转移理论[1][2][3]。该理论认为,发生在高梯度区域的创新是推动整个经济发展的源泉和关键。随着时间的转变,整个生产过程会逐步地从创新之地向周围有序地进行转移。落后的国家和地区要想推动经济社会的快速发展,就需要结合自身的优势,承接转移过来的产业,进而加速本地区的工业化进程,提升城市化水平。其主要原因是,随着发达地区的产业结构升级,这些产业是需要淘汰调整的,但是落后国家和地区却具备发展这些产业的比较优势,实现本地工业化的顺利启动和发展。

二、协调发展理论

协调具有均衡与和谐的内涵,本义是"和谐一致,配合融洽",体现了系

---

① Raymond Vernon, International Investment and Investment Trade in the Produt Cycle. Quarterly Journal of Economics, 1966, vol. 80, pp. 190~207.

② Kojima K. Reorganization of North-South Trade: Japan Foreign Economic Policy for the 1970. Hitotubanshi Journal of Economics, 1973, vol 2, pp. 13.

③ Lewis, W. A, The Evolution of International Economic Order. Princeton University Press, 1978.

统内部各个要素相互均衡的关系,以一种融洽的方式形成要素之间的共同行动、配合得体的过程,其目标是增加相互的利益,协调既是一种状态也是一种过程。作为一种状态,协调是指各要素作为"和谐一致"的关系呈现的整体"最佳"效应;作为一种过程,协调强调的是控制和管理的职能,是指对于各个组成要素的活动加以调节,减少彼此的矛盾,通过信息的传递而实现发展目标[①]。协调主要包括这样几个方面:

一是结构性协调。结构性协调是系统正常运转应该达到的最基本的协调性。在系统诸多的联系中,结构性联系占主要的地位。如果要素之间或者子系统之间构成不合理,就会导致彼此之间的关系发生"扭曲",系统整体的效益就无法正常发挥。结构性协调既包括要素在空间上的相互制约,相互促进,也包括在时间上的相互衔接,相互渗透。

二是内外协调。除了内部要素多方面、多角度的协调,系统的协调还包括与外界环境以及其他系统之间的相互协调和适应。当系统与外界环境之间的关系受到影响时,会阻碍系统内部的正常运行,所以系统必须具有自适应的功能,才能适应外界环境变化,实现内部与外部的协调。

三是功能性协调。系统的总体功能是通过各个子系统的功能实现的。各部分功能的特征和重要性虽然不同,但都是构成整体功能必需的部分,每部分功能的削弱都会影响整体功能效果。系统的功能性协调就是通过子系统的最优组合,达到整体功能的最优。

协调发展就是指事物之间的联系是处于理想的状态,是整体的结构、功能和规模的协调,具有整体性、动态性、层次性、开放性。协调发展有两种基本的表现:均衡协调发展和非均衡协调发展。协调发展的过程就是从均衡到非均衡,再到均衡循环上升的过程,每一次的循环都会使得事物由简单到复杂、由无序到有序,并且演进到更高阶段。

三、增长极理论

该理论是由经济学家佩鲁(1955)首次提出,随后在其《二十世纪的经济》一书中详细论述了增长极理论。该理论认为在区域经济发展过程中,若干个增长极首先会以不同的强度和速度得到快速的发展,然后通过不同的途径和方式向四周进行扩散和辐射,进而带动整个区域的经济社会发展。经济学家谬尔达尔(1957)在《经济理论和不发达地区》进一步发展了增长极理论,并且提出了"回波效应"和"扩散效应"的概念。"回波效应"是指生产

---

① Cooper, Richard C., The Economics of Independence: Economic Policy in the Atlantic Community New York: Mcgraw-Hill, 1966, vol8, pp. 27 ~ 42.

要素从落后地区和国家向发达地区和国家的回流,结果导致区域经济发展差距扩大,形成"累积性因果循环",表现为发达地区对于落后地区不利的影响。"扩散效应"是指生产要素从发达地区和国家流向落后地区,带来区域经济发展差距减小,有利于落后地区的经济发展。市场机制的存在会导致"回波效应"超过"扩散效应",带来地区经济发展差距的扩大,逐步出现所谓的"马太效应"。为了推动经济社会的协调发展,改变地理上的二元结构,政府应该采取非均衡的发展模式,让发达地区获得优先发展,累积起发展的优势,让其扩散效应逐步得到强化,积极发挥扩散效应的带动作用,实现地区经济发展差距的缩小。

四、低水平均衡理论

美国经济学家纳尔逊(Nelson R,1956)提出"低水平均衡陷阱"理论,他通过研究发现,人均实际收入水平低是经济不发达的体现。人们只能处于维持生命的低水平均衡状态,很低的收入影响和限制了居民储蓄和投资。增加国民收入会提高储蓄和投资水平,但也会导致人口增长,人均收入水平又会被推回到原来的低水平均衡状态,对于不发达经济体来说,这是一个难以逾越的陷阱。要想走出这样的低水平陷阱,在外界条件不变的情况下,一个基本的办法只能是让人均收入水平增长率超过人口增长率。在同一时期,纳克斯(Nurse R)提出了贫困恶性循环理论,他认为不发达地区居民收入水平低,储蓄能力有限,导致资本形成不足,生产率难以提高,较低的生产率反过来又会造成居民的低收入,如此周而复始便形成了恶性循环。

五、中心外围理论

20世纪60年代,弗里德曼(Friedman J.R,1966)提出了中心外围理论。他主张,国家作为一个区域系统,可以分解为中心和外围两个子空间系统存在,这里的中心就是发达地区,外围就是落后地区。某些区域由于天然的优势,可能形成空间集聚,累积发展之势,从而获得经济竞争优势,自然而然地就成为区域经济的中心,外围则处于劣势,依附于中心,从而一个国家地理空间上的二元结构也就产生,时间使这种二元结构不断进行强化。要改变这样的状况,只能依靠政府的作用,或者是区际人口的迁移来影响要素的流动,推动一体化空间经济发展。该理论也提出了区域发展政策,既要强化市场的基础作用,促进资源合理的配置,又要充分发挥政府的作用,弥补市场的不足,终极目标是促进区域经济的协调发展。后来,赫尔希曼(Hirschman A.O,1958)提出核心边缘理论,很多观点与弗里德曼类似。

第二章

城镇化与农业现代化的相互作用和协调发展机制

　　工业化、信息化、城镇化、农业现代化作为统一的整体,相互之间存在着若干内在联系,"四化"同步发展的过程,也是"四化"联系的互动过程。其中城镇化对其他三化起着引领作用,农业现代化则起着基础支撑作用,因此城镇化与农业现代化两者之间就存在着内在必然的联系,同时二者之间的联系对于城镇化顺利推进、农业现代化的发展,以及"四化"协调互动都起着重要的作用。因此,详尽地分析和探讨城镇化与农业现代化之间的内在联系,就成为分析二者之间协调发展的重要理论基础,也是提出相应对策实现二者协调发展、促进"四化"同步发展的理论依据。

第一节　城镇化与农业现代化的相互作用

　　从理论上来分析,城镇化与农业现代化之间的相互作用主要体现在两个方面,一方面是农业现代化对城镇化的作用,另一方面是城镇化对农业现代化的作用,这两种作用相互促进,相互发展,形成一个完整的统一体。

一、农业现代化对城镇化的作用

　　农业是一个国家和地区社会经济发展的基础,经济社会其他方面的发展都不能脱离农业的发展而单独发展,这种基础作用同样体现在城镇化发展的进程中。农业现代化对城镇化的基础作用体现在两个方面:一方面是有利的作用,农业现代化对城镇化起着推动作用;另一方面是不利的作用,农业现代化对城镇化的发展起着制约作用。从产业的空间地理分布来看,在农村分布的就是农业,在城镇分布的就是非农产业,因此农村与城镇的关系,也就表现为农业与非农产业的关系,农业现代化对城镇化的促进或者阻碍作用就通过农业对城镇的非农产业表现出来。农业现代化对城镇化的基础作用主要表现在以下几个方面。

(一)农业现代化为城镇化的发展提供农产品,表现为农业现代化的食品和原料作用

1. 农业现代化为城镇化的发展提供食物,表现为农业现代化的"食品"作用

食品类的农产品主要包括粮食、水果、蔬菜、鱼肉、蛋奶等各种满足城镇居民日常生活需要的农产品。农业提供的农产品首先是作为食品的农产品,也就是说不管城市怎么发展,以什么样的速度发展,城镇化发展的前提一定要解决好人的吃饭问题,不仅要吃得饱,而且要吃得好,这是农业现代化对于城镇化首要的基本的作用。城镇居民从事的是二、三产业,不再从事农产品的生产活动,需要获得农业提供的食品进行"净消费",同时城镇居民的生活水平总体上要高于农村居民,城镇居民人均消费的食品质量和数量都要高于农村居民,因而城镇化水平的高低,以及城镇规模的大小和推进速度的快慢,从根本上来说都是通过农业提供食品数量多少和质量的高低来决定的,因而农业发展水平的高低直接决定着城镇化的进程。农业现代化与城镇化的"食品"的联系,就成为二者之间最基本最本质的联系,二者之间的这种相互联系就决定着其他方面的各种联系,其他方面的联系都是在这个基础上延伸出来的。鉴于这种联系的基础性和重要性,本研究通过构建模型,从内部发展的逻辑定量地揭示农业现代化对于城镇化的食品作用①。我们假定最初某个地区只有农村和农业而没有城镇,农村人口全部是农业劳动力,也就是说城镇的规模和城镇人口都为 0。TR 表示全部人口,TD 表示食品总的消费量,AC 表示每个人食品的需求量,它们之间的关系:

$$TD = TR \times AC \qquad (2.1)$$

为了分析的简便,假如食品的总产量 TY 与食物的需求量 TD 一样,此时就没有多余的食品剩余,那么食品的商品化率就为 0。食品的劳动生产率 LP 与食品的人均消费量 AC 一样:

$$LP = TY \div TR = AC \qquad (2.2)$$

假如城镇化水平提升,原有的农业人口有一部分进入城镇,变为城镇人口,此时的城镇总人口为 CR,而剩余的农村人口就减少到 NP,则 TR = CR +

---

① 冯海发:《农村城镇化发展探索》,新华出版社,2004 年,第 9~13 页。

NR。不考虑城镇人口生活水平的提高,这样城镇居民每个人的食品消费量与农村居民保持相同的水平,城镇人口与农村人口对于食品的需求总量和原来一样没有发生变化:

$$TD = (CR+NR) \times AC \qquad (2.3)$$

要保持食品总的需求量不变,就需要食品的总产量不变,但是由于一部分人口进入城市,导致农业劳动力减少了,所以要满足转移的这一部分从事非农产业的城镇人口也能得到同样的食品需求,就必须提高劳动生产率。假设食品的人均生产率提高了K,则食品的生产量就可以表示成这样的关系:

$$TY = NR \times LP \times (1+K) \qquad (2.4)$$

由上面假定可知,LP = AC   TY = TD,所以:

$$NR \times LP \times (1+K) = (CR+NR) \times AC \qquad (2.5)$$

假设城镇化率 CV = CR÷TR,综合(2.1)、(2)、(3)、(4)、(5)得到:

$$K = [1/(1-CV)] - 1 \qquad (2.6)$$

式(2.6)的含义表明:要使得人口转移能够顺利推进,进入城镇的居民食品保障不受影响,解决"吃饭"的问题,食品的生产率增长速度就必须达到非城镇化率的倒数减去1,才可以保证转移出去的城镇人口获得同样的食物商品量。

事实上,由于城镇人口收入水平和生活水平要高于农村人口,其人均食品消费量要多于农村人口,所以式(2.6)所得出的食品生产率提高速度 K 只是最低值,也就是当城镇化率为 CV 的时候,食品的劳动生产率的提高速度 K 最低必须达到[1/(1-UR)]-1。

由上述的推论过程我们可以看出:当农业不能提供多余的食品,也就是食品的商品化率为0的水平时,此时的城镇化率 CV 就是0;当农业不发展,食品的生产率保持不变的时候,也就是生产率增长速度 K 为 0 的时候,城镇化率就是保持原有的水平不变;要使得一个区域维持某一个城镇化率 CV 水平时,食品的生产率的提高速度最低要达到[1/(1-CV)]-1,这些结论就从本质上阐明了农业的发展对于城镇化的食品决定作用。

如果农业现代化的发展能够对城镇化起到推动作用,则农业的劳动生产率 K≥[1/(1-CV)]-1;如果 K<[1/(1-CV)]-1 的情况出现,也就是农业发展不足,农业现代化滞后,出现粮食食品短缺,就会阻碍城镇化率的提升,使得农村人口转化为城镇人口进程放缓甚至停滞。所以要避免农业水平滞后对于城镇化顺利推进的影响,农业现代化水平就必须获得相应的提升。

2.农业现代化为城镇化的发展提供生产原料,表现为农业现代化"原材

料"作用

农产品除了满足居民生活的需要,还可以满足工业生产需要,成为工业生产的原料产品,这类农产品主要包括棉花、羊毛、生皮、烟叶、油料和糖类等。城镇中的很多工业企业,尤其是接近农产品生产的中小城市和小城镇,由于具有农产品原料的优势,具有发展农产品加工的有利条件,相当数量的工业企业都是农产品加工企业,农业提供原料型的农产品就直接影响着涉农加工企业的发展。因而农产品加工企业的发展和增长的前提就需要农业的发展和提高,农业提供的原料的数量和质量就成为涉农加工企业竞争力水平高低的基础,农业发展水平的高低在很大程度上直接决定着企业的发展快慢,而企业的发展规模和扩张进程相应地就会影响城镇化的进程。农业的发展就通过提供"原料"来影响工业企业的发展,企业的发展相应地影响到城镇化的顺利发展,所以只有工业企业的整体发展,才能推动城镇化水平的进一步提升。如果农业发展动力不足,农业现代化水平滞后,农产品加工企业的发展就会受到直接的影响,城镇化的进一步发展就会受到制约。所以城镇化的整体顺利发展,除了要求农业发展提供足够多的食品解决城市人口的生活问题,还要农业生产出相应水平的原材料支撑工业企业的发展。

（二）农业现代化为城镇化发展提供劳动力支持,表现为农业现代化的人力资源作用

城镇化发展的过程,表现为人口集中和非农产业集聚的过程,这两个过程结合在一起才能推动城镇化的持续健康发展。伴随着城镇化的推进,作为城镇化动力的二、三产业必须获得相应发展,这就需要越来越多的非农从业人员参与其中。城镇化发展所需要的新增加的从业人员,一部分是来自于城镇人口的自然增长,但是大部分都来自于农村转移人口。我国改革开放30多年来经济的发展,尤其是城镇经济的发展扩张,很大程度上都是来自于农村提供的劳动力,城镇的二、三产业的很多行业,甚至都是以进城农民为主,城镇化的快速推进和发展在一定意义上可以说是来自于农村人口红利。当然从理论上来看,农村能够为城镇化的推进提供的劳动力的数量主要取决于农业现代化水平的高低,与农业发展的水平直接相关。只有提高农业的劳动生产率,提升农业的发展水平,才能使得更多的农业劳动力,进城从事二、三产业。但是由于我国农村人口众多,到目前为止农村还存在着相当多的剩余劳动力,剩余劳动力转移的规模还比较大,所以我国农业现代化发展对于城镇化推进的人力资源的制约作用表现得不太突出。但是不可忽视的一个事实是,随着人口拐点的到来,我国农村为城镇发展无限供给剩余劳动力的现状逐步扭转,以往民工潮的现象正被民工荒的现象逐步取代,城镇用工成本越来越高,因此农村可供转移的剩余人口,尤其是高素质的人口越来越少。

(三)农业现代化为城镇化发展提供资金积累,表现为农业现代化的资金作用

农业现代化为城镇化的发展提供资金积累,主要通过政府有形之手和市场无形之手两种形式进行。通过政府财政金融政策、工农产品价格的"剪刀差"、农业税等形式,发挥农业为城镇化提供资金积累的作用。尤其是城镇化发展的初期阶段,城镇自有资金不足,政府实行城市化优先发展的战略,农业自身积累的剩余资金甚至是必要资金就成为城镇发展的主要资金来源,同时借助于分布城乡的金融机构,农村的资金就以"储蓄"的形式流入城镇,成为城镇建设资金的重要组成部分,这种形式的资金支持是无偿贡献的,实际上形成了对于农业资金的直接"剥夺"。另一种形式的资金支持是通过市场机制的形式进行的资金转移。在城镇化进入快速发展时期之后,伴随着大量劳动力进城,农民携带自有资金创业,或者集资买房,或者参与城镇的基础设施建设,将自有资金转移到城镇非农产业,这种资金的支持使得农民能够享受到城镇的非农产业带来的较高收益,还能享受到城市文明。尤其是对于许多财政有限的地区,农民作为城镇化发展资金投入主体的作用尤为明显。这就需要进行体制机制创新,形成有利于农民进城的各种制度环境,降低农民进城的门槛,促进农民创业投资,强化经济产权的保护。

(四)农业现代化为城镇化发展提供土地空间,表现为农业现代化的土地作用

城镇的空间地理位置一般都处在地势平坦、交通顺畅之处,这些位置早期一般都是农业生产用地,甚至是优良的可耕地。城镇化加速发展的过程,也是城镇规模的扩大过程,城镇占用更多土地资源的过程。土地是城镇建设的空间依托、城镇化推进的基础条件,因此土地资源的多寡直接制约着城镇化发展的进程,农业现代化水平的高低就成为城镇化扩张快慢的前提条件。要使得农业为城镇化发展提供更多的建设用地,就必须提高农业的土地产出率。因此在保持农业用地资源一定的前提条件下,城镇化占用的土地数量就直接取决于农业现代化水平的高低。

(五)农业现代化为城镇化发展提供市场空间,表现为农业现代化的市场需求作用

农业现代化水平的提升包括农业加工水平、机械化水平、农业服务水平的提升,因此农业现代化的过程就是带动城镇农业机械设备产业、农产品加工产业、农产品配套服务产业等城镇非农产业发展的过程,进而实现产业的融合发展,形成产城的良性互动。农业现代化提升的过程也是农村经济发展、农民收入水平提高、城乡居民收入差距缩小的过程。伴随着农村和农民需求潜力逐步放大,城镇的非农产业,尤其是和农民生产生活密切相关的产业就会获得农村市场有力的拉动作用。现实的情况是我国经济发展最明显的表现就是内需不足,最为突出的就是农村农民需求不足,最直接的原因就是农业现代化水平滞后、农村经济发展缓慢、农民收入较低。

二、城镇化对农业现代化的作用

城镇是经济发展的自然结果,是现代文明的集中体现,经济发展的主要推动力和先进思想、科技文化的发源地,是现代文明的摇篮。城镇作为具有经济和社会功能的集合体,通过科技的创新、制度的创新,对于社会经济的发展起着引领作用。城镇化对农业现代化的引领作用表现在很多方面。

(一)城镇化促进农产品市场化率和商品化率提高,表现为城镇化的市场拉动作用

1. 城镇化为农业的发展提供市场需求,提升农产品的市场化率和商品化率

农产品的市场化和商品化的动力来自于城镇人口消费的拉动,城镇化率越高、城镇人口所占比例越大,拉动的作用越是明显,农产品市场的发展潜力越大,没有城镇化的推进,农产品的市场也就失去了动力。例如,肉类、水产品、植物油和蔬菜等城镇人口的人均消费水平分别比农村人口高出57%、198%、45%和12%。城镇化对农产品市场的作用大小,可以用城镇居民消费的农产品量占农产品总量的比值来表示,城镇化水平越高,这一比值就越大。

2. 城镇化为农业结构的调整和高级化提供市场导向,表现为城镇化的市场促进作用

农业结构调整的过程其实就是农业结构的高级化过程,也就是收入弹性小的农产品占比越来越小,收入弹性大的农产品所占比重越来越大,但是农业结构的调整过程不能脱离城镇化的发展孤立地进行。从世界农业发展一般经验可以看出,城镇化水平高的发达国家,其高收入弹性的农产品所占比重较高,而城镇化水平发展较低的国家,其农业资源的配置呈现出低度化的状态。例如[①]1990年初的丹麦畜牧业产值占农业总产值的90%;荷兰的畜牧业占56.9%,大田作物仅占14.7%;而泰国和印尼粮食产值占农业产值的比重分别为75%和60.9%,畜牧业产值占比分别为12%和10.6%。我国城乡居民收入存在较大的差距,2012年我国城镇居民人均收入是农村居民

---

① 冯海发:《农村城镇化发展探索》,新华出版社,2006年,第19~20页。

的3.1倍,巨大的收入差距导致城乡居民的消费结构出现较大差异。农村居民消费结构的收入弹性相对较小,对农业结构的调整作用也有限。城镇居民收入水平较高,因此对农产品的需求不仅仅关注消费的数量,更多地关注农产品的安全性、品质性、营养性、健康性,消费结构倾向于收入弹性大的农产品,这会直接带动农业结构的高级化,因此城镇化水平提升的过程也是农业结构调整和高级化的过程。目前我国城镇人口的食物消费结构中,粮食消费支出占食物消费支出的比重不到10%,而蛋白质类的食品消费占比就达到33%。城镇居民消费结构的变化对高收入弹性的农产品需求的提升,就为农业的结构调整提供了市场导向,直接促进农业结构的高级化。

(二)城镇化促进农业劳动力转移,表现为城镇化非农就业作用

产业结构的调整升级会促使劳动力由农业转向工业和服务业,增加劳动力的需求。结构调整优化是经济发展的动力,而结构优化的一个主要方面是劳动力就业结构的优化,经济结构的升级换代意味着劳动力就业从农业转向非农产业。在农业内部范围不可能真正解决农村劳动力的就业,非农产业的发展创造了大量的劳动力需求,农民进城以后寻找和自身素质相适应的非农工作岗位,实现就业方式的转变,由此导致进城农民提高自身素质,为家庭在城市获得更好的教育医疗等公共服务而创造更好的条件。所以城镇化发展的水平高低,直接决定农业劳动力就业非农化水平的高低。因此没有城镇化的发展及其提供大量非农就业岗位,就不可能实现农业人口的顺利转移,也就不能提高农业劳动生产率。

农业现代化水平提升的主要特征之一就是现代技术在农业生产经营中的运用,但是现代技术具有不可分的特征,在运用过程中必须具有一定的规模性,因此传统分散型的农业生产模式就不具备竞争力。农业竞争力的提高主要表现在农业生产的规模化,这也是农业发展的基本趋势。目前我国人均占用耕地只有1.38亩左右,户均耕地面积不足0.5公顷,因此我国农业规模化经营的最大难题就是提升经营的规模化,有效实现农业剩余劳动力的转移,这个问题解决不了,农业规模化经营的问题也就无从实现。只有城镇化水平的提高,才能转移出过多的农业劳动力,使得剩余的劳动力离开农业和农村,促进土地的流转,为农业规模化经营创造条件。所以农业规模化程度的高低在很大程度上取决于城镇化水平的高低。我国农业规模化水平之所以不高,根本原因还是城镇化水平过低,不能提供充足的就业岗位实现农业剩余劳动力的有效转移。

(三)城镇化为农业现代化提供技术、资金、经营理念等多方面的支持,表现为城镇化的支持反哺作用

城镇化水平发展到一定阶段完成资金的原始积累之后,城镇的非农产业就会对农村和农业的发展形成反哺支持作用,形成以城带乡、以工促农,为农业现代化的发展提供资金的支持,加速农业现代化水平的提升。农业现代化发展的过程也是现代生产所需要的技术手段在农业的应用过程,但是农业生产需要的农业机械、化肥、农药等生产资料和水利、道路等农业基础设施等不能由农业部门自己来生产,必须依靠城市的工业部门来提供和支撑,现代设施农业的发展更是离不开城市工业的支持。为农业提供技术和服务的工业只能集聚在城镇,以此带动农业生产技术水平和手段的提升,城镇化的发展为农业的发展提供了技术和服务的支持。城镇工业部门是农业技术进步的源泉,城镇工业部门的发展水平,从一定意义上来说,决定着农业生产技术水平的高低。现代化的经营模式和理念,主要是形成于二、三产业的经营过程中,因此非农产业发展形成的模式创新、组织创新、理念创新,直接渗透到农业的生产经营之中,可以直接提升农业的现代生产经营理念,促进农业现代化水平提升。

从上述分析可以看出,城镇化对于农业现代化的带动作用体现在很多方面,农业现代化的发展离不开城镇化顺利推进,所以城镇化的发展不仅与农业现代化的发展没有矛盾,而且还会引领农业现代化水平的提升,给农业的发展提供内在的动力。

第二节　城镇化与农业现代化协调发展的机制

城镇化与农业现代化协调发展就是以产业协调发展、产城协调发展、城乡协调发展为特征,形成城镇化与农业现代化互为动力、互为支撑、相互融合、良性循环的统一体,是以不以牺牲农业和粮食为代价的发展过程。城镇化与农业现代化协调发展具有层次上的同步性,不仅需要时间上协调发展,同时还需要地理空间上的相互协调。农业现代化是城镇化发展的基础,城镇化对于农业现代化起着引领作用,在城镇化发展到一定水平之后,农业现代化也必须紧紧跟上,彼此是相互梯次推进、互动融合的关系。因此,实现二者协调发展的过程也就是工农互促、产城融合、城乡统筹的过程,是城乡一体化发展的具体体现。

一、工农互促:城镇化与农业现代化协调发展的动力

农业现代化与城镇化的关系从根本上来说就是农业和非农产业之间的

关系,因此二者能否实现协调发展主要是产业之间能否实现融合发展。城镇化与农业现代化协调发展的过程就是政策的融合、机制的融合、产业的融合过程,最终通过农业产业化的发展,实现工农融合互动、共生共赢,其中的关键则是农产品加工业的突破性发展。

通过创新工业与农业的利益联接机制,实现农产品加工业的突破性发展,形成联接新型工业化和农业现代化的桥梁和纽带,可以实现总体利益最大化,缩小城乡发展差距,推动城镇化与农业现代化协调发展。

一方面,通过构建企业与农民的利益共生共享的联接机制,能够推动农业现代化水平的提高。农产品加工企业通过订单农业的发展,引导农民科学种田,有利于形成农产品种养殖业的规模化、基地化;通过为农业发展提供一条龙的专业化服务,把农业生产当作企业的第一道程序,农产品加工企业可以用工业化的理念改造传统农业,延伸农业产业链,把弱势农业变为强势农业,提高农业的发展水平和农民的收入水平。另一方面,通过构建城镇与企业的利益共享机制,能够推动农产品加工企业的健康发展,实现产城的良性互动。农产品加工业的发展,会带动相关配套产业的发展,增强城镇的经济支撑和要素集聚能力,促进农产品工业园区的建设,实现产业园区与新镇区、农村新社区的共建,实现农民增收、农业增效、企业增利的良性发展格局。

二、产城融合:城镇化与农业现代化协调发展的基础

城镇化要解决的核心问题是农民的就业和收入问题。要让农民安心进城,就要首先解决他们的就业问题,就得有吸纳他们就业的充足岗位,使得各个年龄阶段的人都有事可做,产业是城镇化发展的根本动力。产业作为城镇化发展的引擎,牵引力越大带动力越强。没有产业的发展作为基础,城镇化的发展就会出现"村村是楼房、处处是空房"的现象,就会出现农民"被上楼""被城镇化"的现象,只有产业发展兴旺了,才能从根本上解决人的城镇化问题。城镇是产业发展的空间载体,其辐射力越强则凝聚力越大。城镇化的发展为产业发展提供了空间平台,能够实现产业的集聚发展。城镇化不仅能推动公共服务的发展,也能够推动生产服务业和生活服务业的发展。产城融合发展能够为企业的发展、人口的集中创造条件,实现产业的集聚发展、人口的集中居住、产业的集群发展。

产城融合发展,必须解决三个问题:"产业怎么做""城镇怎么建""人往哪里去"。"产业怎么做"主要涉及产业选择、产业布局、产业升级三个方面;"城镇怎么建"主要涉及城镇的定位、功能的完善、与产业对接三个问题;"人往哪里去",主要解决如何促进农村人口适度集中,为农民就地创业、就近就

业和持续增收创造条件。

在城乡发展一体化的指引下,通过实施"产业向优势区域集中,工业向专业园区集中,农民向社区集中,土地向规模集中"的四集中战略,推动产业错位发展、产业集约发展,进而实现产城融合发展,从根本上夯实城镇化与农业现代化协调发展的基础。

三、城乡统筹:城镇化与农业现代化协调发展的路径

城乡二元结构是制约城镇化与农业现代化协调发展的主要障碍。城乡要素交换的不平等和公共资源配置的偏城市化,则是城乡二元结构突出的表现。比如城市对农民的征地补偿远远低于市场价格,农民和农业积累的有限资金大量流入城市和工业,农民工为城镇经济发展积累的资金每年在几千亿元以上,但他们享受到的各种公共福利有限。

通过城乡统筹的发展,紧紧抓住破除二元结构这个关键,打破体制机制障碍,形成"以城带乡、城乡一体"的新型城乡关系,赋予农民更多财产权利,推进城乡要素平等交换和公共资源均衡配置,形成城市和农村的良性互动机制,才能真正实现城镇化与农业现代化协调发展。

这就需要进一步发挥政府的宏观调控和引导作用,建立城乡要素平等交换与合理的补偿机制,让土地、资本、劳动力等生产要素在城乡之间进行双向良性流动、平等交换,让市场在资源配置中发挥决定性的作用,统一城乡要素市场,实现要素组合的动态最优化,发挥要素的最大功效,促进经济社会的持续发展。在土地问题上,改革征地制度,不能继续靠牺牲农民土地财产权利来降低工业化、城镇化成本;金融体制上,解决农村金融失血的困境,把农民的钱留在农村,用在农民身上,同时放开以服务农村为主的社区银行的准入,让更多的民间资金能够进入农村;同时推进农民工的市民化,形成城乡劳动力的同工同酬。

推进基本服务的均等化,提升农村基本公共服务的整体水平,要补上历史欠账,补齐农村的短板。这就需要加大农村公共服务的投入力度,建立与财政支出增速、经济发展水平相适应的保障机制;国家新增教育、卫生、文化经费增量主要用于农村。通过建立城乡联动机制,推动城市优质资源向农村延伸,让农村共享城市的优质公共资源。

四、以人为本:城镇化与农业现代化协调发展的核心

城镇化是经济发展的结果,本质上是人的城镇化,发展的目的是为了人的发展。随着城镇化的推进,产业的转移,人口的增长,"空间城镇化"是一个自然的过程。但不管是盖高楼、建广场还是修马路,出发点都是围绕人的

需求。如果城镇化的发展脱离了人的需求,不考虑户籍制度的改革、产业的支撑、公共服务能力的配置,盲目推进城镇化就会把城镇化变成造城运动,结果只能是只有钢筋混凝土构成的空城,就会造成土地的浪费、资源的破坏,农民被城镇化,导致"农村病"和"城市病"同时产生。所以只有解决好了人的问题,城镇化发展的质量和水平才会得到提升,城镇化发展的"红利"才会最大限度地得到发挥。农业现代化的发展也必须以人为本、以农民为主,农业现代化的本质是要实现农民的现代化。事实上现代农业发展的过程就是农民增收致富的过程、农民和城镇居民收入差距不断缩小的过程。如果农业现代化的发展不能保证农民的主体地位,不能保证农民成为农业发展的真正受益群体,而让农民在农业发展中处于利益分配的边缘化格局,那么,农业现代化就不会得到持续健康的发展。所以在坚持家庭经营为主、农民为主的基础上,创新农业经营体制,才能推动农业的持续发展。因此城镇化与农业现代化发展的最终目的是趋同的,都是以人为本,尤其是以农民为主,只有让农民平等参与现代化的进程,分享现代化发展的成果,才能保证城镇化与农业现代化协调发展。

五、生态文明:城镇化与农业现代化协调发展的保障

生态文明是人类认识自然、顺应自然、合理有效利用自然的结果,体现了人与自然的和谐相处。生态文明与物质文明、政治文明、精神文明构成了现代文明的主要内容,而生态文明是其他文明的重要基础和前提,因此没有良好的生态环境和生态文明,其他文明也就失去了存在的前提和基础。生态文明的建设,就是在尊重自然规律的基础上,建设以资源环境承载力为基础的资源节约型、环境友好型的社会,与经济建设、社会建设、政治建设和文化建设融为一体,相辅相成。因此,通过生产和生活方式的转变,生态文明建设可以促进资源的节约、自然环境的保护,为经济社会的可持续发展打下坚实的基础。

要想实现城镇化的健康持续发展,就必须把生态文明建设置于重要的地位。因此在推进城镇化建设的过程中,要同时实现人口、资源和环境在时间上、空间上、功能上的协调统一,使城镇化发展的速度、建设的强度与资源环境的承载力相适应,达到城镇化子系统和生态文明子系统的各自功能和整体功能的最优。现代农业与传统农业的根本区别就是在发展理念上的区别。现代农业的发展主要体现在发展理念和价值观上的发展,通过构建环境友好型和资源节约型的现代农业生产体系,在实现现代农业发展的同时推进生态文明的建设。通过构建环境友好型的农业生产体系,在遵循自然规律的基础上组织农业生产、进行农产品的深加工、延长农业产业链、减轻

农业生产对自然环境的压力,更好地利用农业资源,进而实现对于生态系统的保护。通过建设资源节约型农业生产体系,在利用自然力的基础上,能够达到资源节约的目的,进而减轻农业的生产对于自然环境的压力,实现农业的生态价值。

因而必须把生态文明的建设放在重要的位置,才能实现城镇化与农业现代化的协调发展。通过对传统产业进行生态理念的改造,实现绿色发展、循环发展、低碳发展,进而实现产业的永续发展,最终达到生态建设与经济建设、政治建设、文化建设、社会建设全方位和全过程的协调统一,实现经济社会的和谐发展。

第三章

传统农区城镇化与农业现代化协调发展的问题分析

　　传统农区作为我国经济社会发展的一类特殊区域,总体上人口分布较为稠密,农业人口比重较大,农业产值比重较高,非农产业发展较慢,城镇化水平较低,城乡二元结构较为突出。因此与全国其他地区相比,该类区域城镇化和农业现代化协调发展存在的问题更为突出,矛盾更为集中。按照本研究的定义,传统农区的地理范围较为广泛,既有地处山区丘陵地带的农区,也有地处平原地带的农区;既有地处地广人稀的西北东北农区,也有地处人多地少的中部农区。本研究选择中部平原农区为研究范围,是因为中部平原农区农业人口分布最为稠密、三农问题最为突出、城镇化发展的问题最为明显,实现协调发展的问题最为紧迫。通过中部平原农区城镇化与农业现代化发展的总体分析,更能透彻地剖析传统农区城镇化与农业现代化协调发展存在的问题。为了分析问题的针对性,本章在省份的选择上以河南省为主,在区域的选择上以黄淮平原部分地市为主,这样分析的结果更具有典型性、代表性。

第一节　城镇化发展的现状和问题

一、城镇化发展的现状

(一)总体上处于城镇化的成长期
由于传统农区经济发展缓慢,城镇化发展起步晚、进程缓慢,因而城镇化发展水平总体较低。该区域城镇化的动力主要是依靠自上而下的推力，而自下而上的动力略显不足，因而城镇化发展总体表现为动力不足。以传统农区所占比重较大的河南、安徽为例，2012 年的城镇化率总体水平分别是42.4%、46.5%。按照诺瑟姆城镇化发展理论，城镇化率达到 30%～70% 就进入了城镇化快速发展的时期，30%～50% 为加速发展期，50%～70% 为减速发展期。这说明传统农区总体上已经进入了城镇化快速发展的阶段，步入了城镇化与工业化"双加速"的时期。从最近几年来看，农区的城镇化发展速度提升较快，城镇规模快速扩大，每年的城镇化水平提升速度达到 1 个百分点，个别地区达到 1.5 个百分点甚至更多，城镇化的发展处于快速推进阶段。

表 3-1　全国、河南省和信阳市城镇化发展速度

时间	全国城镇化率以及年均增长率(%)	河南省城镇化率以及年均增长率(%)	信阳市城镇化率以及年均增长率(%)
1978	17.9	13.6	9.3
1984	23.0	14.7	11.9
1992	27.5	16.2	14.3
1996	30.5	18.4	17.3
2002	39.1	25.8	22.2
2007	45.9	34.3	31.2
2012	52.6	42.4	38.2
1978—1984	0.85	0.18	0.52
1984—1992	0.56	0.19	0.30
1992—1996	0.76	0.55	0.75
1996—2002	1.44	1.23	0.82
2002—2007	1.36	1.70	1.80
2007—2012	0.96	1.16	1.40

数据来源：根据《中国统计年鉴》《河南省统计年鉴》《信阳统计年鉴》整理。

从表 3-1 可以看出，虽然河南省的城镇化率总体水平偏低，但是城镇化增长的速度很快，尤其是进入 2002 年以后，增长的速度更是明显加快，在2002～2007 年平均增长速度达到 1.7 个百分点。而作为农业大市的信阳2002～2007 年的城镇化率增长速度更快，年均增长速度达到 1.8 个百分点。

(二) 城镇化水平落后于工业化水平

城镇化与工业化二者的发展水平保持在适当的范围内才可以使得二者协调发展。一般常用城镇化率与工业化率的比值代表工业发展对城镇水平所起的作用，来反映二者之间的协调关系。美国学者钱纳里通过对美国的城市化水平与工业化水平的关系研究得出结论，认为城镇化率与工业化率合理的比值应该在1.4～2.5。我国2012年的城镇化率为52.6%，工业化率为38.5%，城镇化领先工业化14.1个百分点，二者的比率为1.37。河南省2012年城镇化率为42.4%，工业化率为51.5%，城镇化滞后于工业化9.1个百分点，二者的比值为0.82，安徽省城镇化率46.5%，工业化率46.6%，二者的比值基本为1。从中可以看出河南省、安徽省这样的比率不仅远远低于合理的比值范围的下限，而且也远远低于我国的总体平均水平。传统农区很多地市的城镇化率与工业化率的比值水平更低，例如2012年农业大市周口的城镇化率为33.4%、工业化率为42.8%，城镇化滞后于工业化9.4个百分点，二者的比率仅仅为0.78。这说明作为城镇化动力的工业化对传统农区的推动作用远没有发挥出来，与合理水平范围还相差甚远，这是传统农区城镇化水平滞后重要的原因。

(三) 城镇化的发展一度曾经中断

相对于发达地区来说，传统农区的城镇化发展还是处于初步发展阶段，这和国家政策调整有一定的关系。20世纪90年代由于国家对于"三农"扶持政策得力，农业获得恢复性的快速发展，带来传统农区资本积累的快速增长，推动了城镇化与工业化快速发展。由于工业利润较高，很多农业资本为了获得更高的收益，纷纷进入工业发展的领域。自发投资的冲动和工业利润的吸引，导致很多社会资本进入非农产业，加上丰富的农产品资源、劳动资源和良好的环境资源，农区的工业化发展一段时间之内呈现出"热火朝天"的繁荣景象，城镇化在工业发展的推动下也得到快速的提升。由于农区的工业化发育存在着先天不足，工业的发展大多数以资源的过度开发、环境的污染为代价获得发展，发展起来的企业主要是技术落后、质量低劣，高污染、高能耗的"五小"企业，发展既没有规划，也没有任何的环保措施，结果带来了环境和农业资源的破坏，给传统农区农业发展和生态保护带来严峻挑战。在这样的形势下，国家采取强制措施，关停取缔了农区的"五小"企业，但是没有给关停的企业任何的补偿，结果工业化发展进程进入停滞阶段，农区的发展依然是以传统的种养殖业为主的发展模式。在这个基础上刚刚起步的城镇化的发展由于没有非农产业的支撑，也处于止步不前的状态，对传统农区城镇化发展的进程产生了重大的影响，在某种程度上中断了城镇化发展的自然进程，这也是目前传统农区城镇化水平落后于全国平均水平，其至周围区域水平的一个重要原因。目前传统农区的工业化和城镇化是在一个全新的基础上刚刚起步,由于时间短、基础差、产业配套设施落后、产业结构不完整,导致传统农区城镇化整体发展动力不足,城镇化进程较为缓慢。

二、城镇化发展的问题

(一)城镇化发展缓慢

1.城镇化水平较低

以传统农区为主的河南和安徽两省 2012 年的城镇化率分别为 42.4% 和 46.5%,其城镇化率不仅低于全国 52.6% 的平均水平,而且也低于中部六省的平均水平,处于最后两位①,河南省 2012 年的城镇化率水平低于全国的平均水平达 10.2 个百分点。从黄淮平原来看,商丘市、信阳市、周口市、驻马店市城镇化率平均水平仅为 36.8%,低于河南省平均水平 5.4 个百分点,与全国平均水平相差达到 15.6 个百分点。作为河南省第一产粮大市的周口市,2012 年城镇化率仅仅达到 33.4% 的水平,低于河南省的平均水平 8.8 个百分点;同样安徽省阜阳市和亳州市的城镇化率分别为 34.9% 和 33%,远远低于安徽省 46.5% 的平均水平;山东的菏泽和聊城城镇化率均为 40%,处于山东省最低水平。传统农区县域范围的城镇化水平更低,甚至很多县市低于 30% 的水平。例如 2012 年商丘、信阳、周口、驻马店黄淮四市共 33 个县(市)城镇化率平均水平只有 29.6%,城镇化水平最高的潢川县 40.9%,水平最低的正阳县只有 23.6%。

2.城镇基础设施滞后

城镇建设水平滞后,固定资产投资不足,城镇基础设施投资欠账较多,直接制约城镇基础设施的完善,导致基础设施老化严重。2012 年全国人均城镇固定资产投资为 26944 元,河南省的人均城镇固定资产投资为 19795 元,人均相差 7149 元。作为农业大市的周口全市城镇固定资产投资为 931.22 亿元,人均只有 8273 元,不到河南省人均水平的一半,不足全国人均水平的 1/3。由于城镇建设资金主要来源于政府的财政投资,固定资产投资主要是投向市区。县城区和镇区由于财力不足,又没有形成多元化的城镇建设资金来源渠道,因此,固定资产投资更是严重不足,基础设施老化失修的现象更为明显。

---

① 由于传统农区比重大,2012 年中部的湖北、山西、江西、湖南城镇化率分别为 53.5%、51.2%、47.5%、46.7%,除了湖北省城镇化率水平略高之外,中部其余五省都低于全国的平均水平。

(二)城镇化质量不高

1. 城镇体系结构不合理

由于自然条件的匀质性,城镇体系的空间布局呈现明显的低水平均质化平衡分布格局。大城市数量少并且发育滞后,带动能力不强,小城镇发展规模普遍较小。县城作为县域范围的龙头作用不明显,重点镇的支点作用也没有体现出来。除了大部分县城区以及个别建制较早的城镇人数达到上万人外,各镇人口规模普遍较小,很多都是只有几千人口的规模,并且城镇的人口密度也较小,低于全国1.1万人的平均水平。规模小、密度低的城镇体系所带来的结果是区域经济联系不紧密、城镇功能不完善、经济辐射带动能力不足,难以形成城镇的规模效应,对人口和产业的吸引力严重不足。这主要是因为大部分镇的建制时间较短,多数是由乡直接改制而成,人口、经济缺乏自然集聚的过程,因而各个镇的集聚能力较低。

2. 城镇发展的产业支撑作用不明显

很多地方城镇的发展不是按照城镇发展规律的自然演进,更多的是自上而下的人为行政推动,城镇的发展缺乏产业的支撑,发展的动力不足,发展水平缓慢。由于现代交通体系的发达,很多县城不再是交通节点,失去了人口和产业集聚的优势,从而也就失去了很多发展的机会。相当一部分县城依然还是以小规模的商贸服务业等第三产业为主,甚至就是一个大的集镇。很多小城镇几乎没有大中型企业,企业生产分散化、规模小型化,容纳人口有限,形成了"小而不巧""小而不全"的特点,人口和产业集聚效益不明显。由于城镇的发展缺乏产业的支撑,农民在本地的非农就业机会就少。按照社会从业人员分布来看,第一产业就业人员的比重大部分在40%以上,第二产业就业的比重大多在30%以下,而第三产业的就业比重在25%以下。

(三)中心城市集聚能力不强

传统农区城镇体系是按照行政体制设置形成的"市—县—乡镇—集镇"的格局,这样的城镇体系完全是为了适应垂直的行政管理体系设置的,相互之间的关系是纵向行政关系,连接这一城镇体系的纽带就是行政隶属关系,横向的经济联系较少。这种以行政级别为基础形成的等级化城镇体系会产生明显的利益博弈:地级城市拥有较大的资源配置权,而大量的中小城镇由于不具备充足的公共资源和相应的管理权,资源配置效率低下,经济发展缓慢,对于劳动力和产业的吸引能力不足。

中心城市是一个区域经济社会发展的领头羊和排头兵,是一个经济体的"发动机"。中心城市的发展规模、发展活力和竞争力直接决定着该区域整体的发展水平。传统农区的中心城市大多数是地级城市,由于地级城市的发展更多的是借助政府之手,依靠行政的力量形成而不是依靠市场推动形成,人口和产业在中心城市集聚的比重较低,导致产业和人口在区域范围内的分散化。因此中心城市的经济中心性都比较弱,缺乏凝聚力和辐射力,难以有效带动区域中小城镇的发展。

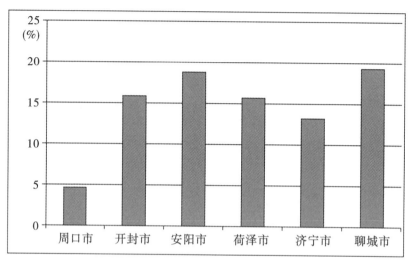

图3-1 黄淮平原部分城市城区人口占总人口的比重

从图3-1可以看出,平原农区中心城市人口比重普遍较低,人口集聚能力不强。例如人口集聚能力水平较高的聊城市城区人口比例也没有超过20%,而最低的周口市城区人口仅占4.7%的水平。

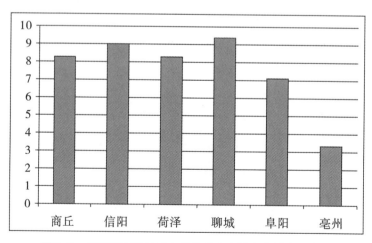

图3-2 平原农区部分城市单位从业人员占市区人口比重

各个中心城市单位从业人员占市区总人数的比重较低,所占比重大部分在 10% 左右,甚至更少。从图 3-2 可以看出,最少的安徽省亳州市只有 3.3% 的比重,这说明农区的大部分中心城市非农就业机会较少。虽然城市的框架和人口规模在大幅度的扩大和提升,但是能够提供的非农就业机会有限。

由于传统农区中心城市的辐射作用不强,对于区域整体带动能力相对不足,没有形成有效带动周边小城市和小城镇共同发展的局面,因此农业剩余人口就地转移的空间有限。相对于传统农区来说,沿海地区由于中心城市的带动能力强,分布在其周围的小城市和小城镇易于获得市场和信息,加上交通条件便捷,区位条件优越,要素价格低廉,因此能够集聚大量的人口和产业,获得了快速的发展。全国百强县的分布大部分都位于带动能力强的大城市周围,说明小城镇的发展和中心城市的带动作用密不可分。

第二节　农业现代化发展现状和问题

一、农业现代化发展现状

(一)承担国家粮食安全的作用更为突出

2000 年以来,全国 13 个粮食主产区的粮食产量占到我国粮食总产量的 75%,其中小麦产量占全国的比重达到 81%,玉米占到 77%,水稻占 70%,商品粮数量占到 80%,而大约 90% 的粮食增量也是来自于 13 个粮食主产区。目前能够调出商品粮的省份只有 6 个,调出粮食 1000 万吨以上的只有河南、安徽、黑龙江和吉林四省,"北粮南运、中粮西运"的粮食生产格局更加明显。位于河南、安徽、黑龙江和吉林等省市的传统农区事实上已经是区域化、规模化、集中连片的国家商品粮生产基地,是我国粮食生产最核心的区域,这些地区的粮食生产情况直接决定国家粮食安全的状况。在《全国新增1000 亿斤粮食生产能力规划(2009—2020)》中,纳入全国新增千亿斤粮食生产能力的县(市、区)绝大部分都位于传统农区,这说明传统农区作为粮食主产区的作用更加明显,承担国家粮食安全的责任更为重大。以河南为例,作为全国农业生产和粮食生产的缩影和典型,每年的粮食产量占到全国的 1/10,小麦产量占到全国的 1/4,粮食的播种面积一直是稳中有升,总产和单产一直呈现平稳的增长态势,除了满足本省 1 亿人口的需求外,每年还向省外提供 150 亿公斤的商品粮。(见表 3-2)

表3-2 河南省粮食播种面积和产量

年份	粮食播种面积(千公顷)	粮食产量(万吨)
1978	9123	1900.0
1985	9029	2710.5
1990	9316	1586.1
1995	8810	3466.5
2000	9029	4101.5
2005	9153	4582.0
2006	9303	5010.0
2007	9468	5245.2
2008	9600	5365.5
2009	9684	5389.0
2010	9740	5437.1
2011	9860	5542.5
2012	9985	5638.6

数据来源:根据河南省历年统计年鉴整理。

(二)农业生产的条件不断提升

以河南省为例,耕地面积由2000年的6875.3千公顷增加到2012年的7201.3千公顷。农用机械总动力从5780.6万千瓦增长到10872.7万千瓦,大中型拖拉机从6.62万台增长到33.8万台。农业机械化方面,机耕面积从2000年5607千公顷增长到2012年8971千公顷,机械播种面积由4648千公顷增长到9617千公顷,占农作物播种面积的比重由35.4%提高到67.4%;机收面积由4250千公顷增长到8749千公顷,占农作物播种面积的比重由32.4%提高到61.3%。能源利用方面,农村用电量由125.8亿千瓦小时增长到290亿千瓦小时。农业主要物资消耗情况,化肥施用量由420.7万吨增长到684.4万吨,农药使用实物量由9.56万吨增长到12.8万吨,农用塑料薄膜由9.2万吨增长到15.5万吨,农用柴油施用量由79.6万吨增长到112.3万吨。农田水利建设方面,有效灌溉面积由4725.3千公顷增长到5205.6千公顷,其中机电灌溉面积由3815千公顷增长到4071千公顷;旱涝保收农田面积由3693千公顷增长到4160千公顷。从以上的变化可以看出,农业的生产条件提升水平较快,为农业生产水平的提升打下了坚实的基础。

（三）家庭经营依然是农民收入的最大来源

以河南省农民收入为例,从 2000 年到 2012 年,河南省农民人均纯收入由 2098 元增加到 7525 元,农民恩格尔系数由 49.7% 下降到 33.8%,这说明农民收入水平在逐步上升,生活质量在逐步提高。从农户的收入构成来看,虽然近年来外出务工成为农民收入增长最快的部分,但是对传统农区大部分农民来说,家庭经营的收入依然占最大的比重,依然是大多数农民收入的最大来源。以商丘市为例,从表 3-3 可以看出,从 2002 年到 2012 年农民人均纯收入构成变化中,工资性收入从 2002 年占 15% 的比重上升到 2012 年占 47% 的比重,一直处于快速增长的态势,几乎接近总收入的一半;家庭经营收入所占比重从 2002 年 80% 的比重一直下降到 2012 年 48% 的比重,下降非常明显,但是还是略微超过工资性收入所占比重。而财产性和转移性收入所占比重基本没有大的变化。由于二、三产业不发达,家庭经营收入主要来源于第一产业,从 2008 年到 2012 年第一产业占家庭经营收入比重依次为 86%、88%、87%、87%、80%,而以粮食为主的种植业收入占家庭经营收入比重从 2008 年到 2012 年依次为 71.8%、70.8%、71.3%、71.6%、69.8%。

表 3-3　商丘市农民人均纯收入及构成(单位:元)

项目 年份	总收入	工资收入		家庭经营收入		财产性和转移性收入	
2002	2730	421	15%	2188	80%	121	5%
2003	2279	363	16%	1802	79%	114	5%
2004	2859	475	17%	2276	79%	108	4%
2005	3179	627	20%	2481	78%	70	2%
2006	3637	869	24%	2649	73%	119	3%
2007	3248	1206	37%	1852	57%	190	6%
2008	3750	1438	38%	2067	55%	246	7%
2009	4054	1640	40%	2246	55%	256	5%
2010	4674	1936	41%	2409	52%	329	7%
2011	5637	2505	44%	2823	50%	309	6%
2012	6426	3020	47%	3084	48%	321	5%

数据来源:根据商丘市历年统计年鉴整理。

按照收入来源对农户进行分类可以看出,影响传统农区农民收入来源最主要的是工资性收入和种植业收入。因此农业收入水平的高低,尤其是粮食收入水平的高低直接影响到农民收入的总体水平。粮食价格和产量的高低,农业生产成本的变动,以及国家对农业发展的政策支持成为影响农民收入高低的重要因素。

二、农业现代化发展问题

(一)财政收入增长缓慢

尽管我国的粮食生产实现了"十连增",但是粮食生产越多发展越落后的局面没有从根本上得到扭转。对于很多农区来说,尤其是产粮大县始终存在着财政增收缓慢,财政支出压力较大的困境。很多农区的县(市)都陷入了"粮食大县、财政穷县、经济弱县"的怪圈,农区财政事实上已经变为"吃饭财政",很多县(市)的财政支出相当一部分是依靠来自于上级政府的转移支付。以河南省和浙江省对比进行分析,1978年河南省的财政收入是34亿元,浙江省的是28亿元,河南省高于浙江省6亿元;2000年河南省的财政收入为247亿元,而浙江省的是343亿元,高于河南省96亿元;2005年河南省的财政收入是538亿元,浙江省的是1067亿元,高于河南省529亿元;2010年河南省的财政收入是1381亿元,浙江省的是2608亿元,高于河南省1227亿元,2012年河南省的财政收入是2041亿元,浙江省的是3441亿元,差距为1401亿元。(见图3-3)

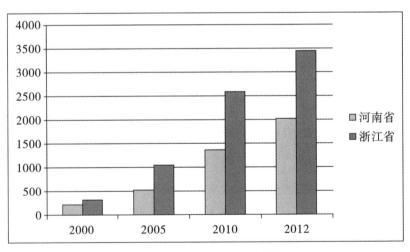

图3-3 河南省和浙江省财政收入

从传统农区自身的人均财政收入水平来看,2012年河南省人均财政收入为1935元,商丘市的人均财政收入为784元,不足全省一半;安徽省人均财政收入2597元,而阜阳市的人均财政收入仅为666元,不足全省的1/4;山东省的菏泽和聊城在本省的财政收入水平也仅仅占到1/3的水平。可以看出传统农区财政总收入水平及人均水平与其他地区的差距不断扩大。由于粮食产量与农民收入、地方财政形成倒挂的现象,虽然中央加大了对传统农区的补贴政策,但是对于增加农民收入、地方财政的作用还是微乎其微,传统农区很多地方在发展中,逐步形成了"米袋子"让位于"钱袋子"的现实选择。

(二)农民收入增长缓慢、水平较低

传统农区农民人均收入总体上低于全国农民平均收入水平。2012 年全国农民人均纯收入 7917 元,粮食主产区中部的湖北、湖南、江西、河南、安徽五个省的农民人均纯收入全部都低于全国平均水平,安徽省 2012 年全省农民人均收入只有 7161 元,低于全国平均水平将近 800 元。以河南省和浙江省进行对比分析,1980 年河南省农民收入为 161 元,浙江省农民收入是 219元,差距为 58 元;2000 年河南省农民收入是 1986 元,浙江省是 4254 元,差距为 2268 元,2009 年河南省农民收入是 4807 元,浙江省是 10007 元,差距5200 元,2012 年河南省农民收入是 7525 元,浙江省是 14552 元,差距是 7027元,从中可以看出,农民收入的差距呈现逐步扩大的趋势。传统农区农民收入低于发达地区农民收入最主要的原因是非农就业机会少,因此非农收入所占比重较低,直接影响到了农民收入水平的提高。(见图 3-4)

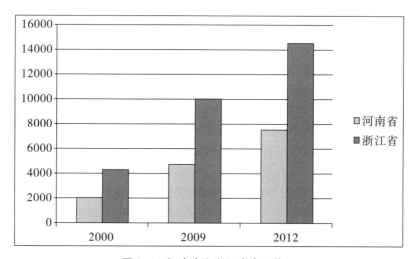

图 3-4　河南省和浙江省农民收入

从农区自身内部的差距分析看,2012 年安徽省阜阳市农民人均收入仅仅达到 5900 元,远远低于全省的平均水平。河南省周口市、商丘市、驻马店市农民人均纯收入也只有 6500 元左右,与全省平均收入相差 1000 多元。从农区的县域范围来看,河南省农民人均收入排名最低的 30 个县中,平原农区就占了 25 个县。河南省 52 个产粮大县(市)耕地面积占河南省耕地面积

48%,粮食产量占57%,2000 年这 52 个产粮县(市)贫困人口占河南省贫困人口的比重为 69%,2008 年贫困人口占比上升到 79%,贫困人口的比例上升了 10 个百分点,52 个产粮大县中有 33 个是扶贫开发重点县,占到河南省重点扶贫数量的 3/4,河南省的贫困人口出现了向平原农区产粮大县集中的趋势①。

(三)农业比较效益低,农民种粮的积极性不高

1. 农业劳动生产率较低

从三次产业劳动生产率来看,2012 年河南省三次产业劳动生产率分别是:第一产业 14229 元/人,第二产业 88404 元/人,第三产业 53630 元/人。从中可以看出,第一产业的劳动生产率仅相当于第二产业的 1/6,第三产业的 1/4。第一产业人均劳动生产率较低的原因是因为第一产业产值所占比重低,而从业人员较多所占比重较大。从表 3-4 可以看出,在 2004 年将近60% 的从业人员贡献了 20% 的产值,而在 2012 年 40% 多的人员仅仅创造了12% 的产值。

表 3-4　河南省第一产业产值和从业人员所占比重

年份	2004	2005	2006	2007	2008	2009	2010	2011	2012
产值比重(%)	19.3	17.9	15.5	14.8	14.8	14.2	14.1	13.0	12.7
人员比重(%)	58.1	55.4	53.3	50.6	48.8	46.5	44.9	43.1	41.8

数据来源:根据历年河南省统计年鉴整理。

从河南省部分传统农区来看,第一产业从业人员甚至比重更大,第一产业产值比重更低。例如河南南阳市第一产业从业人员比重高达 48.2%,第一产业比重为 18.1%;驻马店市第一产业从业人员比重为 47.4%,第一产业产值比重为 26.7%。县域范围比重失衡更是明显,比如邓州市第一产业人员比重为 51.7%,产值比重为 29.9%,河南第一产粮大县滑县第一产业人员比重为 50.7%,产值比重为 36%。

2. 种粮比较收益低、成本费用高

近年来,随着农药、化肥、种子等农业生产资料价格的上涨,以及电力、油料等能源价格的上涨,粮食生产投入的成本居高不下,同时受劳动力工资整体水平的影响,农业生产用工成本也大幅度上升,粮食生产正进入高成本

①　解宗方:《粮食生产过程中的不协调性分析——以河南省为例》,《农业现代化研究》2012 年第 5 期,第 281～285 页。

时代。粮食的价格由于政策限制长期偏离正常价格，导致粮食生产的收益偏低，种植粮食的收益实际增长缓慢，甚至个别年份个别品种出现负增长，这严重影响到了农民种粮的积极性。河南省农调队连续五年（2007—2011年）对小麦种植成本与收益的统计分析显示，小麦生产投入的各项费用都在大幅度地提升。（见表3-5）

表3-5　2007—2011年小麦亩均成本增加情况

	成本增加（元）	增幅（%）	年均增幅（%）
总成本	132.1	35.3	7.9
物质费用	42.6	29.5	6.7
生产服务	43.0	48.5	10.4
人工成本	46.5	33.1	7.3

数据来源：根据河南省农调队调研数据整理。

由于生产成本的上升和天气异常情况的影响，从2004—2011年来看，三种主粮平均每亩收益仅为223元，如果消除价格因素的影响，三种主粮平均每亩收益在7年时间里实际只是提高了0.8元，其中玉米每亩收益提高了91.4元，水稻提高了8.6元，而小麦则下降了97.8元[1]。

以南方的双季水稻种植为例，每亩收入按980元计算，需要花费12天的劳动时间，平均下来，种植水稻每天的收入也就是80元，而在农村做零工一天的收入就达到100元以上，如果掌握一定的技术，进城从事装修等技术性的工作，每天工资收入就可以达到150元甚至更多。从水稻收益与经济作物收益对比来看，黄瓜的收益是水稻的3.1倍，辣椒的收益是水稻的2.5倍，莲藕的收益是水稻的3.9倍[2]。"种地一年不如打工一月""种粮副业化""种粮兼业化"已经成为普遍的现象，农民撂荒、弃耕的现象较为明显。可以看出短期之内农民种粮积极性较低的现状难以改变。

3. 农业劳动力老龄化现象突出

传统农区的劳动力大部分都选择外出打工，农村青壮年劳动力基本都离农进城，40岁以下的农村劳动力80%在外务工经商，在很多地方已经没有

---

① 韩俊：《加快构建国家粮食安全保障体系》，http://www.hnagri.gov.cn/web/hnagrizw/snzx/zjgd/content_117234.html。

② 齐海山：《粮食大省产粮越多经济越穷》，http://news.sina.com.cn/c/2013-10-30/035328566574.shtml。

青壮年劳动力可以向外转移了,留在农村的劳动力也主要是从事二、三产业,同时很多"留守妇女"也加入外出务工的行列。农业劳动力年龄偏大的现象较为普遍,以信阳市农业劳动力年龄分布为例,其中年龄在30岁以下、31~40、41~50、51~60、60岁以上的分别为4.2%、13.5%、33.5%、30.1%、18.7%(信阳市农调队,2012),农业的生产、粮食安全的维护主要是由留在农村没有能力外出的老人来承担。农业劳动力呈现高龄化、低文化的特征,突出的表现是年龄性、季节性、区域性的结构短缺,带来农业生产效率大幅度下滑。(见图3-5)

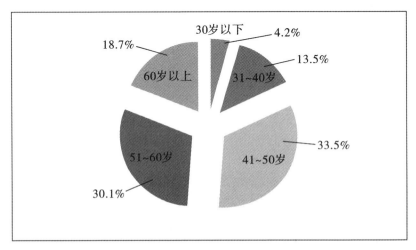

图3-5 信阳市农业劳动力年龄分布

4.农村劳动力文化程度较低,人力资源得不到有效开发

农业从业人员的文化程度、知识水平直接制约农业的发展。信阳市农调队2012年对息县和潢川两个县10个行政村36000余人的调查统计显示:高中以上文化程度的占13%,为4500人;初中文化程度的占44%,为16000人;小学文化程度的占36%,为13000人;不识字或者识字很少的占7%,为2500人,平均教育年限为7.42年①,从事农业生产活动的以"低素质"劳动力为主。这说明传统农区农民文化程度与全国平均水平以及发达地区相比,都有很大的差距,这在很大程度上制约了农区经济的发展和农民综合素质的提高。农业从业人员职业技能偏低、培训欠缺,与现代农业发展的要求还有很大的差距。农民获得农业生产技术主要依靠祖辈的言传身教,大部分都缺乏系统培训,因此只能从事传统的种养殖业,缺乏从事现代农业生产

---

① 根据信阳市2012年统计局农调队统计数据进行整理。

的"一技之长"。农业专业技术人员缺乏,平均1000名农业生产人员中仅有两名初级农艺师。

(四)农业综合生产能力依然较低

1.农业科技发展水平滞后

农业科研投入经费不足,管理体制与机制不完善,农业技术推广不到位,科技服务体系活力不足,导致农业科技创新滞后,农业重大科技成果少,农业科技对于农业生产的支持力度明显不足,远远不能满足农业综合生产能力提升的需要。农业技术入户率不到40%,灌溉水利用率大约为30%,氮肥利用率为30%,2/3的农田还是中低产田。由于目前从事农业生产的农民大部分教育水平低,年龄结构偏大,接受新的科技知识的能力有限,直接限制了新品种、新技术在农业生产中的推广应用。由于农业生产技术水平的滞后,农业产量的增多主要依靠农业资源投入的增加。随着资源投入的增加,资源报酬递减的规律逐步显现,农业技术对于农业发展的制约作用凸显。

2.农业生产条件整体水平较低

农业机械总动力不高,装备水平滞后,农业机械化程度远低于发达地区。农田水利设施很多都是20世纪80年代以前修建的,老化损坏严重,抗灾标准低,工程不配套。水利化程度总体偏低,设施完善的灌溉地所占比重较低,由于农田水利基础设施脆弱,农业成灾率一直居高不下。农业植保设施建设薄弱,植保环节器械陈旧、技术落后。农作物重要的病虫害有100多种,而现有条件能监测的只有15~20种。传统农区的耕地面积虽然得到有效保障,但是耕地的质量却下降较快,40%的耕地处于不断退化状态,从土壤无机成分来看,很多地方的土壤速效磷和速效钾的含量低于标准含量水平的50%和25%,土壤的有机质含量不足1.2%,而高产稳产农田有机质含量应该达到1.5%,甚至更多。

(五)农业结构调整缓慢

每个地区只有按照自己的资源禀赋选择资源的配置方式,才能突出自身的比较优势。对于传统农区来说,最大的优势是劳动力资源丰富,劣势是人均土地资源不足,因此农区农业的生产应该选择劳动密集型的农产品生产作为自己农业结构调整的重点,突出自身的比较优势。事实上在传统农区具有比较优势的蔬菜、花卉、园艺等劳动密集型的农产品却不是发展的重点,没有竞争力,而粮食、棉花、油料等资源密集型的农产品,却成为传统农区农业生产的重点。多年以来,传统农区农业内部结构没有发生大的调整,粮食、棉花、油料等大宗农产品的播种面积逐步在扩大,所占比重总体上一直在上升,而作为有竞争力的蔬菜、水果等播种面积不仅没有大的变化,所占比重反而呈现下降的趋势。例如河南省 2007 年到 2012 年粮食播种面积占农作物播种面积比重依次为 67.2%、67.7%、68.2%、68.4%、69.2%、70%，可以看出粮食播种面积的比重处于绝对的优势，并且所占比重近年来一直在上升，这说明农业结构调整的力度相当有限，农业结构调整的任务相当艰巨。（见表3-6）

表3-6 传统农区部分地区粮食作物和经济作物播种面积所占比重(单位:%)

地区	年份	2007	2008	2009	2010	2011	2012
商丘市	粮食作物	62.7	63.7	65.8	66.9	67.2	67.6
	经济作物	16.8	16.7	15.5	14.4	13.1	12.5
驻马店市	粮食作物	68.9	69.4	71.2	70.8	71.2	71.3
	经济作物	31.1	30.4	28.9	29.1	28.9	29.1
信阳市	粮食作物	63.7	63.8	66.8	67.0	67.1	68.0
	经济作物	32.5	33.6	32.6	31.8	31.9	31.4

资料来源:根据商丘市、驻马店市、信阳市历年统计资料整理。

由于种植结构调整缓慢，加上农业科技的发展滞后，农民来自于农业收入的结构基本没有发生变化。大部分农户从事以粮食为主的农业生产，只有少部分农户从事畜牧业、林业、渔业和农林牧渔服务业，农业收入主要还是以占到家庭收入比重80%的粮食收入为主。因此农民的农业收入短期之内主要还是由粮食收益的高低来决定。

表3-7 河南省不同收入来源农户和收入比重以及劳动投入比重(单位:%,元)

主要收入来源	农户比例	农户年现金收入	占农户总收入的比例	投入劳动的比例
种粮	55.8	10048.8	67.3	54.1
种菜	3.6	15850.0	79.0	71.9
林果	3.3	33250.0	58.5	38.6
养殖	2.9	19125.0	72.9	57.5
打工	13.1	9897.0	72.7	59.4
加工	4.4	30000.0	77.2	70.6
运销	1.8	14600.0	80.0	55.0
其他	15.0	14273.2	78.6	55.5
总计或平均	100.0	12933.9	70.9	56.0

从表3-7[①]可以看出河南省不同收入来源的农户情况:55.8%的农户收入主要来源是种粮,13.1%是打工收入,4.4%是加工业,3.6%是种菜,3.3%是林果业,2.9%是养殖业,1.8%是运销业,其他收入来源的占15.0%。河南省农户平均年现金收入为12933.9元,其中从事林果业种植的农户收入水平最高,达到33250元,其次是从事加工业的农户。以种粮为主的农户和以打工为主的农户收入,分别为10048.8元和9897元,这两类农户收入水平都低于河南省的平均水平,并且收入水平相差不多,这表明农民是以外出务工收入作为在家种粮的机会成本。

(六)家庭经营规模小

要提高农业现代化水平,就必须保障适度规模经营,实现规模化生产,让种粮农民的收入达到城镇居民收入,超过外出进城务工的收入。以2012年我国城镇居民人均收入24565元,每亩粮食收益为500元,一家有三个劳动力为标准,种粮农户要想达到城镇居民收入的水平,北方适度经营的土地规模为24565(人均收入)×3(户均劳动力)/500(每亩利润)=148亩,南方适度规模标准为(24565×3)/(2×500)=74亩。但是从我国总体情况来看,每户平均承包耕地7.5亩。传统农区大部分农户承包耕地面积都低于这个平均水平,很多地区的农户只有5亩甚至更低,同时分割为若干个不同的地块,普遍是零散分布,每季种植的农作物有2~3种。每户每年种粮的收益相当于一个劳动力在外务工两个月的收入,每户家庭经营的收益相当于一个劳动力在外4个月的收入。与其他行业相比,农民从事农业生产,尤其是粮食生产的利润率其实并不太低,但是由于农户家庭承包经营的耕地面积过小,因此导致农民从事农业生产的机会成本大,比较收益低。由于经营规模过于狭小,农民对于农业生产性的固定资产投资的积极性很低,仅占农民家庭支出的3%左右,农业新技术的推广对于农民的吸引力较小。

(七)新型农业经营主体面临诸多问题

农业种养大户面临政策支持力度不够、资金短缺、种粮收益不高等问题,但是更多的难题还是土地规模过小。一些农民宁愿让土地撂荒也不愿意流转,造成"有田的不想种,想种的没有田"的困境;由于流转关系的不稳定,地块的分散,大户对于土地的投入不足,农业生产的基础设施不能得到有效改善;由于种粮的比较效益低、土地流转费用高,部分种植大户将本来是种粮的耕地用来种植高效经济作物,发展养殖业、生态农业、休闲农业等,

---

① 关付新:《中部粮食主产区现代粮农培育问题研究》,《农业经济问题》2010年7月,第35~40页。

流转耕地的"非粮化"存在一定程度的倾向;同时很多专业大户都没有经过系统的农业专业知识和技能培训。

专业合作社作为农业社会化服务的主体,正在逐步兴起,大多是能人带动型。合作社的种类主要以产加销一体化服务为主,占到 52.2%,以生产服务的占 26.9%,提供购买仓储运销加工服务的占 9.8%,其他服务的占到 10.9%①。但是传统农区专业合作社普遍规模偏小、市场竞争力偏弱、管理不规范;没有建立起合理的利益分配机制,没有形成农业生产成果与收益挂钩的激励机制;带动能力较弱、服务能力弱、管理能力弱,呈现出异质性、多样性的现状,同时专业合作组织还面临着缺乏监管,以及资金不足等难题。相对于发达地区,目前传统农区加入专业化合作组织农户的比重很低,只有 20% 左右甚至更低。以"农"字为龙头的企业规模较小,发育滞后,带动农业产业化经营的能力普遍较弱,农产品产业链条依然得不到有效延伸。

第三节　城镇化与农业现代化协调发展的现状和问题

一、城镇化与农业现代化协调发展现状

(一)农民进城安居而不落户现象普遍

与前些年农民"被上楼""被城镇化"不同,农民主动进入老家所属的城镇进行安居的意愿明显增强,尤其是在当地县城买房居住的积极性最高,是当地县城购房主力军。农民通过进城享受城市的文明和生活方式,但是农民进城不转户口,很少有人主动申请"农转非"。与北上广一线大城市户口"一户难求"相比,传统农区很多中小城市由于教育资源短缺、产业支撑能力不强,城市功能不完备,因此户口的含金量不高,对于农民的吸引力不大。

相对于城镇户口,农村户口含金量反而更高一些。随着中央支农力度的加大,对于农民的种粮补贴、农机具购置补贴、化肥种子的补贴、其他综合补贴越来越多,就算不种地也能享受到国家补贴。同时宅基地对于农民来说是一笔很大的财富,土地流转每亩每年可以获得七八百元的租金收入,并

---

① 钱克明,彭廷军:《关于现代农业经营主体的调研报告》,《农业经济问题》2013年第6期,第4~7页。

且土地还有很大的升值空间,就算将来农村土地被政府征收还会有可观的补偿款,如果农村户口变为城市户口,这些利益就会被剥夺。另外很多农民认为,如果在城市找不到工作,就很难有立足之地,保留农村户口,拥有农村的住宅就有退路。虽然大部分中小城市和小城镇放开了户口,不再设有门槛,但是很少有农民主动要求把农村户口转为城镇户口。例如对于商丘市农民的抽样调查显示,仅有4.9%的农民愿意把户口迁移到城镇(国家统计局商丘农调队,2012)。

(二)"两地城镇化"现象明显

农民从经济理性出发,通过综合考虑进城的实际成本、收益和预期,根据自己的实际选择不同的进城方式。根据农民进城方式的不同,现阶段主要出现三种形式:第一种形式是在城市打拼多年,由农民工变为具有一定实力的企业家,能够承受城市的高房价,具有城市户籍,已经实现了身份的转变,融入城市转为市民,这一部分人群极少,占到进城农民总数的1%左右;第二种形式是在城市有稳定的职业和收入的农民工,他们具有融入城市的强烈意愿,但是由于户籍的制约,以及房价太高,阻碍了他们在一线城市安居乐业、让家人过上城市生活的梦想,现实的选择只能在老家所在的中小城镇买房定居,进入城市实现城市梦,通过这一种形式进城的农民工目前占到20%左右,以后的发展将会达到60%甚至更多;第三种进城的农民工由于自身条件限制,加上收入水平、将来的预期,以及工作性质等众多因素的影响,若干年后会返回老家建造新房或者进入农村社区,在农村养老,这一类进城的农民工将会达到30%~40%。

在这三种进城形式中,"异地城市就业,老家城镇落户",将成为大多数农民工市民化的路径选择,这是传统农区城镇化发展过程中特有的"两地城镇化"现象。"两地城镇化"的进城方式一方面提升了农区城镇化的水平,成为推动农区城镇发展的重要力量;但是另一方面外出农民工为务工所在地城市发展付出了辛劳和汗水,创造了巨大的财富价值,却不能融入并且分享当地城市的公共服务,而选择在老家城镇落户,这样就占用了农区城镇本就紧缺滞后的公共服务资源,进一步增加了本地城镇化的成本和负担。以传统农区信阳市为例,近年来在外地大城市务工经商,选择在本地买房进城的农民达到40万人左右,带动信阳本地城镇人口增长80多万人。按照这样的趋势,今后10年信阳还将有100万左右外出农民工通过这种"两地城镇化"的方式实现市民化,这将会带动200万左右的农民进入本地城镇。按照现在的物价水平计算,一个人进城需要的教育、医疗、社保等成本支出,三线城市需要8~10万,四五线城镇需要3~5万,以这样的标准计算,信阳为"两地城镇化"需要多投入的财政资金将达到1500多亿元,而2012年信阳市的财政收入与转移补助总和还不到 300 亿元,属于典型的吃财政饭,根本没有能力消化"两地城镇化"带来的财政资金支出。

(三)农业产业化水平逐步提高,农业从业人员就业结构逐步优化

农业经营主体呈现多元化,以小农经营为主体的农户正从商品生产者转变为生计生产者,种养专业大户、家庭农场、农业专业合作组织、涉农工商企业等新型农业经营主体发展迅速,已经成为发展现代农业、保障粮食安全、维护农产品有效供给的重要力量。企业+农户、公司+基地+农户、公司+合作组织+农户、合作组织+农户等农业产业化形式得到快速发展。通过种养加、产供销、农工商一体化的产业化经营组织形式,实力强大的龙头企业、农民专业合作经济组织和分散的农户联接形成一个整体,有力地提高了农业生产的产业化水平,分散生产的农户组织化程度得到很大的提升。农业生产的组织化、产业化有力地推动了农业现代化水平的快速发展。

随着农区城镇化水平的提高,非农产业的发展,尤其是外出务工经商人员的增多,农业从业人员绝对数量在减少,农村就业人员比重在逐步下降。以河南省为例,从 2000 年到 2012 年,全部从业人员总数由 5572 万人增加到 6288 万人,而第一产业从业人数从 3564 万人降到 2628 万人,比重从 64% 下降到 44%;非农产业从业人员从 2008 万人增加到 3659 万人,就业人数比重从 36% 增加到 58%。从城乡从业人员比重来看,2000 年,城镇从业人员为 860 万人,农村从业人员为 4712 万人,城镇从业人员占比 84.5%,城镇就业人员比重只是 15.5%;2012 年城镇从业人员 1383 万人,农村从业人员达到 4905 万人,农村从业人员占比为 78%,城镇从业人员比重上升到 22%。在农村从业人员中,从事农业生产的人员比重由 2000 年的 76% 下降到 2012 年的 60%。可以看出,三次产业从业人员分布结构得到进一步优化,城乡就业人员所占比重得到进一步改善。

(四)土地流转缓慢,流转形式单一

相对于沿海发达地区,传统农区经营农业用地的农户比例相对较高,所占比例都在 90% 以上,最高的河南省占到 96.5%,远远高于全国 88.9% 的平均水平。由于传统农区农民固守土地、"惜地"心理明显,劳动力转移的比例远远高于土地流转的比例,土地流转的进程相对较慢,土地流转比例较低,流转耕地占家庭承包耕地面积的比例平均只有 20% 左右,每年增长的速度仅为 2.1%。由于土地流转起步晚,土地流转机制和机构不健全,很多县(市)根本就没有乡级的土地流转服务机构,土地流转更多的还是处于农户与农户之间私下无序自发的状态,双方只是达成口头协议,很不规范,流转的期限较短;土地流转的规模化经营程度很低,土地流转依然处于分散零星的状态。

以周口市为例,该市共有 1126 万亩耕地,人均 1 亩,截至 2012 年全市流转土地共有 152 万亩,仅占全市耕地面积的 14%,这说明土地流转总体规模偏低。土地流转的形式中,转包一种形式就占了 57%,其次是互换占 8%,而入股的形式仅占 2%,这说明,土地流转占的比重还很低,同时流转的形式不多。(见表 3-8)

表 3-8　周口市土地流转不同形式所占比重

土地流转形式	转包	出租	互换	入股	其他	合计
面积(万亩)	86.92	41.2	12.2	3.32	8.55	152.19
比重(%)	57	27	8	2	6	100

数据来源:周口市统计局。

周口市进行土地规模经营的农户共有 27262 户,规模经营的农村土地面积共有 60 万亩。从表 3-9 可以看出,从事土地规模经营的农户所占比例较少,土地规模主要集中在 50 亩以下,50 亩以上的规模经营只占规模经营农户的 27.76%。

表 3-9　周口市不同规模经营农户所占比重

规模经营面积(亩)	20~49	50~99	100~499	500~999	1000 以上
户数(户)	13688	5132	2376	54	12
占规模经营比重(%)	50.21	18.82	8.72	0.22	0.04

数据来源:同上。

由于是粮食主产区,周口市通过土地流转进行规模经营的农户主要还是以种植粮食为主,60 万亩规模经营的土地中,种植粮食的有 38 万亩,占 63.33%,种植经济作物的 16 万亩,占 26.67%,种植园艺作物的 4 万亩,占 6.67%。其余的 2 万亩,占 3.33%。

土地流转缓慢背后的原因一方面是农民对于土地感情深厚,但是更为重要的是半城镇化现象的存在,农民不能完全迁移,在城市不能定居,土地依然是大多数农户收入的主要来源,是农民赖以生存的基本生产资料,土地的保障功能和部分的就业缓冲功能依然发挥着安全网的作用。

二、城镇化与农业现代化协调发展问题

(一)半城镇化问题突出,"城市病"和"农村病"并存

由于农民家庭收入结构中一半来自于家庭经营收入、一半来自于城市务工收入,土地承担了农民的社保和一半收入的功能,进城务工收入让农民生活水平提高,农民既离不开城市,也离不开农村。由于户籍制度和土地制度改革滞后,对于基数大、流动性强、通过异地转移进城的农民来说,虽然进城就业容易,但是大多数人却面临着在城市定居落户难,实现身份转变难、看病上学难等问题。由于城市的发展不愿意让进城农民分享社会福利和公共服务,进城务工人员无法享受城市为具有本地户口的居民提供的经济适用房和廉租房。由于收入低、工作不稳定,价格过高的商品房远远超过绝大多数农民工的支付能力,很多人只能住在条件简陋的"城中村"。两个老鼠理论就形象地说明了农民工半城镇化的困境:农村老家的房子由于常年无人居住打理,又不能抵押流转,只能留给老鼠住;在城市由于生活居住条件过于简陋,常常和老鼠住在一起。由于绝大多数异地转移进入大中城市的农民不能实现永久的迁移,不能获得务工经商所在地的户口,无法实现在当地定居,只能处于这样钟摆式的流动状态,形成了务工经商在城市,户籍在农村;生活在城市,习惯和模式在农村;劳动力在城市,家人在农村;收入在城市,消费在农村。每年春节期间数以亿计的农民工返乡过年的现象就是这样一种看似矛盾现象最典型的写照。

由于非农产业发达,就业机会多,虽然采取种种限制进城的措施,大城市依然是农民进城务工首选之地。由于人口的过量拥入,很多大城市,尤其是东部一线城市交通拥堵、空气污染,远远超过城市本身的资源承载能力。而农区本地由于非农产业滞后,就业机会有限,劳动力外流纷纷选择异地进城务工经商,很多情况都是出去一个,带走一家,导致农村住宅的空心化,农村产业空心化,"城市病"和"农村病"并存。

(二)异地城镇化现象尤为明显

虽然我国总体上已经进入工业化中期向后期过渡的阶段,部分发达地区已经进入高度工业化阶段,但是传统农区依然处于工业化的初期向中期过渡的阶段,因此传统农区本地非农就业机会较少,就地从事非农产业即"离土不离乡"的农民所占比重很小,大多数农民通过"离土又离乡"的方式选择在外省或大城市实现非农就业,异地城镇化现象较为明显。有关统计数据表明,河南省劳动力转移到省外就业的达到1190万人,占到河南省农民外出就业的一半;信阳市2012年进城务工经商农民达到230万人左右,而异地转移的农民工就达到215万人,占到外出农民的93.5%。商丘市农民务

工收入来源范围所占比重也可以反映出农民异地城镇化现象相当明显（见表3-10）。

表3-10　商丘市农民务工收入来源地所占比重（%）

地域 年份	本乡镇范围	乡外县内	县外省内	省外
2002	40	14	11	35
2005	37	12	16	35
2007	34	7	12	47
2009	35	8	11	46
2011	35	4	8	53
2012	29	12	7	52

数据来源：根据《商丘市统计年鉴》整理。

从表3-10可以看出，农民务工收入在2002年是以本乡镇范围收入占主要比重，其次才是省外务工；到2012年农民务工收入占比重最大的来源于省外，占到52%的比重，而此时本乡镇范围内务工收入的比重下降到29%。可以看出，由于本地非农就业机会较少，农民务工经商大多选择跨省流动外出，如果本地有非农就业机会，农民还是愿意选择离家最近的地方务工。这表明传统农区农民城镇化，尤其是就业的城镇化其实就是通过异地转移来进行的。

（三）城乡二元结构较为突出

虽然近年来城乡统筹不断推进，"以城带乡、以工促农"的实施力度不断增强，但是由于传统农区城镇本身发展缓慢、非农产业发展滞后，弱化了城镇带动农村发展的能力。劳务经济、外出务工已经成为传统农区转移农业剩余劳动力，推动经济发展的重要力量，很多县市劳务收入对于县域经济的贡献度占到GDP的20%左右，但是由于制度改革的缺失、要素的非市场化，长期大规模外出务工不仅没有缓解农区的城乡差距，反而在一定程度上扩大了差距。城镇化的发展在农区的很多地方变成了城市自身的发展，农村要素向城市单向流入，公共服务和公共资源向城市重点倾斜配置，城镇化发展强力推进，而农村的发展止步不前。这就导致了城乡发展的差距不仅没有缩小，反而进一步增大，公共服务不均等更明显，城乡差距更为突出，二元结构的格局进一步固化，这样的发展理念与包容性发展的理念格格不入，也影响了城乡一体化的进程。

表3-11　全国、河南省和商丘市城乡收入比

年份	全国			河南省			商丘市		
	城镇	农村	城乡收入比	城镇	农村	城乡收入比	城镇	农村	城乡收入比
2001	6860	2366	2.89	5267	2098	2.51	4406	1832	2.41
2002	7703	2476	3.11	6245	2216	2.82	5154	1881	2.74
2003	8472	2622	3.23	6926	2236	3.10	5552	1556	3.57
2004	9422	2936	3.21	7705	2553	3.02	6322	2056	3.07
2005	10493	3255	3.22	8668	2871	3.02	7247	2346	3.08
2006	11760	3587	3.28	9810	3261	3.01	8346	2745	3.04
2007	13786	4140	3.33	11477	3852	2.98	10166	3248	3.13
2008	15781	4761	3.31	13231	4454	2.97	11752	3750	3.14
2009	17175	5153	3.33	14372	4807	2.99	12716	4054	3.14
2010	19109	5919	3.23	15930	5524	2.88	14178	4674	3.03
2011	21810	6977	3.13	18194	6604	2.75	16151	5637	2.87
2012	24565	7917	3.10	20443	7525	2.72	18312	6426	2.84

数据来源：根据全国、河南省和商丘市统计年鉴整理。

从表3-11可以看出,虽然相对于全国来说,河南省和商丘市的城乡收入比低于全国的平均水平,但是不管是城镇人均收入还是农村人均收入水平一直低于全国平均水平,并且相对于全国来说绝对差距一直在拉大。从城乡人均收入的本身来看,城镇人均收入水平越高,农村人均收入水平也相应越高。商丘市城镇人均收入水平较低,因而相对于全国和河南省,商丘市的城镇对于农村的拉动支持作用更为薄弱。

（四）土地城镇化快于人口城镇化,县域经济和镇域经济发展缓慢

按照国际标准,土地城镇化与人口城镇化的合理比值应该在1∶1.21左右,我国在1990—2000年,城市建设用地面积增长了90%,而人口城市化水平增长了52%,土地城镇化速度是人口城镇化速度的1.73倍;在2000—2010年,城镇人口增长了45.9%,而城市化建设占地面积增长了83%,土地城镇化速度是人口城镇化速度的1.85倍。这说明我国城镇化的发展过程中土地城镇化的速度远远超过人口城镇化的速度。

1. 土地城镇化较为突出

传统农区很多县（市）在推进城镇化发展过程中,缺乏长远的规划,不顾

本地产业基础的薄弱、政府财政的入不敷出,把城镇化的发展等同于土地的城镇化,不考虑土地的利用效率、不管公共资源的合理布局,随意圈地,不惜举债铺摊子,进行摊大饼式的发展,把城镇化当成造城运动,进行建新区、造新城、盖高楼大厦,快速地拉大城市框架,结果是只有钢筋混凝土构成的空城,没有居民入住,没有产业集聚。城镇化发展过程中的土地利用不是集约型的,而是浪费铺张的利用。土地城镇化的发展导致占用的耕地越来越多,很多耕地都是优质的农业用地。

2. 县域经济和镇域经济滞后

县域经济的发展表现为产业结构的同质性、雷同性,主导产业不明显,优势产业不突出,区域产业的发展存在着恶性竞争。虽然各个县城都有产业集聚区、若干工业园区,但是产业集聚的效应不明显,企业的集聚更多的是地理位置上的集中,而不是产业链条的延伸、产业集群发展。传统产业多、新型产业少;高端创新产业少、低端落后产业多;小企业多、龙头产业少,对劳动力的吸纳能力有限,因此很多进城农民直接跨过县城去外地更有吸引力的城市打工。

由于缺乏骨干企业和特色产业,镇域经济的发展缺少产业的支撑,大部分乡镇也不具备建设工业园区的条件,因此内生发展动力不足。镇域经济的发展缺乏规划、缺乏资金,国家的支农政策也是绕过乡镇直接投入农田,也没有资金投入。镇域经济发展的滞后直接导致镇域范围提供的就业岗位较少,对于农民没有吸引力,劳动力的非农就业更多的是通过异地转移。因此乡镇既没有起到"人口拦水坝"的作用,也没有发挥推动农业现代化"四化服务基地"的载体作用。

3. 空城现象较为明显,不能有效带动农民就地转移

由于本地就业机会少,很多家庭的收入结构主要采取的是"以代际分工为基础的半工半耕"模式[①],也就是年龄较大的父母在农村种地获得农业收入,年轻的子女外出获得务工收入。在外部环境和政策的引导下,很多农民虽然在县城或者乡镇买了房子,却很难居住下来,导致房屋大量闲置。这是因为农村具有较强的自给自足性,农民在农村生活的开支费用较小,生活质量相对较高一些,但是居住在城镇生活成本相对就高很多。年龄大的父母在城镇不能从事农业生产,加上年龄较大务工又被嫌弃,在城镇就找不到事情做,生活压力大,所以最后只能返乡务农;由于工作机会少收入相对低,年轻人就离开当地城镇去沿海务工经商,所以农民虽然在城镇买了房子,最后

①　贺雪峰:《别急于把农民推进城市,允许半工半耕》,http://www.gmw.cn/xueshu/2014-01/15/content_10126483.htm。

只能闲置。结果就呈现出较高的劳动力输出率与较低的就地城镇化率并存的现象。

（五）承接产业转移带来诸多问题

随着东部沿海地区产业升级,承接产业转移就成了加快农区发展,推动工业化进程的动力,但是产业转移带来的问题相当突出。首先,表现在承接的很多企业都是高能耗、高污染的冶炼、化工企业,由此带来了生态的破坏、环境的污染、耕地的占用。在承接产业转移的过程中,连同传统粗放的工业发展模式也一起转移过来了,承接的产业转移变成了承接的污染转移。其次,很多地方在 GDP 至上的思维下,把承接转移企业数量的多少,项目的大小,作为政绩考核和招商引资的主要标准,出现饥不择食的现象,没有考虑资源、环境、人口、产业的综合协调性,承接的产业不能突出本地的特色和优势,尤其是不能有效带动农业现代化的发展,有相当一部分落后甚至是本该淘汰的产业。承接的产业对本地产业的带动能力较低,吸纳就业的能力不足。再次,在承接产业转移的过程中,缺乏产业发展的规划,产业配套能力不足,基础设施发展滞后。

第四章

传统农区城镇化与农业现代化协调发展水平的评价——以黄淮四市为例

第一节　黄淮四市城镇化与农业现代化发展概述

一、城镇化与农业现代化发展概况

(一)黄淮四市发展概述

1.黄淮四市基本情况

黄淮四市是指位于黄淮平原的河南省商丘、信阳、周口和驻马店四个地市,该区域具有比较典型的平原农区特征①。黄淮四市下辖 33 个县(市),总面积是 5.65 万平方千米,占河南省全省面积的 33.8%,总人口 3749 万人,常住人口总数 2951 万人。该区域耕地面积多,人口以及劳动力资源丰富,第一产业比重大,农副产品产量高,属于典型的传统农区,在区域经济社会发展中居于重要的地位。由于缺乏区位优势和矿产资源优势,该区域一直都未成为国家和河南省经济发展重点支持的区域。在河南省中原城市群、豫北、豫西、豫西南、黄淮四大经济板块中,黄淮四市是典型的农业大区、财政穷区、工业小区,处于河南"中心—外围"经济空间结构的外围。近年来黄淮四市"塌陷之势"日益明显,社会经济发展滞后,各项经济指标在河南省的比

---

①　2007 年河南省制定了《关于加快黄淮四市发展若干政策的意见》之后,黄淮四市逐步成为一个完整的经济和地理区域进入政策和研究者的视野范围。

重持续下降,已经成为河南经济发展的"凹陷地带",影响到河南经济社会的协调发展,成为中原崛起的"木桶短板"。

2.经济发展落后明显

改革开放以来,黄淮四市的经济社会获得较快发展,各项总量和人均指标都获得较大的提升,2000 年黄淮四市的经济总量为 1170 亿,人均 GDP 为 3453 元,到 2012 年经济总量达到 5742.87 亿,人均 17871 元,2012 年人均 GDP 是 2000 年的 5.2 倍,按照可比价计算增长了 89.1%,年均增长 8.9%。但是与河南省其他区域相比发展差距却在逐步拉大。中原城市群年均增长 12.3%,豫北年均增长 11.5%,豫西豫西南年均增长 11.0%,而黄淮四市的年平均增长率仅为 8.9%,与发展最快的中原城市群相差 3.4 个百分点。除了 2008、2009 年曾经一度领先河南的平均发展水平之外,其他年份均落后于河南省发展的平均水平,黄淮四市被边缘化的格局愈加明显。根据图 4-1 所示,可知 2000 年以来黄淮四市经济总量对河南省的 GDP 贡献逐年下降,从 2000 年的 23.2% 下降到 2012 年的 19.3%,从 2000 年到 2011 年平均每年下降 0.34%(信阳、周口、商丘、驻马店分别平均下降 0.31%、0.39%、0.30%、0.37%)。2000—2011 年,黄淮四市 GDP 增速平均为 10.9%,其中信阳、周口、商丘、驻马店分别为 12.8%、9.2%、11.9%、9.9%,而同期河南全省的平均增长速度为 13.1%。可以看出,黄淮四市不管是经济总量占比,还是增长速度都处于很低的水平。

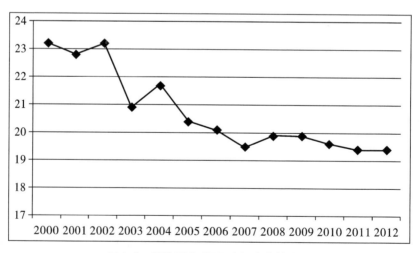

图 4-1　黄淮四市 GDP 占河南省的比重

由表 4-1 可知,2012 年黄淮四市经济总量仅占河南全省的 19.3%,人均 GDP 占全省的 56.7%,城镇人均可支配收入占河南省的 85.3%,农村人均纯收入占全省的87.1%。与河南省收入水平相比,黄淮四市不管是整体,还是各个市的各项收入指标均落后于全省的平均水平。在河南省18个省辖市中,黄淮四市人均GDP、农村人均纯收入全部处于倒数后四位。城镇人均收入方面,周口、信阳分别位于倒数第一、第二位,驻马店、商丘位于倒数第四、第五位。

表4-1　2012年黄淮四市GDP和人均收入

城市	GDP（亿）	人均GDP（元）	城镇人均收入(元)	城镇恩格尔系数	农村人均收入(元)	农村恩格尔系数
商丘	1397.28	19029	18312	34.0	6426	39.0
信阳	1397.32	22347	17256	43.9	7008	47.7
周口	1574.72	17734	16503	33.9	6199	36.0
驻马店	1373.55	19592	17671	30.5	6599	37.9
黄淮四市	5742.87	17871	17436	35.6	6558	40.2
河南省	29599.31	31499	20443	33.6	7525	33.8

数据来源:根据《河南统计年鉴》整理。

3. 县域经济落后

县域经济就是在一个县级行政范围内各种经济活动的总称,是一个功能相对完备和健全的国民经济的基本单元,是宏观与微观、工业与农业、城镇与乡村的综合体,是缩小直至消灭城乡差距的突破口。因此县域经济在整个国民经济系统之中处于基础地位,各地都十分注重县域经济的培养和综合性改革。从县域经济实力来看,2012年黄淮四市33个县(市)的人均GDP为17309元,低于该区域的整体水平,相当于河南省人均GDP的55%,相当于江苏平均水平的36.6%,浙江的48.1%,广东的86.9%。人均GDP最低的太康县仅为12588元。33个县(市)人均财政收入相当于江苏的23.1%,浙江的16.4%,广东的29.3%。根据河南省对全省108个县(市)经济实力的综合排名,除了个别县市排名相对靠前之外,黄淮四市33个县(市)大部分都处于非常落后的水平。从这四个城市内部比较来看,信阳市的县域经济综合实力相对较强,其次是周口和驻马店,商丘的县域经济综合实力相对最弱。2012年信阳市的光山、新县、固始、淮滨、商城、潢川被列入国家级的扶贫开发特困区,其中潢川县是两进"国家队"。黄淮四市落后于全省、全国的重要原因是作为区域经济基本单元的县域经济发展落后,因此黄淮四市要想摆脱经济社会发展落后的局面,只有大力发展县域经济才是一个突破口。

(二)城镇化发展概况

1. 城镇化总体水平滞后,但发展较快

黄淮四市城镇化水平相对滞后,低于河南省总体发展水平,四个城市的城镇化率全部位于河南省18个省辖市的倒数后四位,城镇体系不合理,城镇职能单一,城镇功能不够健全(见表4-2)。

表4-2 黄淮四市城镇体系分布

城市个数	城市密度(个/ km²)	县级市个数	镇个数	镇密度(个/ km²)	城市规模(个)		
					100万~200万人	50万~100万人	10万~20万人
7	1.23	3	328	57.85	2	2	8

数据来源:根据黄淮四市统计年鉴整理。

四个城市的中心城市市区人口和市区建成面积增长都很快,远远高于该区域整体城镇化率的增长速度(见表4-3)。总体来看,黄淮四市表现突出的是市区建成面积的增长速度要远远高于市区人口增长的速度,2000—2012年市区年均人口增长速度为3.5%,而市区建成面积年均增长11.5%,这说明该区域的中心城市空间城镇化的速度要远远大于人口的城镇化速度。但是不同城市在不同时期的表现不完全一样。比如商丘市区人口增长的速度和市区建成面积增长的速度相对平缓,而驻马店市不管人口还是建成区面积都表现为急剧的扩张特征。

表4-3 黄淮四市市区人口和市区建成面积年均增长率 (%)

	商丘市区		信阳市区		周口市区		驻马店市区		黄淮四市	
	人口	面积	人口	面积	人口	面积	人口	面积	人口	面积
2000—2006	2.21	10.65	0.63	8.33	7.18	22.22	15.02	17.42	3.30	13.27
2006—2012	1.85	0.68	1.38	10.4	4.84	6.67	9.80	4.44	3.22	5.25
2000—2012	2.15	6.31	0.99	11.64	7.07	19.20	16.67	13.63	3.54	11.53

数据来源同上。

从非农产业与城镇化的增长速度来看(见表4-4),2000年以来,该区域总体城镇化率的增长速度远远高于非农产业的增长速度,城镇化的增长率达到年均1.72个百分点,而非农产业的增长率仅为1.06个百分点,这表明城镇化的发展缺少产业的支撑。

表4-4　黄淮四市城镇化年均增长率与非农产业年均增长率　　（％）

	商丘市		信阳市		周口市		驻马店市		黄淮四市	
	城镇化	非农产业	城镇化	非农产业	城镇化	非农产业	城镇化	非农产业	城镇化	非农产业
2000—2006	2.5	1.85	1.98	1.22	1.83	1.00	0.90	0.29	1.8	1.10
2006—2012	0.68	1.52	1.4	0.34	2.12	1.10	2.18	0.99	1.62	1.00
2000—2012	1.68	1.69	1.72	0.82	1.96	1.05	1.48	0.61	1.72	1.06

数据来源同上。

2. 中心城市首位度低

中心城市在地区发展中是整合、集聚各类要素的重要载体,起着辐射带动地区经济发展的龙头作用,是一个地区竞争力的综合体现。城市首位度作为衡量中心城市规模合理性和集聚辐射能力的指标,在一定程度上反映了城镇体系中的资源要素在最大城市的集中程度。为了衡量黄淮四市中心城市的首位度,选用各个城市市区的指标除以各个市相应总体指标进行计算,分别计算其地区生产总值、社会固定资产投资、社会消费品零售总额、预算支出和收入、常住人口等指标,然后计算综合首位度。从表4-5计算的结果可以看出,其中综合首位度最低的是周口市区,仅仅达到14.15%,最高的信阳也只是28.85%,这说明四个城市中心城市的首位度都处于较低的水平,集聚和辐射功能还不高,不能有效辐射、带领其行政区划范围的"空白"区域的发展。

表4-5　2012年黄淮四市各中心城市首位度的各项指标　　（％）

	商丘	信阳	周口	驻马店
地区生产总值	20.65	26.07	9.71	17.35
全社会固定资产投资	25.21	25.10	15.80	20.07
规模以上固定资产投资	19.69	33.68	10.33	26.78
社会消费品零售额	36.02	28.88	13.93	20.64
地方一般预算支出	39.14	51.77	32.66	44.06
地方一般预算收入	33.23	31.51	17.91	21.69
年末常住人口	21.92	20.15	7.84	12.04
综合	26.36	28.85	14.15	21.21

数据来源同上。

由于四个中心城市的经济发展水平都比较弱,城市规模和区位环境差异性比较小,因而四个城市之间缺乏支点或者圆心的支撑,缺乏"增长极"的有力带动和辐射,总体上表现为低水平均衡发展,因而难以带动区域经济的发展。

(三)农业现代化发展概况

1. 中原粮仓的地位日益巩固

黄淮四市粮食产量节节攀升,是国家重要的粮食主产区和保障区。粮、棉、油、肉产量均占河南省 40% 以上,是河南省乃至全国的粮食生产核心区,如果说河南是中国的"粮仓",那么黄淮四市就是当之无愧的"中原粮仓"。从 2006 年起,黄淮四市每个市的粮食年产量都超过 110 亿斤,而全国一共才 19 个省辖市粮食年产量超过 100 亿斤;2012 年河南省粮食总产超出 15 亿斤的 20 个县(市)中,该区域就占了 16 个县(市),其中周口一个市占了 7 个。

如图 4-2 所示,从 2003 年以来,各个市的粮食产量一直在上升,所占比重也持续上升,每个市的粮食产量占河南省的比重都稳定在 10% 以上。其中周口市的粮食产量所占比重一直遥遥领先,基本都稳定在 12% 以上的水平,成为河南省的第一产粮大市。从图 4-3 可以看出,黄淮四市的粮食总产量占河南省的比重也一直在上升,2006 年以来所占比重一直在 45% 以上。因此,黄淮四市粮食产量的波动直接影响到河南的粮食产量,影响到河南的粮食安全,进而在某种程度上影响到国家的粮食安全。

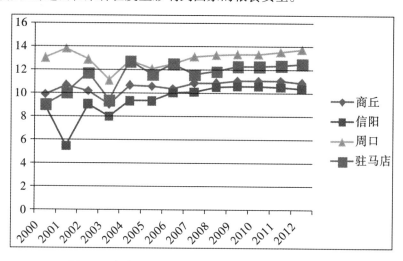

图 4-2 各市历年粮食产量占河南省粮食产量的比重

2. 产业结构调整缓慢

黄淮四市产业分布呈现二三一的特点,但是从表 4-6 可知第一产业所占比重依然较高,达到 26.38 个百分点,高出河南省平均水平 13.38 个百分

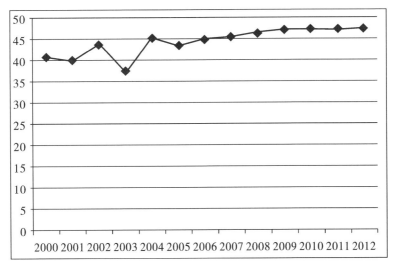

图4-3　黄淮四市历年粮食总产量占河南省的比重

点,高出全国平均水平16.38个百分点,并且传统种养殖业所占比重较大,对于经济增长的贡献率为18.98%,竞争力较弱。第二产业占比虽然最大,但还是低于河南省平均水平将近13个百分点,与河南省第二产业对于经济的贡献率相比,落后了18.16个百分点,这说明黄淮四市的第二产业没有发挥资源和自身的优势,竞争力不强。第三产业比重虽然超过第一产业,但是内部结构有待提升调整。与全国平均水平相比,第三产业占比落后14.4个百分点,并且第三产业多是为生活性服务的,生产性服务业占比较低,尤其是创新性的服务业更少。从整体上来看黄淮四市非农产业比重较低,还需要大幅度地提升,尤其是第二产业的发展更需要进一步的提升。

表4-6　2012年三次产业结构和各产业贡献度　　　　　　（%）

	第一产业	第二产业	其中:工业	第三产业
商丘	24.22(10.63)	47.61(55.19)	41.80(50.00)	28.16(34.18)
信阳	26.24(25.33)	41.63(37.83)	33.86(29.50)	32.13(36.84)
周口	27.70(13.50)	46.45(53.52)	41.13(48.27)	25.85(32.98)
驻马店	27.31(25.79)	42.59(46.53)	37.86(40.95)	30.10(27.67)
黄淮四市	26.38(18.98)	44.66(45.44)	38.76(42.24)	28.95(32.73)
河南省	13.0(4.3)	57.3(63.6)	51.80(61.2)	29.70(32.73)
全国	10.0	46.6	43.4	

数据来源:根据全国、河南省、黄淮四市统计年鉴整理。

3.农业从业人员比重大,生产效率较低

由于农村人口比重较大,农村二、三产业不发达,农村从业人员有一半以上都集中在农业领域,生产效率难以提高。2012 年该区域第一产业产值为 26.38%,农村人口比重高达 77.5%,农业从业人员占到农村从业人员的54.34%(见表 4-7),过多的农村劳动力创造过少的农业产值,因而农业劳动效率很难提升。

表 4-7   2012 年黄淮四市农村劳动力分布情况

地区	乡村劳动力 (万人)	乡村从业人员 (万人)	农业从业人员 (万人)	农业从业人员占乡村 从业人员比重(%)
商丘	475.10	438.86	228.13	51.98
信阳	442.11	408.98	211.77	51.78
周口	623.71	583.94	327.38	56.06
驻马店	549.18	484.32	274.00	56.57
黄淮四市	2087.10	1916.10	1041.28	54.34
河南省	5353	4911	2655.00	54.06

数据来源:根据河南省统计年鉴整理。

二、基于联合国模型法对黄淮四市人口城镇化水平的修正

(一)修正说明

一般情况下评价一个国家或者地区城镇化水平高低最常用的单指标是人口城镇化率,也就是非农业人口占总人口的比重,这是因为相对于其他的指标,非农业人口数据衔接较好,可比性较强,受建制变动和行政辖区变动的影响较小,计算简单易行。但是非农业人口占总人口比重最大的缺点在于统计口径偏小,主要是反映了城镇自然增加的人口,以及由农业户口转化为非农业户口的人口。然而在人口流动性大,半城镇化现象问题日益突出的情况下,很多具有农业户口的农民已经脱离了农业、脱离了农村,长期生活在城市,成了事实上的城镇人口。如果再用非农业人口占总人口的比重来计算城镇化率不仅使得城镇化水平严重低估,也不能反映城镇化发展的真实水平,这就需要构建能够真正反映城镇人口比重的历年数据,最适合代表人口城镇化水平的是城镇常住人口占总人口的比重。然而 1990—2003 年黄淮四市城镇化率都是用非农业人口占总人口的比重来计算的,而 2003 年之后的城镇化率是用城镇常住人口占总人口的比重来计算的,为了数据的

连续性和可比性,需要按照城镇常住人口占总人口的比重来修正 2003 年之前的城镇化率。

目前,修正和推算城镇化水平的方法模型主要有线性插值法、线性回归法、联合国模型法。线性插值法主要是通过两个年份确定的数据,对于两个年份之间的数据进行差值调整,这样可以将两个年份之间的城镇化增长率平均推算到各个年份,但是这种方法的缺点是不能保证精度;线性回归方法主要是根据已经公布的数据,线性回归数年的城镇化率,这种方法的缺点是把城镇化率当成线性的增长,结果与实际出入较大;联合国模型法是根据两个已知年份的城镇人口和乡村人口,求出城镇化增长率,可以很方便估算两个年份之间历年的城镇化率的理论值,这种方法的优点是符合正常的 S 形城镇化发展规律。本研究选择联合国模型法对城镇化水平进行修正。

(二)联合国模型法对城镇化水平的修正

1. 方法说明

从我国城镇化发展的实际进程来看,两个年份之间的城镇化水平增长快慢不完全具有规律性,也就是实际的城镇化增长速度和联合国模型法计算的不完全相等,因此需首先用联合国模型法计算出历年的非农人口的比重,然后通过历年的非农人口比重的实际值与理论值求出修正系数,然后将修正系数乘以用联合国模型法计算出来的理论城镇化率,进而得出符合实际的历年城镇化水平的修正值。联合国模型法的计算公式为:

$$\mathrm{URGD} = \ln\left[\frac{PU(2)/1-PU(2)}{PU(1)/1-PU(1)}\right]/n \tag{4.1}$$

$$PU(t)/1-PU(t) = [PU(1)/1-PU(1)]\times e^{\mathrm{URGD}*t} \tag{4.2}$$

其中,URGD 代表城乡人口增长率差值,$PU(1)$ 为前一个代表年份的城镇化率,$PU(2)$ 为后一个代表年份的城镇化率,n 为两个代表年份之间的年数,$PU(t)$ 为第 t 年的城镇人口比值,t 为与前一个代表年份之间的时间间隔。首先利用(4.1)式计算出两个年份之间的城乡人口增长率,然后利用(4.2)式计算出 t 年的城镇化率,这样就可以计算出两个代表年份之间每年的城镇化率的理论修正值。

2. 城镇化率的修正

根据研究的需要,本书选择的代表年份是 1990 年和 2003 年,使用河南省对应年份的城镇化率对黄淮四市的城镇化率进行相应的修正。黄淮四市都是河南省的地级市,因此我们假定黄淮四市城镇常住人口比值与非农人口比值的差值与河南省的这两个差值相等,这样就可以间接求出按照城镇常住人口计算的 1990 年和 2003 年黄淮四市的城镇化率。

具体计算过程以商丘市为例:1990 年商丘市非农业人口比重为 7.49%,

2003 年非农人口比重为 17.63%，以及历年非农人口比重（表 4-8A）。将 7.49% 和 17.63% 带入公式（4.1）中的 $PU(1)$ 和 $PU(2)$，n 取 13，得到的对数结果为 0.972129，所以 URGD＝0.074779，然后带入公式（4.2）中，得到历年非农人口比重理论计算值（表 4-8B）。商丘市 1990 年的城镇人口比重目前没有看到，可以用河南省 1990 年的城镇人口与非农人口之间的差值替代商丘市的差值。已经知道 1990 年河南省城镇人口比重为 15.52%，非农人口比重为 12.92%，二者差值为 2.6%，1990 年商丘市非农人口比重为 7.49%，推算出商丘市 1990 年城镇人口比重为 10.09%，2003 年的城镇人口比重可以查找到为 22%。将 $PU(1)$＝10.09% 和 $PU(2)$＝22%，n＝13 带入公式（4.1）中，得到对数结果为 0.921597962，URGD＝0.0708921509。再带入公式（4.2），得到历年城镇人口比重理论值（表 4-8C）。然后用公布的城镇非农人口比重除以联合国模型法计算出的非农人口理论值得到修正系数（表 4-8D）。最后按照联合国模型法计算出的城镇常住人口比重与修正系数相乘，得出修正之后的城镇化率，即为所求的结果值（表 4-8E），具体结果如表 4-8 所示。

表 4-8　商丘市 1990—2003 年联合国模型法修正的城镇化率

时间	A 实际非农人口比重%	B 联合国模型法计算的非农人口 %	C 联合国模型法计算的城镇化率%	D 修正系数（A/B）	E 修正值（C*D）%
1990	7.49	7.49	10.09	1	10.09
1991	7.66	8.02	10.75	0.955112	10.27
1992	7.87	8.59	11.45	0.916182	10.49
1993	8.12	9.20	12.19	0.8826.9	10.76
1994	8.38	9.84	12.97	0.851626	11.05
1995	8.90	10.53	13.79	0.845204	11.66
1996	9.27	11.25	14.66	0.824	12.08
1997	9.75	12.02	15.56	0.811148	12.62
1998	10.05	12.84	16.52	0.78271	12.93
1999	10.21	13.70	17.52	0.745255	13.06
2000	12.81	14.60	18.57	0.877397	16.29
2001	16.56	15.56	19.66	1.064267	20.92
2002	16.85	16.57	20.81	1.016898	21.16
2003	17.63	17.63	22.00	1	22.00

按照同样的方法,依次计算出信阳、周口、驻马店三个市 1990—2003 年的城镇化率,结果依次如表 4-9、表 4-10、表 4-11 所示。

表 4-9　信阳市 1990—2003 年联合国模型法修正的城镇化率

时间	已经公布的城镇非农人口比重%	联合国模型法计算的非农人口比重理论值%	联合国模型法计算的城城镇水平理论值%	修正系数（A/B）	修正值（C*D）
1990	10.7	10.7	13.3	1	13.30
1991	10.84	11.05	13.93	0.9509	13.35
1992	11.16	11.40	14.58	0.9789	14.27
1993	11.35	11.77	15.26	0.9643	14.72
1994	11.94	12.15	15.96	0.9827	15.68
1995	12.42	12.54	16.69	0.9904	16.53
1996	12.84	12.93	17.44	0.9930	17.32
1997	13.21	13.34	18.23	0.9903	18.05
1998	13.56	13.76	19.04	0.9855	18.76
1999	13.84	14.19	19.87	0.9753	19.38
2000	14.49	14.64	20.74	0.9898	20.53
2001	14.79	15.09	21.63	0.9801	21.2
2002	15.33	15.56	22.54	0.9852	22.21
2003	16.03	16.03	23.49	1	23.49

表 4-10　周口市 1990—2004 年联合国模型法修正的城镇化率①

时间	已经公布的城镇非农人口比重%	联合国模型法计算的非农人口比重理论值%	联合国模型法计算的城城镇水平理论值%	修正系数（A/B）	修正值（C*D）
1990	7.28	7.28	9.88	1	9.88
1991	7.40	7.52	10.4	0.9840	10.23
1992	7.61	7.77	10.9	0.9794	10.68

---

①　根据现有资料周口市 2003 年城镇常住人口的比率没有找到,所以计算的时间段选择了从 1990 年到 2004 年,为 14 个年份。

续表 4-10

时间	已经公布的城镇非农人口比重%	联合国模型法计算的非农人口比重理论值%	联合国模型法计算的城城镇水平理论值%	修正系数（A/B）	修正值（C*D）
1993	7.8	8.03	11.5	0.9714	11.17
1994	8.33	8.30	12.1	1.0036	12.14
1995	8.85	8.57	12.7	1.0327	13.12
1996	9.1	8.85	13.4	1.0282	13.78
1997	9.38	9.14	14.1	1.0263	14.47
1998	9.55	9.44	14.8	1.0117	14.97
1999	9.77	9.75	15.5	1.0021	15.53
2000	9.91	10.06	16.2	0.9851	15.96
2001	10.2	10.39	17.0	0.9817	16.69
2002	10.5	10.72	17.9	0.9795	17.53
2003	11.17	11.07	18.7	1.0090	18.87
2004	11.42	11.42	19.6	1	19.6

表 4-11　驻马店市 1990—2003 年联合国模型法修正的城镇化率

时间	已经公布的城镇非农人口比重%	联合国法计算的非农人口比重理论值%	联合国法计算的城城镇水平理论值%	修正系数（A/B）	修正值（C*D）
1990	6.9	6.9	9.5	1	9.50
1991	7.04	7.18	10	0.9805	9.81
1992	7.31	7.48	10.5	0.9773	10.26
1993	7.76	7.78	11.1	0.9974	11.07
1994	9.58	8.09	11.7	1.1842	13.86
1995	10.08	8.42	12.3	1.1971	14.72
1996	10.52	8.76	12.9	1.2009	15.49
1997	10.79	9.11	13.6	1.1844	16.11
1998	10.91	9.47	14.3	1.1521	16.48
1999	11.02	9.85	15	1.1188	16.78
2000	11.05	10.24	15.5	1.0791	16.73
2001	11.07	10.64	16.5	1.0404	17.17
2002	11.19	11.06	17.4	1.0118	17.61
2003	11.49	11.49	18.2	1	18.20

(三)黄淮四市人口城镇化率的发展走势

从 1990 年到 2012 年,按照城镇常住人口计算的城镇化率发展走势如图 4-4 所示。总体上来看,四个城市的城镇化水平都较低,除了商丘市之外,其他三个市的城镇化率增长都比较缓慢。相对来看,信阳市的人口城镇化率水平较高,其次是商丘市的城镇化发展水平,周口和驻马店两市的城镇化发展水平相近,处于最低水平。

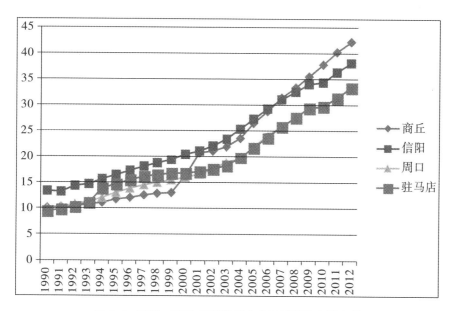

图 4-4 1990—2012 年黄淮四市人口城镇化率的走势

第二节 城镇化与农业现代化协调发展评价
指标体系与方法

城镇化与农业现代化协调发展是一个动态综合的体系和过程。通过对传统农区城镇化与农业现代化协调发展水平的量化评价,不仅可以有效把握二者协调发展的趋势过程,而且也有利于发现影响协调发展的各个因素所起的作用,科学合理地选择促进城镇化与农业现代化协调发展的措施。因而如何构建一套合理的评价指标体系对二者协调发展的情况进行量化评价和分析,使传统农区城镇化与农业现代化向着实现协调发展的方向转变就显得极为重要。

首先对于城镇化与农业现代化协调发展的指标体系进行一般性分析，按照科学性、系统性、代表性的原则构建评价二者协调发展的指标体系；然后对于各个指标体系采用熵值法进行赋权，从纵向和横向两个角度对二者协调发展的现状进行评价分析。

一、城镇化与农业现代化协调发展指标体系概述

(一)城镇化与农业现代化协调发展指标体系构建原则

指标是一种反映对象的数量和质量的统计标准，由指标的名称和数值组成，指标体系的构建必须遵循一定的原则：

1. 科学性

指标体系的构建必须能够真实地反映城镇化与农业现代化协调发展的客观、真实的情况，反映协调发展的各种真实关系。指标含义明确、计算方法规范、指标的选取必须考虑实际，只有同传统农区发展的实际相结合，才能真实地反映所评价对象的真实状况。

2. 系统性

由于城镇化与农业现代化两个子系统本身各自都是复杂的体系，因而选择的指标必须既能反映子系统内部之间的联系，同时又能够让两个子系统之间构成一个完整的体系，因而需要从不同层面、不同角度做出反映。

3. 简明性

在满足需要的前提下，指标体系的设置应该尽可能简洁，一般来看，指标的选择越详细、越全面越能反映出客观实际。但问题是随着指标数目的增多，需要进行搜集和计算的数据会数倍地增多，同时指标数目过多就不可避免地带来指标之间的相关性，反而影响指标体系的应用。因此为了方便数据的搜集和计算，尽可能对指标进行筛选，选择能够反映二者协调发展的主要指标，去掉一些从属性的指标，尽可能地突出简明性。

4. 可操作性

能够反映城镇化与农业现代化的指标体系很多，很多指标也具有相当的代表性，但是这样的指标数据有时候很难获取。所以在保证真实客观反映城镇化与农业现代化协调发展的基础上，尽量选取能够获取的数据，这样更容易计算和比较，保证技术上的可操作性。

5. 可比性

指标选取的目的在于构建合理的评价体系，而评价体系主要是进行纵向的自身评价，以及横向的区域之间的对比评价。因而选择的指标必须为评价的目的服务，采用能够反映这种评价目的的指标，可以进行综合与横向

的对比分析,达到评价的要求。

（二）城镇化与农业现代化协调发展评价指标体系的功能

城镇化与农业现代化协调发展的评价指标体系客观反映了城镇化与农业现代化子系统之间、子系统与指标之间的各种协调关系,在确保城镇化与农业现代化协调发展等方面显示出较强的功能,主要体现在以下方面:

1.定性功能

城镇化与农业现代化协调发展指标体系反映了二者的整体方面,每一个指标都是根据指标的可得性从众多的同类指标中选择出来的,具有一定的代表性,比较全面地反映了城镇化与农业现代化发展的状况,因此可以从总体上客观判断城镇化与农业现代化协调发展的情况。

2.定量功能

城镇化与农业现代化协调发展的评价指标体系通过相应的模型,计算出系统以及子系统的综合得分,从而对于城镇化与农业现代化发展水平以及二者协调水平定量化分析,为进一步科学的决策提供具有说服力的数据支撑。

3.定位功能

城镇化与农业现代化协调发展评价指标体系对于二者动态的描述和分析,可以客观真实地反映出城镇化与农业现代化协调发展所处的阶段性,据此可以提出城镇化与农业现代化协调发展的具体路径。

二、城镇化与农业现代化协调发展评价指标体系的基本框架

城镇化与农业现代化协调发展的评价指标体系的确定是一个复杂烦琐的系统工程,需要采用各种不同的方法对指标的完备性、代表性、可行性进行细致的分析。确定指标的方法主要有频度分析、理论分析和专家咨询等方法,本书主要采用频度分析和理论分析的方法来确定指标的选择。所谓频度分析方法就是对于目前有关城镇化、农业现代化的论文、报纸、书籍等各种文献进行频度分析,选取出现频率较高的一些数据指标;理论分析法就是对于城镇化与农业现代化协调发展的核心概念、基本理论、基本特征、主要问题进行系统分析,通过综合比较从中选出能够真正反映城镇化与农业现代化协调发展的指标。

（一）城镇化与农业现代化协调发展指标体系框架

根据前面评价指标体系确立的原则,以及传统农区的特点,参考已有的研究成果,建立了传统农区城镇化与农业现代化协调发展的指标体系(如图4-5所示)。

评价指标体系的目标层是城镇化与农业现代化协调发展指标体系,系统层是城镇化综合评价指标体系和农业现代化评价指标体系,子系统层包

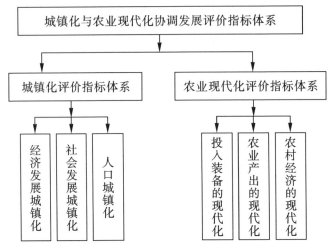

图4-5 城镇化与农业现代化协调发展评价指标体系框架

括六个方面:经济发展的城镇化、社会发展的城镇化、人口的城镇化、农业投入和装备的现代化、农业产出的现代化、农村经济的现代化。

(二)城镇化指标体系

城镇化本身是一个社会、经济、生活全方面转型和变迁的过程,包含丰富的内涵,单一的人口城镇化水平只是反映人口数量的城乡分布、农民向城镇转移的数量,忽视了城镇化进程中的经济发展、社会结构转变和生活方式的变化,不能真实全面地反映城镇化的内涵,因而必须构建能够反映城镇化内涵的综合指标。国内外很多研究者①②③④⑤⑥一般是通过对若干指标综合加权的方法来计算城镇化发展水平,这样能够更准确地反映城镇化发展的

---

① Chen J, Rapid urbanization in China: A real challenge to soil protection and food security. Catena, 2007, vol. 69, pp. 1–15.

② George Lin. Chinese Urbanism in globalizing China: A study of new urbanism in DongGuan. Eurasian Geography and Economics, 2006, vol. 47, pp. 28–53.

③ Wei Yehua, Fan C Cindy. Regional inequality in China: A case study of JiangSu Province. Professional Geography, 2000, vol. 52, pp. 455–469.

④ 欧向军、甄峰、秦永东:《区域城市化水平综合测度及其理想动力分析——以江苏省为例》,《地理研究》2008 年第 9 期,第 993~1002 页。

⑤ 宣国富、徐建刚、赵静:《安徽省区域城市化水平综合测度研究》,《地域研究与开发》2005 年第 6 期,第 47~51 页。

⑥ 陈明星:《中国城市化水平的综合测度及其动力因子分析》,《地理学报》2009 年第 4 期,第 387~398 页。

本质,其中陈明星(2009)把城镇化分为人口的城镇化、经济的城镇化、土地的城镇化、社会的城镇化四个方面,对于本研究具有重要的借鉴作用。结合传统农区城镇化发展的实际情况,根据城镇化的本质内涵,按照开放性、科学性、系统性、全面性、可比性的原则,本研究从经济、社会、人口三个方面,选取了9个具体指标,尽可能真实地反映传统农区城镇化发展的综合水平。具体指标如下:

1. 经济城镇化指标

主要反映经济结构的非农化过程,因为城镇化过程的本质也就是产业结构从低级到高级发展演变的过程。城镇化发展的特征就在于以发达的非农产业作为支撑。非农产业作为城镇化持续发展的动力,在一定程度上能够反映出城镇化发展的水平和活力,以及对于外来人口的"吸纳"能力。城镇化最直接的推动因素是工业化,工业化水平反映的是加工制造业在整个经济产业之中所处的位置和比重,用工业增加值可以近似替代区域的工业化水平;社会固定资产投资是形成社会生产能力的前提和基础,能够体现出经济进一步增长的潜力。鉴于此,本研究使用人均生产总值、人均工业增加值、人均社会固定资产投资、非农产业占生产总值的比重分别来表示区域的经济发展总量、工业化水平、经济增长潜力和产业结构的活力。

2. 社会城镇化指标

主要反映城镇化实际生活水平。城镇化的过程是伴随着社会的发展而发展的,城镇化发展的最终目的是提高人们的生活质量,这个过程必然伴随人们生活方式的转变、生活水平的提高、生活设施的完善。因此反映城镇化生活的指标主要应该从人们的收入水平、生活质量以及社会发展活力几个方面来进行综合考虑,据此本书选择这样几个指标进行综合反映:城镇人均收入水平、城镇居民恩格尔系数、人均社会消费品零售总额、万人拥有卫生技术人员数量。

人口城镇化是城镇化的表象特征,表现为农村人口向城镇进行的空间转移,农业人口向非农产业的转移,主要表现为城镇人口占总人口比重的不断上升。人口城镇化是引起产业结构、就业结构和人们生产生活方式变化的重要因素,本书选择城镇常住人口比率指标来反映人口城镇化。

(三)农业现代化指标体系

农业现代化包括很多方面,是一个综合的系统,不仅包括农业生产过程的现代化、农业投入要素的现代化、农业产出的现代化、农业组织的现代化,还包括农业结构的优化调整、农业与其他产业之间的比例关系优化、农民生活水平的提高、农业生产的可持续性等。因此农业现代化是包括农业、农村、农民"三位一体"的现代化,农业现代化是实现农民、农村现代化的基础,而农民、农村的现代化是实现农业现代化持续发展的保证。在参考现有研究的基础上(刘晓月,2004;蒋和平、黄德林,2006;辛岭,2010;万忠,2011),同时结合传统农区的资源禀赋,尤其是承担粮食安全的重要地位,本书从农业投入和装备、农业产出、农村经济和农民生活水平三个方面,11个指标综合反映传统农区农业的现代化发展水平。

农业投入和装备的现代化。即狭义的农业现代化,也就是农业生产手段提升和农业投入增加的过程,包括农业生产的科技化、机械化、电气化、能源化的过程,同时还包括农业抵御旱涝灾害的能力,是农业综合生产能力不断提高的过程。据此本书分别用单位耕地化肥施用量、单位耕地农业机械、有效灌溉耕地面积比重、乡村人均用电量表示农业投入的化学化、农业生产的机械化、农业生产的可持续性,以及农业生产的电气化。需要说明的是,由于乡村从业人员以及农业从业人员数据的可得性,本书用乡村人口来近似替代乡村从业人员,但是依然能反映农业生产水平的变化趋势。

农业产出的现代化。农业现代化水平的高低在很大程度上是通过农业生产的效率来进行反映的,而农业效率的高低最直接的反应就是农业产出的结果。基于传统农区的实际情况,本书特别突出了粮食产量在农业产出体系中所处的重要性,用单位耕地粮食产量、人均粮食产量、人均肉类产量、人均第一产业增加值来反映粮食产出水平、农牧业产出水平、农业劳动生产效率。

农村经济和农民生活水平的现代化。农业现代化持续发展的表现是农村产业结构的优化、收入水平的提高、生活质量的改善。本书分别用第一产业增加值占生产总值的比重、农民人均纯收入、农民恩格尔系数来代表农村产业结构的调整、农民富裕程度、农民生活的水平的变化。

城镇化子系统与农业现代化子系统各指标如表4-12所示。

三、原始数据标准化和指标权重的确定

(一)原始数据标准化

由于城镇化与农业现代化协调发展评价指标体系中各个指标的含义、核算方法、量纲不同,因而不能进行直接综合计算,必须首先对指标进行标准化的处理,去除量纲的影响。所谓指标的标准化其实就是将所有的指标都转换为无单位、取值范围在0~1的方法,这样就可以让不同的数据直接进行核算。一般来说,指标按照属性主要分为正向指标和逆向指标两种,正向指标数值越大越好,而逆向指标则相反,实际应用中对两种指标都需要进行标准化处理。

表4-12　城镇化与农业现代化协调发展评价指标体系

目标层	系统层	子系统层	指标层	指标属性
城镇化与农业现代化协调发展评价指标体系	城镇化综合评价指标体系 U	经济城镇化 U1	人均生产总值 X1(元)	正向指标
			人均工业增加值 X2(元)	正向指标
			人均社会固定资产投资 X3(元)	正向指标
			非农产业增加值占生产总值比重 X4(%)	正向指标
		社会城镇化 U2	城镇居民人均可支配收入 X5(元)	正向指标
			人均社会消费品零售总额 X6(元)	正向指标
			每万人拥有卫生技术人员数量 X7(人)	正向指标
			城镇居民恩格尔系数 X8(%)	逆向指标
		人口城镇化 U3	城镇人口比重 X9(%)	正向指标
	农业现代化水平综合评价指标体系 n	农业投入和装备的现代化 n1	单位耕地化肥施用量 Y_1(公斤/公顷)	正向指标
			单位耕地农业机械总动力 Y_2(千瓦/公顷)	正向指标
			有效灌溉耕地占总耕地面积比重 Y_3(%)	正向指标
			乡村人均用电量 Y_4(千瓦/人)	正向指标
		农业产出的现代化 n2	单位耕地粮食产量 Y_5(公斤/公顷)	正向指标
			乡村人均粮食产量 Y_6(公斤/人)	正向指标
			乡村人均肉类产量 Y_7(公斤/人)	正向指标
			乡村人均第一产业增加值 Y_8(元/人)	正向指标
		农村经济和农民生活水平的现代化 n3	第一产业增加值占 GDP 的比重 Y_9(%)	逆向指标
			农民人均纯收入 Y_{10}(元/人)	正向指标
			农民恩格尔系数 Y_{11}(%)	逆向指标

正向指标的标准化处理,使用下面的方法:

$$R_{ij} = \begin{cases} 1 & Y_{ij} > Y_{ij}^{\max} \\ (Y_{ij} - Y_i^{\min})/(Y_{ij}^{\max} - Y_{ij}^{\min}) & Y_{ij}^{\max} > Y_{ij} > Y_{ij}^{\min} \\ 0 & Y_{ij} < Y_{ij}^{\min} \end{cases} \quad (4.1)$$

逆向指标的标准化处理,使用下面的方法:

$$R_{ij} = \begin{cases} 0 & Y_{ij} > Y_{ij}^{\max} \\ (Y_{ij}^{\max} - Y_{ij})/(Y_{ij}^{\max} - Y_{ij}^{\min}) & Y_{ij}^{\max} > Y_{ij} > Y_{ij}^{\min} \\ 1 & Y_{ij} < Y_{ij}^{\min} \end{cases}$$

其中,R_{ij} 是标准化指标,Y_{ij} 是原始指标,$Y_{ij}^{\max}$、$Y_{ij}^{\min}$ 分别为原始指标的最大值和最小值。

(二)指标权重的确定

指标权重的确定方法很多,总体上分为两类:一类是主观赋值法,包括专家法、德尔菲法。另一类是客观赋值法,包括复相关系数法、主成分分析法、因子分析法、改进功效系数法、综合指数法、熵值法等。由于城镇化子系统和农业现代化子系统指标的复杂性,为了能从总体上客观真实地反映二者的协调发展情况,本书选择客观性的熵值法来确定指标的权重。

1. 熵值法基本原理

熵本来是源于物理学的一个概念,社会信息系统中的熵就是对系统状态不确定程度的衡量。熵值法就是通过指标的信息熵对于指标的有效性和价值进行判断的方法。在信息系统中,信息熵是信息无序度的衡量,信息是系统有序程度的衡量,它们二者是绝对值相等,符号相反。信息熵越小,信息的无序度越低,其信息的效用值越大,指标的权重越大。反过来,信息熵越大,信息的无序程度越高,信息的效用值越小,指标的权重也越小。根据这样的原理,可以用信息熵代表信息系统信息的有序程度和信息的效用值,进行客观赋值从而进行综合评价。

2. 计算过程

第一,数值的标准化。首先利用公式(4.1)对于原始数据指标 Y_i 进行标准化处理得到标准数值 R_{ij}。

第二,确定 i 年 j 指标的比重。将各个标准化数据 R_{ij} 转换为比重值 P_{ij}。

$$P_{ij} = \frac{R_{ij}}{\sum\limits_{i=1}^{n} R_{ij}} \quad (4.2)$$

第三,计算各指标信息熵值 e_j。

$$e_j = -k \sum (R_{ij} \times \ln R_{ij}) \quad (4.3)$$

其中,e_i 是指标的熵值,$k = 1/\ln(n)$,这样的结果保证 e_i 大于零。

第四,计算信息熵冗余度的值 g_i。指标熵值越大,指标的冗余度越小,指标权重就越不重要。

$$g_i = 1 - ei \tag{4.4}$$

第五,计算指标的权重,公式为:

$$fi = \frac{g_i}{\sum_{i=1}^{m} g_i} \tag{4.5}$$

第六,计算指标的评价分。

$$S_{ij} = f_i \times R_{ij} \tag{4.6}$$

第七,计算 i 年的综合得分。

$$S_i = \sum S_{ij} \tag{4.7}$$

四、协调发展的定量评价方法

(一)协调系数的量化计算

协调系数是衡量系统或者要素之间协调好坏情况的定量指标。利用协调系数可以衡量在不同区域之间以及同一区域在不同发展阶段两个或者两个以上子系统之间的协调状况。假定 c 代表协调系数,$u(x)$ 和 $n(y)$ 分别代表城镇化子系统和农业现代化子系统,∂ 代表标准差。按照协调的概念和定义,$u(x)$ 和 $n(x)$ 的离差越小越好,用离差系数表示:

$$C = \frac{\partial}{\frac{1}{2}[u(x) + n(y)]} = \sqrt{2 \times \left(1 - \frac{u(x) \times n(y)}{\left(\frac{u(x) \times n(y)}{2}\right)}\right)2} \tag{4.8}$$

而 c_w 值越小越好的条件是:$C = \frac{u(x) \times n(y)}{\left(\frac{u(x) + n(y)}{2}\right)}2$ 越大越好 $\tag{4.9}$

为了使计算的结果具有一定的层次性,根据公式(4.9),城镇化子系统与农业现代化子系统协调系数计算公式如下:

$$C = \left\{ \frac{u(x) \times n(y)}{\left(\frac{u(x) + n(y)}{2}\right)2} \right\} k \tag{4.10}$$

公式(4.10)就是评价协调系数的计算方法,C 为协调系数,k 为调节系数,$k \geq 2$,本书取 k=2。协调系数反映了在城镇化子系统和农业现代化子系统综合效益或者发展水平一定的条件下,即 $u(x)$ 和 $n(y)$ 之和一定的时候,为了使城镇化和农业现代化复合效益或者发展水平最大,也就是 $u(x)$ 和 $n(y)$ 最大,城镇化与农业现代化效益或者发展水平进行组合的数量程度。其中 $0 \leq C \leq 1$,取值范围在 0 到 1 之间,最大值 1 就是最佳协调状态,最小值 0 就是最差的协调状态,也就是协调系数越大,系统之间越是协调。

(二)协调度(协调发展度)

尽管协调系数能够反映城镇化与农业现代化彼此相互协调的程度,这对于约束两者的发展行为,促进二者健康、合理、有序发展有着重要的意义,但是协调系数却不能反映出城镇化与农业现代化综合效益的高低、整体发展水平的高低。也就是说具有相同协调系数的不同地区和同一地区的不同时期,其城镇化与农业现代化协调发展的水平会高低不平。按照协调发展的内涵,将衡量城镇化与农业现代化协调发展水平高低的定量指标定义为协调度,公式为:

$$D = \sqrt{C \times T} \tag{4.11}$$

$$T = \alpha \times u(x) + \beta \times n(y) \tag{4.12}$$

其中:D 代表协调发展度,C 为协调系数;T 为城镇化与农业现代化协调发展的综合评价指数,α 和 β 为待定权数,本研究认为二者的重要性相同,所以选择 α 和 β 都是 0.5。一般 T 的取值范围是(0,1),这样可以保证 D 的取值范围也是(0,1),便于比较分析。

第三节　黄淮四市城镇化与农业现代化协调发展水平的评价

本部分研究的数据来源主要是全国、河南省以及黄淮四市历年的统计年鉴和统计公报,个别缺失数据采取线性差值方法进行弥补。其中绝对发展水平纵向评价的数据,选择的时间范围是黄淮四市 1990—2012 年的数据,主要评价各个市自身的城镇化与农业现代化协调发展的纵向变动情况。相对发展水平纵向评价数据时间范围选择全国、河南省和黄淮四市 2003—2012 年共十年的数据,主要是通过城镇化与农业现代化协调发展相对水平的变动趋势,评价黄淮四市相对于河南省和全国的协调发展水平。县域范围的横向评价是选择黄淮四市 33 个县(市)2012 年的数据,主要是评价县域城镇化与农业现代化的协调发展水平。

一、城镇化与农业现代化协调发展绝对水平的纵向评价

(一)数据处理和权重确定

首先对于指标体系中与价格有关的指标数据,比如人均生产总值、人均

工业增加值、城镇居民可支配收入、人均社会消费品零售总额,以1990年的价格指数为基数进行价格处理,这样就可以消除物价因素带来的影响。其次对于原始数据的每个指标按照公式(4.1)进行标准化处理,这样不同单位的指标就可以消除单位带来的影响。由于是对黄淮四市各个市自身城镇化与农业现代化协调发展水平分别进行分析,因此利用公式(4.2)~(4.5)分别计算商丘、信阳、周口、驻马店四市各个指标的信息熵、冗余度、权重,结果如表4-13所示。

表4-13　绝对发展水平时各指标的信息熵、冗余度、权重

系统层	子系统层	指标层	商丘		
			信息熵值	冗余度	权重
城镇化综合评价指标体系U	经济城镇化U1	人均生产总值X1	0.9364	0.0636	0.1383
		人均工业增加值X2	0.8854	0.1146	0.2491
		人均社会固定资产投资X3	0.8205	0.1795	0.3901
		非农产业增加值占生产总值比X4	0.9958	0.0042	0.0091
	社会城镇化U2	城镇居民人均可支配收入X5	0.9552	0.0448	0.0973
		人均社会消费品零售总额X6	0.9282	0.0718	0.0156
		每万人拥有卫生技术人员数量X7	0.9968	0.0032	0.0070
		城镇居民恩格尔系数X8	0.9949	0.0050	0.0109
农业现代化综合评价体系N	人口城镇化U3	城镇人口比重X9	0.9620	0.0380	0.0826
	农业投入和装备的现代化N1	单位耕地化肥施用量Y_1 单位耕地农业机械总动力Y_2 有效灌溉耕地占总耕地面积比重Y_3	0.9773	0.0226	0.0731
			0.9486	0.0514	0.1660
			0.9932	0.0068	0.0219
		乡村人均用电量Y_4	0.9346	0.0654	0.2113
	农业产出的现代化N2	单位耕地粮食产量Y_5 乡村人均粮食产量Y_6 乡村人均肉类产量Y_7	0.9930	0.0070	0.0225
			0.9886	0.0114	0.0368
			0.9591	0.0409	0.1323
		乡村人均第一产业增加值Y_8	0.9552	0.0448	0.1449
	农村经济和生活水平的现代化N3	第一产业增加值占GDP的比重Y_9	0.9894	0.0106	0.0343
		农民人均纯收入Y_{10}	0.9591	0.0409	0.1323
		农民恩格尔系数Y_{11}	0.9924	0.0076	0.0246

续表 4–13

指标层	信阳			周口			驻马店		
	信息熵值	冗余度	权重	信息熵值	冗余度	权重	信息熵值	冗余度	权重
X1	0.9310	0.0690	0.1404	0.9444	0.0556	0.1193	0.9357	0.0643	0.1356
X2	0.8980	0.1020	0.2075	0.9213	0.0787	0.1690	0.9104	0.0896	0.1891
X3	0.8192	0.1808	0.3678	0.8422	0.1578	0.3388	0.8296	0.1704	0.3597
X4	0.9975	0.0025	0.0050	0.9979	0.0021	0.0044	0.9978	0.0022	0.0047
X5	0.9524	0.0476	0.0968	0.9364	0.0636	0.1364	0.9505	0.0495	0.1044
X6	0.9327	0.0673	0.1368	0.9230	0.0770	0.1654	0.9333	0.0667	0.1407
X7	0.9993	0.0007	0.0013	0.9983	0.0017	0.0036	0.9975	0.0025	0.0052
X8	0.9958	0.0042	0.0085	0.9931	0.0069	0.0148	0.9919	0.0080	0.0170
X9	0.9824	0.0176	0.0358	0.9775	0.0225	0.0483	0.9793	0.0207	0.0436
Y_1	0.9796	0.0204	0.0652	0.9875	0.0125	0.0504	0.9885	0.0115	0.0354
Y_2	0.9705	0.0294	0.0942	0.9719	0.0281	0.1136	0.9462	0.0538	0.1661
Y_3	0.9948	0.0052	0.0165	0.9911	0.0089	0.0360	0.9879	0.0121	0.0375
Y_4	0.9223	0.0777	0.2485	0.9485	0.0515	0.2083	0.9359	0.0641	0.1978
Y_5	0.9902	0.0098	0.0312	0.9938	0.0062	0.0249	0.9870	0.0130	0.0402
Y_6	0.9860	0.0140	0.0447	0.9861	0.0139	0.0564	0.9833	0.0168	0.0517
Y_7	0.9582	0.0418	0.1337	0.9588	0.0412	0.1664	0.9503	0.0497	0.1535
Y_8	0.9442	0.0558	0.1784	0.9579	0.0421	0.1702	0.9495	0.0505	0.1561
Y_9	0.9520	0.0480	0.1533	0.9945	0.0055	0.0224	0.9933	0.0067	0.0206
Y_{10}	0.9916	0.0084	0.0268	0.9682	0.0318	0.1287	0.9563	0.0437	0.1350
Y_{11}	0.9976	0.0023	0.0075	0.9944	0.0056	0.0227	0.9980	0.0020	0.0061

从表4-13可以看出,城镇化子系统指标体系中,四个城市中占比重较大的指标都主要体现在经济城镇化,这说明经济发展是黄淮四市城镇化发展最重要的因素,对于城镇化的综合水平影响较为显著。单个指标中权重最大的是人均固定资产投资,其次是人均工业增加值以及人均GDP。农业现代化子系统指标体系中,四个城市中占比重较大的都体现在农业投入和农业装备方面,这表明该区域农业现代化的水平更多地受到投入和装备的影响。单个指标中权重最大的指标都是乡村人均用电量,其次是乡村人均农业增加值和乡村人均肉类产量、单位耕地农业机械总动力。

（二）城镇化、农业现代化、协调系数、协调度得分

在计算出相应指标的权重基础上,利用公式(4.6)、(4.7)、(4.10)、(4.11)、(4.12)分别计算四个市1990—2012年城镇化、农业现代化、协调系数、协调度的得分,结果如表4-14、表4-15所示。

表4-14　绝对发展水平时城镇化和农业现代化得分

	商丘		信阳		周口		驻马店	
	$u(x)$	$n(y)$	$u(x)$	$n(y)$	$u(x)$	$n(y)$	$u(x)$	$n(y)$
1990	0.0000	0.0046	0.0057	0.0544	0.0153	0.0299	0.0055	0.0617
1991	0.0130	0.0296	0.0060	0.0206	0.0246	0.0420	0.0113	0.0296
1992	0.0275	0.0567	0.0177	0.0585	0.0359	0.0787	0.0248	0.0559
1993	0.0358	0.0835	0.0260	0.0860	0.0464	0.1316	0.0429	0.1220
1994	0.0467	0.0918	0.0383	0.0985	0.0411	0.1419	0.0587	0.1265
1995	0.0667	0.1429	0.0537	0.1468	0.0688	0.2146	0.0800	0.1961
1996	0.0774	0.1869	0.0700	0.1834	0.0945	0.2516	0.0991	0.2531
1997	0.0921	0.2333	0.0918	0.2191	0.1155	0.3009	0.1219	0.2901
1998	0.1114	0.2667	0.1131	0.2456	0.1425	0.3178	0.1479	0.3089
1999	0.1298	0.3247	0.1344	0.2634	0.1608	0.3743	0.1659	0.3569
2000	0.1532	0.3759	0.1602	0.3039	0.1864	0.4085	0.1922	0.3765
2001	0.1854	0.4362	0.1824	0.2699	0.2118	0.4442	0.2144	0.4039
2002	0.2076	0.4450	0.2098	0.3574	0.2388	0.4555	0.2349	0.4529
2003	0.2294	0.4134	0.2457	0.3585	0.2546	0.4236	0.2540	0.4250
2004	0.2767	0.5145	0.2875	0.4440	0.2969	0.5065	0.2885	0.5306
2005	0.3677	0.6130	0.3774	0.4946	0.3641	0.5506	0.3549	0.5854
2006	0.4440	0.6897	0.4713	0.5427	0.4310	0.6303	0.4285	0.6406
2007	0.5288	0.7396	0.5550	0.6218	0.5257	0.6836	0.5126	0.6858
2008	0.6253	0.8086	0.6487	0.7056	0.6146	0.7509	0.6119	0.7775
2009	0.7389	0.8756	0.7812	0.7913	0.7438	0.8148	0.7416	0.8371
2010	0.7959	0.8744	0.7922	0.8415	0.8055	0.8662	0.8146	0.8910
2011	0.8935	0.9300	0.8818	0.9102	0.8700	0.9248	0.8812	0.9474
2012	0.9993	0.9820	0.9974	0.9982	0.9992	1.000	0.9994	0.9987

表4-15 绝对发展水平时协调系数和协调度得分

	商丘		信阳		周口		驻马店	
	协调系数	协调发展度	协调系数	协调发展度	协调系数	协调发展度	协调系数	协调发展度
1990	0.0000	0.0000	0.1187	0.0597	0.8042	0.1348	0.0897	0.0549
1991	0.7190	0.1237	0.4921	0.0809	0.8685	0.1702	0.6411	0.1145
1992	0.7746	0.1805	0.5076	0.1391	0.7404	0.2060	0.7240	0.1709
1993	0.7054	0.2052	0.5081	0.1687	0.5947	0.2301	0.5923	0.2210
1994	0.8000	0.2354	0.6493	0.2107	0.4853	0.2107	0.7498	0.2635
1995	0.7531	0.2809	0.6150	0.2483	0.5403	0.2767	0.6774	0.3058
1996	0.6865	0.3012	0.6401	0.2848	0.6303	0.3302	0.6542	0.3394
1997	0.6589	0.3274	0.6926	0.3281	0.6428	0.3658	0.6944	0.3782
1998	0.6912	0.3614	0.7456	0.3657	0.7310	0.4102	0.7671	0.4186
1999	0.6662	0.3891	0.8008	0.3991	0.7068	0.4349	0.7508	0.4430
2000	0.6772	0.4233	0.8174	0.4355	0.7408	0.4694	0.8010	0.4772
2001	0.7008	0.4667	0.9265	0.4577	0.7649	0.5009	0.8209	0.5038
2002	0.7468	0.4955	0.8691	0.4964	0.8146	0.5318	0.8092	0.5275
2003	0.8429	0.5205	0.9315	0.5305	0.8797	0.5462	0.8772	0.5457
2004	0.8276	0.5722	0.9106	0.5771	0.8685	0.5906	0.8329	0.5841
2005	0.8788	0.6564	0.9642	0.6483	0.9186	0.6482	0.8834	0.6445
2006	0.9083	0.7175	0.9901	0.7085	0.9307	0.7028	0.9228	0.7023
2007	0.9455	0.7743	0.9936	0.7686	0.9662	0.7643	0.9587	0.7579
2008	0.9676	0.8329	0.9965	0.8214	0.9802	0.8181	0.9718	0.8216
2009	0.9857	0.8920	0.9999	0.8867	0.9959	0.8809	0.9927	0.8852
2010	0.9956	0.9119	0.9982	0.9030	0.9974	0.9130	0.9960	0.9216
2011	0.9992	0.9545	0.9995	0.9463	0.9981	0.9464	0.9974	0.9549
2012	0.9998	0.9952	1.0000	0.9989	1.000	0.9998	0.9999	0.9997

(三)城镇化与农业现代化协调发展的结果与评价

各市城镇化与农业现代化得分都是在1990年达到最低水平,在2012年达到最高,这表明四市的城镇化得分、农业现代化得分总体都是趋于上升的,一直在进行平稳地增长。但是在增长速度上,农业现代化的发展速度快于城镇化的发展速度,农业现代化的水平总是高于同期城镇化的水平。四市的协调系数和协调度逐步好转,总体上呈现稳步提升的趋势。

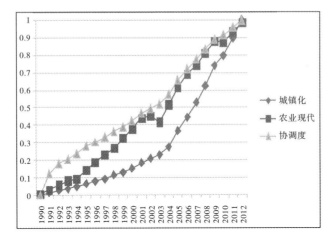

商丘

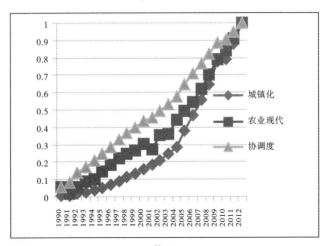

信阳

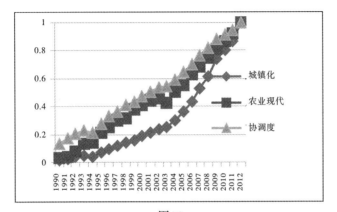

周口

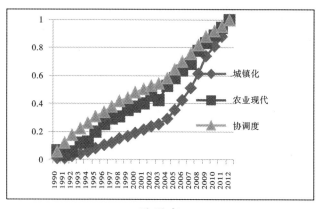

驻马店

图4-6 黄淮四市城镇化、农业现代化、协调度绝对水平变动趋势

从图4-6可以看出,虽然城镇化、农业现代化,以及二者协调发展水平都是在逐步提高,但是在不同阶段发展的快慢不同,表现出不同的发展特点。

1.城镇化的发展明显分为两个阶段:在2003年之前,城镇化的增长速度比较缓慢,从1990年的最低水平发展到2003年,四个市的城镇化子系统得分最高才达到0.25多一点的水平,城镇化平均每年的得分增长不到0.02;从2003年之后,四个市的城镇化发展进度加快,增长的速度明显获得提升。从城镇化子系统得分情况来看,从2003年到2012年,城镇化得分从0.25左右的水平提升到几乎为1的最高水平,城镇化综合分平均每年增长0.08,是前一个阶段增长速度的四倍。

2.相对于城镇化的发展,农业现代化发展水平一直是稳步提升,没有出现明显的"拐点",虽然个别年份出现小幅度的波动,却并没有改变农业发展水平稳步增长的趋势,这表明四个城市农业的发展水平非常平稳。但个别年份农业发展有少许波动,尤其是2003年商丘、周口、驻马店三地区同时出现农业发展水平"突然"下滑,主要是因为该区域在2003年秋季遭遇了多年不遇的洪涝灾害,导致第一产业增加值下降,尤其是秋季粮食作物大幅度减产,这说明该区域农业生产的基础还是相当薄弱。

3.二者协调状况一开始并不稳定,虽然协调系数较高,但是协调发展度却很低,这表明二者的协调只是处于低水平的协调。2003年以后,协调情况一直在稳步提升,协调发展度明显提高,相对于1990年的协调状况,不管是协调系数,还是协调发展水平,四市都在2012年达到了最佳状况。

二、城镇化与农业现代化协调发展相对水平的纵向评价

虽然绝对水平的纵向评价可以反映黄淮四市的城镇化与农业现代化协调水平在逐步提高,但是相对于其他地区,尤其是相对于河南省和全国来说,并不能看出黄淮四市同期发展水平的高低。为此需要通过相对水平的纵向评价,来评价黄淮四市城镇化与农业现代化协调发展同期相对水平的高低。

(一)数据处理和权重确定

为了进行相对水平的评价并且让结果具有可比性,本部分选择城镇化和农业现代化指标与纵向评价指标相同。首先对于指标体系中与价格有关的指标,以1990年的价格指数为基数进行价格的处理,消除物价因素带来的影响。接下来对于全国、河南省、黄淮四市2003—2012年的原始数据的指标按照公式(4.1)进行标准化处理,利用公式(4.2)~(4.5)计算各个指标的信息熵、冗余度、权重,结果如表4-16所示。

表4-16　相对发展水平各指标的信息熵值、冗余度、权重

系统层	子系统层	指标层	信息熵值	冗余度	权重
城镇化综合评价指标体系U	经济城镇化U1	人均生产总值 X1	0.9366	0.0695	0.1334
		人均工业增加值 X2	0.9042	0.0899	0.2037
		人均社会固定资产投资 X3	0.8279	0.1721	0.3642
		非农产业增加值占生产总值比 X4	0.9973	0.0028	0.0058
	社会城镇化U2	城镇居民人均可支配收入 X5	0.9486	0.0514	0.1087
		人均社会消费品零售总额 X6	0.9293	0.0707	0.1146
		每万人拥有卫生技术人员数量 X7	0.9980	0.0020	0.0043
		城镇居民恩格尔系数 X8	0.9939	0.0060	0.0128
	人口城镇化U3	城镇人口比重 X9	0.9753	0.0247	0.0525

续表 4-16

系统层	子系统层	指标层	信息熵值	冗余度	权重
农业现代化综合评价体系 N	农业投入和装备的现代化 N1	单位耕地化肥施用量 Y_1 单位耕地农业机械总动力 Y_2 有效灌溉耕地占总耕地面积比重 Y_3 乡村人均用电量 Y_4	0.9832 0.9593 0.9918 0.9353	0.0168 0.0407 0.0083 0.0647	0.0560 0.1350 0.0280 0.2165
	农业产出的现代化 N2	单位耕地粮食产量 Y_5 乡村人均粮食产量 Y_6 乡村人均肉类产量 Y_7 乡村人均第一产业增加值 Y_8	0.9910 0.9860 0.9566 0.9517	0.0090 0.0140 0.0434 0.0483	0.0297 0.0474 0.1465 0.1624
	农村经济和生活水平的现代化 N3	第一产业增加值占 GDP 的比重 Y_9 农民人均纯收入 Y_{10} 农民恩格尔系数 Y_{11}	0.9823 0.9688 0.9956	0.0177 0.0312 0.0044	0.0576 0.1057 0.0152

(二)城镇化、农业现代化、协调系数、协调度得分

在计算出相应指标的权重之后,根据公式(4.6)~(4.10),计算出全国、河南省、黄淮四市 2003—2012 年城镇化、农业现代化、协调系数、协调度相对发展水平的得分,结果如表 4-17、4-18、4-19、4-20 所示。

表 4-17 相对发展水平城镇化综合得分

	商丘	信阳	周口	驻马店	河南省	全国
2003	0.0333	0.0375	0.0122	0.0243	0.1424	0.2725
2004	0.0569	0.0587	0.0295	0.0375	0.1791	0.3102
2005	0.1058	0.1080	0.0611	0.0697	0.2482	0.3704
2006	0.1504	0.1591	0.0923	0.1058	0.3200	0.4434
2007	0.1944	0.2041	0.1357	0.1462	0.3961	0.5227
2008	0.2450	0.2493	0.1731	0.1902	0.4695	0.5942
2009	0.3071	0.3194	0.2280	0.2472	0.5633	0.7013
2010	0.3390	0.3223	0.2544	0.2791	0.6376	0.7882
2011	0.3944	0.3692	0.2860	0.3130	0.6856	0.8895
2012	0.4571	0.4320	0.3419	0.3662	0.7725	0.9935

表4-18　相对发展水平农业现代化综合得分

	商丘	信阳	周口	驻马店	河南省	全国
2003	0.1788	0.0804	0.1187	0.1359	0.1882	0.1966
2004	0.2498	0.1405	0.1699	0.2052	0.2450	0.2466
2005	0.3152	0.1766	0.2049	0.2530	0.2975	0.2916
2006	0.3788	0.2343	0.2507	0.3076	0.3515	0.3411
2007	0.4243	0.2909	0.2817	0.3418	0.4061	0.3876
2008	0.4896	0.3554	0.3318	0.4178	0.4662	0.4484
2009	0.5458	0.4072	0.3731	0.4716	0.5133	0.4982
2010	0.5570	0.4497	0.4084	0.5113	0.5502	0.5748
2011	0.6170	0.5155	0.4556	0.5676	0.5997	0.6572
2012	0.6744	0.5915	0.5090	0.6240	0.6618	0.7352

表4-19　相对发展水平协调系数

	商丘	信阳	周口	驻马店	河南省	全国
2003	0.2805	0.7525	0.1147	0.2644	0.9619	0.9483
2004	0.3650	0.6915	0.2545	0.2732	0.9522	0.9740
2005	0.5665	0.8872	0.5009	0.4588	0.9837	0.9719
2006	0.6619	0.9282	0.6192	0.5801	0.9956	0.9663
2007	0.7428	0.9395	0.7702	0.7045	0.9996	0.9564
2008	0.7906	0.9394	0.8122	0.7392	0.9999	0.9613
2009	0.8495	0.9710	0.8868	0.8145	0.9957	0.9435
2010	0.8851	0.9463	0.8950	0.8348	0.9892	0.9516
2011	0.9074	0.9461	0.8982	0.8397	0.9911	0.9554
2012	0.9276	0.9520	0.9243	0.8690	0.9881	0.9558

表4-20 相对发展水平协调度

	商丘	信阳	周口	驻马店	河南省	全国
2003	0.0298	0.0444	0.0075	0.0212	0.1590	0.2224
2004	0.0560	0.0689	0.0254	0.0332	0.2019	0.2712
2005	0.1193	0.1263	0.0666	0.0740	0.2684	0.3216
2006	0.1751	0.1825	0.1062	0.1199	0.3342	0.3790
2007	0.2298	0.2325	0.1607	0.1719	0.4010	0.4353
2008	0.2904	0.2840	0.2050	0.2247	0.4678	0.5011
2009	0.3622	0.3528	0.2665	0.2927	0.5360	0.5658
2010	0.3965	0.3653	0.2966	0.3299	0.5875	0.6485
2011	0.4575	0.4185	0.3330	0.3697	0.6369	0.7389
2012	0.5248	0.4872	0.3932	0.4302	0.7086	0.8262

(三)城镇化与农业现代化协调发展相对水平的结果与评价

虽然2003—2012年黄淮四市城镇化与农业现代化自身的发展水平提升很快,协调状况一直在好转,但是相对来看,黄淮四市的发展水平相对较低,发展相对较慢,与河南省以及全国的差距依然较大。

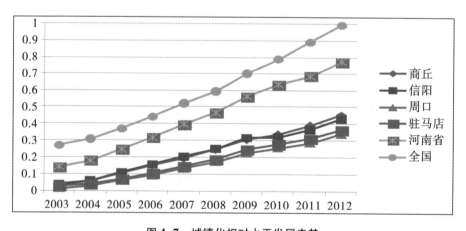

图4-7 城镇化相对水平发展走势

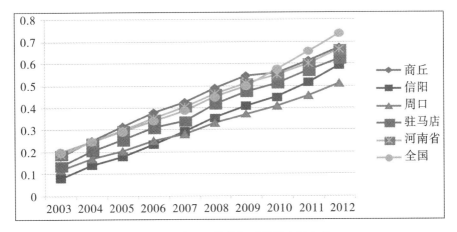

图4-8 农业现代化相对发展水平走势

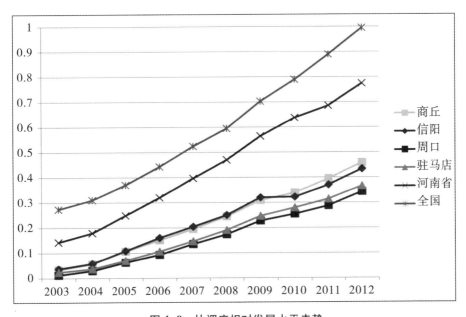

图4-9 协调度相对发展水平走势

从城镇化相对发展水平走势(见图4-7)可以看出,与河南省、全国同期水平相比,黄淮四市城镇化发展的相对速度越来越慢,导致差距越来越大。2012年城镇化综合水平最高的商丘市为0.4571,最低的驻马店市只有0.3662,河南省的城镇化水平为0.7725,而全国城镇化的水平为0.9935,这反映黄淮四市城镇化发展水平落后的状况相当明显。

从农业现代化相对发展水平走势（见图4-8）可以看出,黄淮四市农业现代化水平相对较高,甚至在个别时期与全国水平非常接近。但是整体水平依然还是落后于河南省、全国的平均水平,尤其是2010年以后,相对发展水平有拉大的趋势。2012年发展水平最高的商丘市农业现代化综合得分为0.6744,略高于河南省0.6618的水平,略低于全国0.7352的水平。

从协调度相对水平发展走势（见图4-9）可以看出,相对于全国、河南省的发展水平,黄淮四市的协调度虽然在上升,但是差距越来越大。在2012年最高的商丘才达到0.5248,最低的周口仅为0.3932,这说明相对于河南省与全国的发展水平,黄淮四市的城镇化与农业现代化之间很不协调,同时发展水平也是处于非常低的阶段。

三、黄淮四市县域城镇化与农业现代化协调发展的横向评价

县域经济的发展水平是一个地区经济发展水平最主要的表现,同样县域范围城镇化与农业现代化的发展水平也直接决定着一个地区的整体发展水平。基于这样的判断,本部分通过对黄淮四市33个县(市)2012年城镇化与农业现代化协调发展水平的横向评价,分析县域城镇化与农业现代化的协调发展水平。

(一)城镇化与农业现代化指标和权重的确定

根据2012年黄淮四市33个县市的数据资料,本部分选择城镇化与农业现代化评价的相应指标,利用公式(4.2)~(4.5)计算各个指标的信息熵、冗余度、权重,结果如表4-21所示。

从表4-21中可以看出,对于黄淮四市县域范围来说,城镇化指标体系中,权重比较大的指标是人均工业增加值、人均社会固定资产投资、每万人拥有卫生技术人员数量、人均生产总值。这表明县(市)城镇化水平的高低主要是由经济城镇化水平高低影响,尤其是人均工业增加值和人均社会固定资产投资。

农业现代化指标体系中,权重比较大的指标主要是乡村从业人员人均肉类产量、乡村从业人员人均用电量、农牧业产值比重、农业从业人员粮食产量。从中可以看出,农业投入的电气化,以及农业产出结构的优化都是影响农业现代化综合水平的主要因素。

表 4-21　县域各指标的信息熵值、冗余度、权重

系统层	子系统层	指标层	信息熵值	冗余度	权重
城镇化综合评价指标体系 U	经济城镇化 U1	人均生产总值 X1			
		人均工业增加值 X2	0.9934	0.0066	0.0859
		人均社会固定资产投资 X3	0.9829	0.0171	0.2214
		第二产业产业增加值占 GDP 比 X4	0.9832	0.1684	0.2183
			0.9965	0.0035	0.0456
		第三产业产业增加值占 GDP 比 X5	0.9964	0.0036	0.0472
	社会城镇化 U2	城镇居民人均可支配收入 X6	0.9996	0.0004	0.0048
		人均储蓄额 X7	0.9938	0.0062	0.0805
		人均社会消费品零售总额 X8	0.9937	0.0063	0.0818
		每万人拥有卫生技术人员数量 X9	0.9902	0.0098	0.1270
	人口城镇化 U3	城镇人口比重 X10	0.9977	0.0023	0.0304
		非农人员比重 X11	0.9956	0.0044	0.0571
农业现代化综合评价体系 N	农业投入和装备的现代化 N1	单位耕地化肥施用量 Y_1	0.9897	0.0103	0.0742
		单位耕地农业机械总动力 Y_2	0.9924	0.0076	0.0546
		乡村从业人员人均用电量 Y_3	0.9750	0.0250	0.1806
		第一产业财政支出占比 Y4	0.9948	0.0052	0.0379
	农业产出的现代化 N2	单位耕地粮食产量 Y_5	0.9985	0.0015	0.0107
		农业从业人员人均粮食产量 Y_6	0.9845	0.0155	0.1120
		农业从业人员人均肉类产量 Y_7	0.9709	0.0291	0.2103
		农业从业人员人均一产业增加值 Y_8	0.9859	0.0141	0.1016
	农村经济结构和生活水平的现代化 N3	第一产业增加值占 GDP 的比重 Y_9	0.9948	0.0052	0.0378
			0.9825	0.0175	0.1264
		农牧业产值比 Y10	0.9990	0.0010	0.0070
		农民人均纯收入 Y_{11}	0.9935	0.0065	0.0469
		农业从业人员比重 Y_{12}			

(二)县域城镇化与农业现代化协调发展水平的评价

在算出相应指标的权重之后,根据公式(4.6)~(4.10),依次计算出

2012 年黄淮四市 33 个县(市)城镇化、农业现代化、协调系数、协调度的得分,结果如表 4-22 所示。

表 4-22　县域城镇化、农业现代化、协调系数、协调度得分

	$u(x)$	$n(x)$	C	D
1. 民权县	0.2530	0.3007	0.9852	0.5223
2. 睢县	0.2660	0.1838	0.9343	0.4584
3. 宁陵县	0.2752	0.2416	0.9915	0.5062
4. 柘城县	0.3072	0.2795	0.9955	0.5404
5. 虞城县	0.2414	0.3955	0.8865	0.5313
6. 夏邑县	0.2421	0.4869	0.7873	0.5357
7. 永城市	0.6301	0.4038	0.9065	0.6846
8. 罗山县	0.5368	0.2663	0.7859	0.5618
9. 光山县	0.4441	0.2456	0.8411	0.5386
10. 新县	0.6716	0.2922	0.7140	0.5865
11. 商城县	0.4293	0.3084	0.9470	0.5910
12. 固始县	0.3827	0.3371	0.9920	0.5975
13. 潢川县	0.4513	0.3779	0.9844	0.6389
14. 淮滨县	0.2685	0.3731	0.9476	0.5513
15. 息县	0.2593	0.1918	0.9558	0.4643
16. 扶沟县	0.3187	0.2627	0.9815	0.5341
17. 西华县	0.2317	0.3048	0.9632	0.5083
18. 商水县	0.1062	0.2255	0.7580	0.3545
19. 沈丘县	0.2568	0.2714	0.9985	0.5135
20. 郸城县	0.2519	0.1347	0.8246	0.3993
21. 淮阳县	0.2034	0.2570	0.9730	0.4733
22. 太康县	0.1622	0.2031	0.9751	0.4221
23. 鹿邑县	0.3231	0.2569	0.9741	0.5315
24. 项城市	0.3576	0.2655	0.9568	0.5460
25. 西平县	0.3455	0.7792	0.7247	0.6384
26. 上蔡县	0.1170	0.2366	0.7842	0.3723

续表 4-22

	$u(x)$	$n(x)$	C	D
27. 平舆县	0.3611	0.2661	0.9547	0.5472
28. 正阳县	0.2267	0.3738	0.8836	0.5151
29. 确山县	0.5052	0.6282	0.9766	0.7439
30. 泌阳县	0.2489	0.2904	0.9882	0.5162
31. 汝南县	0.2265	0.2995	0.9619	0.5030
32. 遂平县	0.6073	0.3858	0.9030	0.6686
33. 新蔡县	0.1335	0.2835	0.7581	0.3976

（三）县域城镇化与农业现代化协调发展水平评价

从表 4-22 可以看出，县域城镇化发展水平整体相当滞后，平均得分仅达到 0.3224，最高水平的新县为 0.6716，最低水平的商水县仅为 0.1062；农业发展水平同样也是非常落后，平均水平只有 0.3154，最高的西平县为 0.7792，而最低的郸城县仅为 0.1347。虽然黄淮四市农业现代化发展水平高于城镇化的发展水平，但是县域范围的农业现代化与城镇化发展水平都是相当的落后。虽然城镇化与农业的发展相协调，各个县（市）的协调系数都比较高，但是这样的协调是处于极低水平的协调，整体的协调度仅达到 0.2884 的水平。这样的协调度还只是在 33 个县市之间的对比，如果与全国平均水平，甚至发达地区的县市进行比较，协调发展水平会更低。

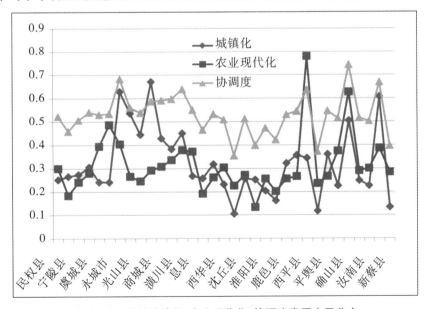

图 4-10　县域城镇化、农业现代化、协调度发展水平分布

　　从图4-10可以看出,县域范围各地城镇化发展水平高低各异,但是总体水平不高;同样农业现代化发展水平也是高低不齐,总体水平较低。相对于自身城镇化、农业现代化的发展水平,各地协调度发展水平的差异较小、整体水平略高,这主要是建立在城镇化与农业现代化二者发展水平都较低的基础上。

第五章

传统农区城镇化与农业现代化协调发展的影响因素

　　传统农区城镇化与农业现代化协调发展总体水平虽然逐步提高,但是与其他地区相比,城镇化与农业现代化协调发展的水平还相当落后,处于较低的层次,二者不协调的方面还较为突出。制约传统农区城镇化与农业现代化协调发展的因素,既有资源禀赋、地理区位的因素,也有社会文化、经济体制的因素。

第一节　自然因素和国家区域政策因素

一、自然禀赋和地理区位因素

(一)自然资源的因素

　　资源短缺是传统农区发展突出的制约因素,由于地上无山,地下无矿,作为工业发展的矿产资源储藏尤其缺乏。我国耕地资源分布在长江流域以南的面积占35%,但是水资源占81%,分布在长江流域以北的耕地面积占65%,而水资源只占19%。传统农区尤其是平原农区大部分都是耕地资源丰富的地区,对于保障粮食安全提供了坚实的基础,但是水资源的匮乏却成为传统农区发展农业生产、保障粮食有效供给的短板。由于传统农区人口密集,人均耕地占有量特别低,很多地方人均耕地不足1亩,有些地方甚至低于联合国粮农组织规定的0.86亩的警戒线标准。随着工业化和城镇化的推进,农业发展的土地资源和水资源会进一步减少,资源不足将会使粮食生产面临更大的压力。

在超小的土地规模上从事农业生产,尤其是大宗农产品的生产,很难实现适度的规模化,就算土地产出率很高,但是人均劳动率很低,很难达到与二、三产业相同的劳动生产率,因此从事农业生产的机会成本较高,这也是导致农村青壮年外出打工、农民兼业化、农业副业化、农业粗放经营、老人农业的关键因素。由于传统农区作为承担国家粮食安全的主要区域,土地的非农化受到严格的限制,导致城镇化的发展受到严格的土地制约;加上自然条件的均质性,传统农区城镇体系的地理分布表现为均质化、低水平的平衡格局,城市的辐射带动作用就受到制约。

(二)人口的因素

人口多、密度大是传统农区的共同特征。例如河南省漯河市的人口密度为 972 人/平方公里,许昌市和濮阳市的人口密度在 850 人/平方公里,安阳市、周口市的人口密度在 700 人/平方公里,处于黄淮平原的安徽省淮南市达到 1070 人/平方公里,山东菏泽和聊城的人口密度也相当的高。由于人口多、密度大,需要转移到城镇的人口就多,转移人口需要支付的城镇化成本就高,给农区本来就捉襟见肘的财政状况带来很大的压力。例如,按照河南省的十二五发展规划,到 2015 年河南全省的城镇化率要达到 48% 的水平,也就是每年的城镇化增长速度要达到 1.9 个百分点,相当于每年从农村向城镇转移 200 万的人口,五年累计将近 1000 万的农村人口需要转移。由于当地非农产业滞后,吸纳就业的能力有限,就地城镇化止步不前,人口转移的压力可想而知。

(三)地理区位的因素

由于地理区位的影响,传统农区经济发展的外向度不高,对外开放程度不明显,外向型经济对经济的发展带动能力不强,参与国际分工和接受外部的资金、技术等生产要素辐射的机会较少。发达地区不仅没有对传统农区的发展形成辐射带动作用,反而在一定程度上挤占了传统农区的经济资源和发展空间。传统农区大部分都是所在省的省际边缘区,备受发展政策的冷落,结果成为中央和省市双重边缘化政策"叠加"的区域,使得传统农区陷入发展的峡谷地带。

以黄淮平原为例,地理位置上位于长三角和环渤海两个最发达经济区中间,应该能够得到较好的发展和带动。但事实上该区域不仅没有被辐射带动,反而成为两大发达区域中间的"断裂带"。从省区的地理分布来看,黄淮平原恰好位于豫鲁苏皖交界处,豫东、皖北、苏北、鲁南四大板块都是欠发达区域,都是所在省发展最薄弱的地区。四个省都没有把位于黄淮平原的县(市)作为发展的重点,例如以郑州为中心的中原城市群,以合肥为中心的皖江经济带等,都没有把位于黄淮平原的县(市)纳入其中,都是作为发展的边缘区。因此在双重边缘化政策和两大区域经济板块的挤压下,黄淮平原虽然处于资源和区位的高地,却是经济发展的低谷,成为区域经济发展的塌陷地带。

二、国家的区域政策因素

(一)非均衡发展战略的因素

改革开放以来,我国的区域发展由均衡发展战略转向了非均衡的发展战略,地方经济社会的发展与国家的倾斜政策息息相关。发达地区作为优先重点发展的区域,一方面,通过不合理的工农产品价格体系,发达地区向农区输出高附加值的制成品,而农区对于发达地区输出的是价格较低的农产品,导致利益从农区持续流向发达地区,形成落后的传统农区对于东部发达地区"补贴"的不合理现象;另一方面改革开放之后的很长一段时间,在发展的优惠政策、基础设施、公共服务等方面,国家都向东部发达地区进行倾斜。从20世纪80年代开始的珠三角,20世纪90年代以上海为龙头的长三角,到后来环渤海经济区的推进,都是在国家区域经济发展的倾斜政策下,进行梯度推进的结果。非均衡式的发展战略实现了我国经济的腾飞,增强了国家的经济实力,使得东部地区获得了巨大的发展空间,但是却造成了传统农区发展机会的不平等,缺少发展的政策机遇,结果带来传统农区发展的滞后,使得传统农区与发达地区的差距进一步拉大。

(二)指导思想的因素

传统农区很多地方政府,在经济发展过程中出现指导思想的偏差,把以经济建设为中心当成以经济增长为中心,把经济增长为中心当成以 GDP 的增长为中心,结果是以 GDP 增长的快慢作为区域经济社会发展的唯一指标。在经济发展过程中,过多强调行政手段的推动作用,用有形之手替代无形之手。结果传统农区很多县(市)不顾当地资源禀赋的实际,不计代价地进行资源的投入,大规模高强度地开发。但是资源配置效率提高和技术进步并不明显,带来环境的破坏、耕地的流失,导致农业综合生产能力的下降。结果传统农区经济发展不平衡、不协调、不可持续的矛盾愈加突出,使得传统农区经济的发展陷入所谓的"贫困的低水平均衡陷阱"。

(三)农区功能定位的因素

传统农区在国家功能区规划中,整体上处于限制开发区,这样的功能定位就把耕地的保护、环境的保护置于重要的位置,直接制约了城镇化和工业化的快速发展,影响了农业剩余人口的就地转移,导致农业现代化发展的滞后。构成非农产业的劳动力、资金等生产要素由于流动性强,空间集聚效应就较为容易形成,人口和产业也就较为容易集聚,城镇化发展的进程就较快;但是构成农业的土地、农民等农业要素,相对来说流动性就较差,尤其是土地这个最基本的农业生产要素,根本就不可能发生空间移动,因此也就无法像非农产业那样易于形成集聚效应。因此,相对于非农产业发达的地区,传统农区的城镇化发展就相对滞后。

从政策方面来看,传统农区的发展没有进入国家区域发展的政策视野范围,不是国家发展战略的重点区域,不仅没有享受到适当的政策倾斜,反而是国家区域政策的边缘地区,甚至是国家区域政策的"盲区"。加上学者长期以来对传统农区研究的忽视,使得传统农区最终成为"政策塌陷"的区域。虽然近年来中央和省市加大了对于传统农区扶持的力度,进行适当的政策倾斜,但是政策的着力点更多的是围绕农业本身的发展来展开,重点是为了保证国家的粮食安全,对于传统农区总体发展并没有给予实质性的政策优惠,依然没有从根本上改变传统农区政策边缘化、政策洼地的不利局面。

(四)传统思维和偏见的因素

传统农区农业发展过度地重视粮棉油等初级农产品的种植,经济发展的重点主要集中在用有限的耕地发展资源密集型大宗农产品的生产,尤其是集中在粮食作物的生产,而劳动密集型的农业发展不足。农业资源很少得到深层次的开发和利用,以农产品为基础的产业化程度低,产业链条较短,附加值不高,农产品精深加工不够,工业的发展和农业关联度较小,农业发展的优势并没有转化为产业发展的优势,结果导致农区产业结构和经济格局始终没有大的调整。

同时有相当一部分观点认为,传统农区的发展就应该以种养殖业为主,就算发展工业,也只能是用现代工业技术来武装农业,实现农业的产业化和现代化,不应该提"农区的工业化",或者传统农区应该在农业产业化完成之后才能考虑工业化的问题。

第二节 制度、二元体制和发展路径因素

一、制度的因素

制度的变迁、安排和创新,既是区域经济发展差异的根源,也是发展差异的体现。从制度经济学的角度来分析,城镇化与农业现代化发展落后的根本原因是正式制度供给的不足和低效率,非正式制度演变的滞后和缓慢,正式制度和非正式制度的融合性差。初始条件的逐步强化和制度创新成本的加大形成了低效率的路径依赖,由此导致经济社会发展受阻。

(一)正式制度供给不足和低效率

作为政府提供的一种社会资源,正式制度决定着资源配置效率的高低,对保障经济的发展起着至关重要的作用,正式制度的缺失或者低效率将导致国家或者区域经济的停滞不前(喻新安,2008)。相对于发达地区"需求诱致性"的制度变迁,传统农区更多的是"供给主导型"的制度变迁,由此导致正式制度变迁效率缺失低下,传统农区正式制度缺失主要表现在市场体制、产权结构、政府行政效率等方面。

市场是最有效率的资源配置方式,但是传统农区的市场体制还很不完善,运行依然处于低效率阶段,要素市场的发育程度较低,对外开放程度不高,公有制经济占比很大,各种非公有制形式的企业数量和人员所占比例相当低,外商投资企业较少,经济发展活力明显不足。传统农区产权结构改革明显滞后,所有制结构单一,企业不能适应市场经济的发展,虽然少数企业建立了形式上的现代企业制度,企业实际运行的效率依然低下。由于市场化进程的滞后,传统农区的发展还是以政府为主导,但是政府管理体制落后,计划经济的运行机制在传统农区依然存在很大的影响。行政命令通过下达经济指标,层层分解任务,进行干预经济运行,主要是达到上级要求的发展目标数据,面子工程、政绩工程较为明显,导致经济运行效率低下,带来发展的盲目性和表面繁荣。

(二)非正式制度演进滞后缓慢

非正式制度是社会成员在长期的交往过程中逐步形成的文化、观念、惯例等,由于具有一定的滞后性和缓慢性,在很大程度上影响着正式制度变迁的方向和进程。文化作为非正式制度的重要组成部分,在很大程度上影响

着一个地区的发展快慢和结果。传统农区的文化建立在自然、半自然经济基础之上,带有封闭保守、安于现状、重农轻商的特征,对于土地与农业的依赖、宗族和家庭的过度依赖固化了小农经济运行的基础,因而阻碍了现代市场机制的正常运行,使得市场交易成本加大、制度创新成本上升,影响了传统农区的发展。意识观念是非正式制度的核心,传统农区非正式制度演进之所以滞后,根源还在于农民没有摆脱陈旧观念的束缚,传统观念影响依然较深。人们缺乏自主发展、开拓创新的意识,求稳不愿意流动、进取心不强,安于现状、小富即安的观念较为明显,习惯于守着原有的生产和生活方式,这样的意识在平原农区表现得尤为明显。农民对于通过学习新的技术,自主创业、经商、务工提高自身经济实力的动力不强烈,通过种地、打工甚至依赖下一代等提高生活水平的想法较为普遍,农村剩余劳动力谋生的方式主要是在城市打工。农民投资观念淡薄,除了农业生产的必要投资,很少进行非农项目的投资。农民心里依然保留着长期以来的计划思想,"等、靠、要"的依赖思想较为严重,更希望政府能够在项目、资金技术方面给予更多的支持,不愿意承担投资的风险,规避风险的意识过于强烈。农民有钱之后不是进行投资赚钱,而是过多侧重改善家庭生活状况。农民居住位置固定,与外界联系较少,交往的地理空间范围较小,社交网络狭窄薄弱,拓展能力不够,交往的对象大多是居住在周围的邻居以及周边村庄的亲戚,因此获取帮助和社会资源的渠道大部分都是来自于亲戚和邻居,来自于非亲缘和地缘的朋友较少。由于习俗惯例制约着人们的行为方式,因此消极的习俗惯例形成之后对个体会产生消极的影响,进而给整个经济体系的运行带来明显的副作用。传统农区长期形成的一些消极的习俗惯例,制约着市场经济体制的建立和高效运行,降低了资本、人才、技术的吸引力,阻碍了经济社会的发展。

(三)正式制度和非正式制度融合性差

由于非正式制度是正式制度的基础,二者兼容互动才能最有效地发挥作用。但是二者不同的变迁路径导致了演进的过程无法同步,从而影响经济的发展。传统农区建立市场经济体制,实质上是在政府主导下的强制性制度变迁的结果,但是由于非正式制度演进的滞后,传统文化、观念、惯例难以和植入的先进制度融合互动,导致二者融合性较差。一方面,正式制度可以在国家之间、地区之间进行移植,但是非正式制度几乎是不可能被移植的,虽然传统农区建立了市场经济体制,但是支撑市场经济发展的文化观念等非正式制度依然缺失,进而导致二者融合性差、交易成本高、经济效率低下。另一方面,虽然正式制度可以在较短的时间之内建立或者改变,但是非正式制度的变迁要困难得多,持续的时间也更长。传统农区市场经济体制建立也就是二十年左右,在这么短的时间彻底改变长达上千年的观念文化,消除计划经济体制的影响,进而普及和强化市场经济理念,具有相当的难度。因此,正式制度和非正式制度的兼容性差,直接影响传统农区城镇化与农业现代化发展的进程。

二、城乡二元体制的因素

一种体制是否有效率,关键就在于是否能够保证要素使用效率的逐步提高,直至最大化。因此有效的产权制度应该使得要素的使用效率大幅度提高,整个社会的产出率也会大大提高。市场经济在配置资源方面能够体现出高效率的前提是产权界定清晰,从这个角度来说市场经济也是产权经济,市场经济形成的过程就是产权制度建立和完善的过程。如果产权不清晰,行政手段就会取代市场成为资源配置的方式,导致要素利用效率大大降低。由于制度的安排,土地、资金和劳动力的城乡交换和流动更多是依靠行政力量的主导而排斥市场的力量,由此导致了城乡要素交换的不平等,要素城乡流动的效率低下,进一步强化了二元结构的不合理格局。

(一)农村土地产权制度的因素

土地产权是指由土地的所有权、使用权、处置权、收益权、抵押权等权能组成的权利束,其中土地所有权是土地产权权能的核心,土地产权的权能既可以全部由一个产权主体行使,也可以从中分离出一项或几项权能,由其他产权主体独立行使,享有相应产权权能带来的收益。在土地公有产权制度下,由于土地所有权与使用权、处置权、占有权的分离,结果就构成了土地所有主体、使用主体、占有主体相互分离的多元化土地产权主体格局(洪名勇,1998)。

20世纪70年代末80年代初,在我国农村实行的家庭承包联产责任制,通过土地的所有权和使用权的分离,发挥了产权的激励功能,农民获得了土地的使用权以及部分剩余收益权,从而成为独立的农业经济主体,由此推动了我国农业生产的飞跃发展,这是土地产权变革带来的"制度红利"。但是家庭联产承包责任制只是对于土地的使用权和收益权在农村集体和农民家庭之间的一次重新分配,并没有触及农村土地产权的基本层面,因此这种浅层次的土地改革的"制度红利"很快就释放完毕,土地产权权能不足的弊端逐步显现。

虽然《土地管理法》和《农村土地承包法》规定了农村土地所有权属于村集体,但是村集体并不具备作为产权主体的法人资格,事实上就形成了土地所有权主体的虚置。由于作为产权束基础的所有权的不明晰和不确定,在这个基础上衍生的农民土地使用权就存在明显的不确定性和不稳定性,土地的处置权和收益权等权能发挥也受到明显的制约,政府凭借土地所有权主体代理人的资格,以所有权侵占土地使用权、处置权和收益权的现象就时有发生。从土地的产出物来看农民能够占有全部,并且拥有在一定条件下的土地转让权,以及由政策赋予而不是由法律保护的土地继承权,但除此之外农民不具有土地其他方面的处置权。例如农民不能买卖自己使用的土地,不能通过交换永久放弃土地的使用权,不能随意把农业用地转为工业用地改变土地的用途。更主要的是农民无权决定由于土地改变用途和转让的价格,以及获取收益的分割方式和数量,更无权独占。由于土地转让权和土地转让收益分割权并不属于农民,土地收益分割的规则完全是由政府制定,土地增值部分被政府和开发商拿走,形成了对于农民的直接剥夺,农民只是被动的接受者。因此如果从土地处置权角度来分析土地产权的权能,土地产权权能就不属于农民。

土地产权权能不足最为突出的是农村土地以非市场方式流入城市和工业,造成财富效应在农村与城市不合理的分配,带来土地资源的使用效率低下和浪费。农村土地流向城市和非农部门,所带来的经济收益会大于留在农村和农业的收益,因此对失地农民合理的土地补偿金标准应该能够体现出土地实际的利用价值、土地作为生产资料和生活保障的双重功能的价值,以及土地市场实际的供需结构,而事实上农民得到的征地补偿金只是体现出土地作为农业生产要素的价值、原有资产置换的费用,也就是土地附着物和青苗补偿费,而土地由于用途转换而升值的部分,根本就没有列入补偿的范围。这使得农民获得的土地补偿不仅无法保障农民未来的生活水平的提高,甚至难以维持现有生活水准。导致这一不合理问题的原因就在于制度的安排,土地的所有权属于集体,由于"集体"的缺失,农村土地的所有权主体变成了实际的虚无,因此农民的土地权益得不到充分的体现和保护。

因此,土地产权权能不足就成为传统农区城镇化与农业现代化协调发展的制度瓶颈。一方面,由于土地产权不稳定,土地抵押权的价值较低,作为农民最主要资产的土地无法成为农村金融发展的基础,由于缺乏金融的支持,农业只能进行简单粗放的生产经营,生产效率低下。现有的超小型的家庭经营模式已经成为农业生产效率进一步提高的制约。提升农业现代化发展的水平,就必须培育高效和专业化的新型农业生产经营主体,而新型的农业生产经营主体是以土地规模经营为条件的,要实现土地的规模经营,就需要实现土地的大规模流转。但是由于现有的土地产权权能不足,尤其是农民家庭不具有土地处置权和转让权的背景下,以农民为主导的土地使用权快速、高效、大规模的流转就无法实现,使得农业劳动生产率的提高面临诸多困难。另一方面,随着城镇化的快速推进,人口大规模地从农村转移到城镇,农民进城居住和创业就需要大量的启动资金,但是由于土地产权的不确定性和不稳定性,土地的流动性不足,交易成本非常高,而可交易性差的土地很难金融化,因此导致农村的农用地和宅基地基本处于闲置状态,不能给农民带来任何的收益,成为农民沉睡的资产,无法转化为农民在城市生存和发展的"发展基金"。农民完全脱离农村和农业转化为非农从业者和市民的过程相当漫长,现有的土地产权制度已经成了人口非农和城镇化的进程的严重障碍。

(二)城乡二元户籍制度的影响

我国城乡二元户籍制度改革缓慢,政府缺乏户籍制度改革创新的需求和动力,在农民大规模进城和从事非农业的背景下,依然套用原有的方法和思路进行户籍管理。我国现行的户籍制度依然起着强制农民为工业化、城镇化提供资本积累的作用。由于户籍制度的限制,就算有的农民有条件、有能力进入城市,但是身份依然是农民,不能成为事实上的"城里人",人为设置标准抬高进入城镇的门槛。社会保障体系与户籍挂钩,进程务工的农民工和农民依然处于社保体系的外围,保障的对象也只是具有城镇户口的现有城镇居民。由于户籍制度改革的权力掌握在政府手中,普通的个体尤其是农民虽然有强烈的户籍改革要求,但是由于不具备相应的权力,结果只能受到现有户籍制度的约束。

政府设立二元户籍制度的目的就是可以从中稳定地获得相应的权力。对于政府来说,推动户籍制度的改革既要做大量的工作,同时还要承担改革带来的权力的减少,政府利益的损失,户籍制度改革的阻力主要来自于地方政府。因此不仅主要大中城市的户籍制度还没有真正放开,跨省转移的户籍制度改革一样是困难重重,与户籍捆绑在一起的权利和待遇的改革也没有触动,改革多年却并没有取得根本性突破,背后主要的原因是户籍制度的控制功能还需要存在,农民为工业化城镇化发展提供资本积累的作用还没有完全结束。地方政府利用二元户籍制度的控制功能,实现了工农产品、劳动力、土地城乡的不平等交换,强制农民和农村、农业为城镇化、工业化发展提供资本积累,为政府带来预期的收益。由于现行的城乡二元户籍制度以及土地制度,结果就出现了土地城镇化快于人口城镇化,人口流动的速度快于迁徙的速度,职业转换快于身份转换的现象,导致人口很容易向城市流动,却很难实现迁移。所以城乡二元户籍制度的存在以及改革的滞后使得传统农区城镇化的发展受阻,影响了进城农民工市民化待遇的提升,阻碍了农村劳动力市民化的进程,阻碍了农业生产率的提高,制约了农业现代化水平的提升,影响了农民收入的提高。

（三）城乡二元化金融体制的影响

由于农业资金的自我积累功能较差和金融政策管制,农村现有金融服务功能滞后,金融机构数量少,金融服务与农业生产脱节。金融机构不但没有给农村提供有效的资金支持,促进农村有效发展,反而成为城市吸收农村资金的"抽水机",更多的是吸收农村农业发展的存款,而不是提供贷款。农村农业发展本来就缺少资金,通过金融机构的存款使得农村发展"缺血"的局面更为突出。同时由于金融政策对城市的偏向、对农村金融的抑制,适合农村农业发展的微型金融机构和服务发育不足,进一步加剧了农村发展的资金制约作用。

三、路径依赖和"马太效应"的因素

（一）路径依赖因素

过去是了解现在的基础,因此历史起点对一个事物或者地区的发展起着重要的作用,某个地区现在的状况直接影响着未来发展的趋势。在初始条件的基础上通过自我强化机制的作用,经济社会的发展将会锁定在某种特定的发展路径和轨道上,形成发展的路径依赖。传统农区一般经济基础薄弱,产业结构以传统的粮食种植业为主,二、三产业不发达,特别是工业力量薄弱、文化保守、教育和培训水平较低、受小农思想影响严重、制度供给和创新落后。这样的历史基础和发展现状使得传统农区通过自我强化机制就形成了"路径依赖",陷入了"低水平贫穷恶性循环"发展的怪圈,造成区域经济社会发展缓慢,直接制约城镇化与农业现代化的发展。

（二）"马太效应"的因素

在市场经济条件下,由于区域经济发展的不均衡性,包括资金、人才在内的经济资源在市场规律的支配下自发地由传统农区流向发达地区,导致"马太效应"的显性化,使得发达地区优势更加明显,传统农区劣势更加突出。传统农区由于市场化程度较低、融资渠道不畅、资本的积累机制较差、运营效率和利润率较低,而东部发达地区由于具有较强的融资机会、资本积累能力,运营效率和投资回报率较高。作为追求利润最大化的资本,就不会选择在基础设施差、投资收益回报低而风险较高的传统农区,更倾向于选择市场化程度高、投资收益回报高而风险较低的东部发达地区。不仅外部资本不愿意选择"落户"传统农区,而且本地的资金为获取更高的收益,也会通过信贷、投资等形式流向发达地区,资金短缺成为传统农区发展突出的制约因素。这样的结果导致传统农区劳动密集型产业优势的发展进一步弱化,资本密集型的产业劣势发展进一步强化。人才是一个地区经济发展的关键因素,传统农区的发展最需要的是各种管理和技术人才,但是又留不住人才。这是因为作为拥有知识、技能的人才希望凭借所拥有的知识、技能实现个人利益的最大化,但是传统农区在就业机会、工资待遇、发展平台和发展前途等方面与东部发达地区存在较大差距,远远不能满足人才发展的需要,由此造成传统农区劳动力大规模地流向发达地区,传统农区人才外流现象尤其明显。因此,人才的跨区域流动更有利于发达地区的经济发展,更不利于传统农区的经济发展,进一步拉大了发展的差距。

第三节　工业化和城镇化因素

一、工业化发展水平的因素

传统农区的经济主要是围绕传统农业进行发展,加上矿产资源的缺乏,导致该区域工业化的发展缺乏强大的支撑力量,因而工业发展起步较晚,整体上还处于工业化发展中期的第一阶段。工业化的特征主要表现为传统工业比重较大、水平较低,自主研发能力滞后,技术创新能力不强,工业化的质量不高;工业结构组织分散、企业效率低下、结构不合理,缺乏市场竞争力,对于资源的综合利用率低。工业化的发展是以大的化工业、大的重工业为主,走的是以增加资源投入为主的粗放型的发展模式。因此工业化的发展不仅没有发挥农业资源的优势,反而忽视对传统农业的改造和带动作用,把农业的发展排斥在外,导致农业的产业化水平低、产业链条短、农产品转化率低,农业的发展依然处于较低的水平。由于工业化发展水平较低,因而非农产业的集聚能力不足,城镇化的发展缺乏有力的产业支撑,城镇化发展的动力不足。

传统农区工业化发展水平滞后的原因一方面是由于大多数地区都是粮食主产区,因而工业化的发展就面临着环境、资源以及农区定位的制约,工业化进程发展缓慢;另一方面,国家的工业发展布局也在一定程度上影响到传统农区工业化的发展。以黄淮四市为例,该区域工业化水平滞后除了与传统工业发展模式有关外,很重要的一个原因是和国家"三线建设"布局有关。三线建设涉及我国中西部17个省(市、自治区),持续时间从1964年到1980年共17年的时间,是我国早期进行区域工业化均衡布局的一次比较成功的尝试,布局和选址的总原则是"靠山、分散、隐蔽、大分散、小集中"。河南省作为国家"三线建设"的重点地区之一,重点选择在豫西地区进行基本工业建设投资,建设了 200 多个大中型骨干项目(张义明,2009),使得豫西的工业获得了长足和均衡的发展,但是遗憾的是黄淮四市所在的豫东豫南地区被忽略,导致该区域工业化发展与其他地区的发展水平差距逐步拉大。

二、城镇化发展水平的因素

(一)城镇化水平滞后带来的影响

由于传统农区城镇化总体水平较低,因此城市带动农村发展的能力不强,不能提供足够多的非农就业岗位,剩余劳动力就地城镇化就受到阻碍,农业劳动生产率提高速度较慢,总体上二者处于低水平不协调的状态。所以传统农区城镇化与农业现代化二者不协调或者协调性差的根本原因在于传统农区的城镇化水平发展滞后,不能发挥引领带动作用,剩余劳动力不能有效就地转移,阻碍了农业发展水平的提升。

(二)城镇化水平滞后的实证分析

为了分析传统农区城镇化水平滞后的原因,本部分选择黄淮四市(商丘、信阳、周口、驻马店)为样本分别分析其城镇化的影响因素。在此基础上再对四个地市的 33 个县(市)的城镇化水平滞后的原因进行实证分析,从根本上找出制约传统农区城镇化发展滞后的原因。

1. 城镇化发展影响因素模型构建

影响城镇化发展的因素很多,既有资金、技术、人才等因素,也有产业结构、制度环境等因素。按照推进城镇化发展的资金来源、主体和动力机制,把影响城镇化的因素和条件分为内部因素和外部因素两个方面,内部因素主要包括经济发展水平、基础设施、资金技术、市场环境、制度创新等,内部因素直接决定城镇化发展水平、性质、方向和规模,外部因素主要是在传统农区之外的因素,包括外资投入、重大项目建设等因素,对于城镇化的进程起着加速或者延缓的作用。不同地区影响城镇化发展的主要因素各有不同,对于传统农区来说,城镇化的发展主要是依赖内部因素的推动,外部因素对于城镇化的发展的影响明显不足。从传统农区的实际出发,依据现有资料,本部分主要是从影响城镇化发展的内部因素进行分析,构建影响城镇化发展的实证模型:

$$UR = f(EF, CJ, SH)$$

$$(4.1)$$

UR 代表城镇化发展水平,其最显著的表象特征是农村人口向城镇的转移,城镇人口数量的逐步增加,此处用城镇人口比重单指标来表示城镇化发展水平。

EF 代表经济发展水平,反映经济发展的基本情况。经济发展水平是城镇化发展的直接动力,从根本上制约着城镇化发展。经济发展水平的提高对于城镇化的影响体现在两个方面:一方面,经济发展水平的提高可以带来人们收入水平的提升,引起人们需求结构的调整,而需求结构的调整会带动生产结构的调整,最终使得二、三产业所占比重上升,推动城镇化水平的提升;另一方面,经济的发展能够为城镇化基础设施提供资金,成为推进城镇化发展的物质基础。基于此,选择人均生产总值(RJGDP)和城镇人均收入(RJSHOURU)来反映经济发展水平。

CJ 表示产业结构,主要是反映三次产业之间的关系,表现为工业和服务业的发展、所占比重的提升。从根本上来说,产业结构调整依然是城镇化发展的主要动力,但是在不同地区其作用表现形式不同。对于发达地区来说,城镇化动力主要是由工业化推动逐步转变为服务业的推动,以及外资投入的推进。对于传统农区来说,城镇化发展的动力主要还是依赖工业化的发展以及投资的增加。城镇化发展所需要的资本、技术、人才等生产要素通过第二产业的发展实现在空间上的集中和集聚,带来产业结构的调整和生产效率的提高,在这个基础上,服务业得到进一步的发展和提升。基于此选择人均工业增加值(RJGONGYE)和非农产业比重(FEINONGBI)来表示产业结构。

SH 代表社会发展水平,对于城镇化的发展具有积极的推动作用,此处选择与城镇化发展关系密切的人均社会固定资产投资(RJTOUZI)和人均社会消费品总额(RJXIAOFEI)两个指标来表示社会发展水平。投资是形成固定资产、加强社会基础设施、改善投资环境的主要手段。通过建造和购置固定资产,进而调整经济结构,形成新的生产力布局。社会消费品零售总额代表市场活跃程度的高低,反映市场力量对于城镇化的推动作用。

2. 四个地市城镇化发展影响因素的纵向实证分析

通过城镇化发展的影响因素分析,本部分选择 1990—2012 年四个地市的相关指标数据进行实证分析。通过对指标的多重共线性的比较,四个地区共同的影响因素确定为人均生产总值(RJGDP)和人均工业增加值(RJGONGYE)两个指标,最终建立的回归模型如下:

商丘:

$$UR = -50.2342 + 8.4508 \ln RJGDP + 0.0072 RJGONGYE + 0.6561 AR(1) \quad (4.2)$$

$$(-2.2364) \quad (2.7165) \quad (3.3750)$$

$$R^2 = 0.9912 \quad DW = 1.4989$$

信阳:

$$UR = -27.0959 + 6.0928 \ln RJGDP + 0.0057 RJGONGYE \qquad (4.3)$$
$$(-9.8722) \quad (14.90910) \quad (12.7347)$$
$$R^2 = 0.0.9970 \qquad DW = 1.3243$$

周口：

$$UR = -36.0899 + 6.6860 \ln RJGDP + 0.0053 RJGONGYE + 0.5205 AR(1)$$
$$(4.4)$$
$$(-4.4052) \quad (5.6599) \quad (5.1611)$$
$$R^2 = 0.0.9945 \qquad DW = 1.21100$$

驻马店：

$$UR = -31.4004 + 6.3585 \ln RJGDP + 0.0028 RJGONGYE \qquad (4.5)$$
$$(-8.8502) \quad (12.6597) \quad (8.4411)$$
$$R^2 = 0.0.9885 \qquad DW = 1.4689$$

上述四个模型中,人均生产总值（RJGDP）和人均工业增加值（RJGONGYE)的显著性较强,模型整体拟合度较好。

人均生产总值对四个城市的城镇化发展影响作用最大,也最为显著,这表明黄淮四市经济发展水平是推动城镇化发展的根本动力。传统农区城镇化发展滞后首先是由于经济发展水平的滞后。由于经济发展水平的滞后性,城镇化发展水平总体滞后,这说明城镇化发展更主要的是内生性的发展。

第二个因素是人均工业增加值,从产业结构的角度来看,工业的发展依然是传统农区城镇化发展的主要动力,而第三产业对于城镇化发展的推动作用依然不明显,城镇化发展滞后在很多方面主要是由于工业发展水平的滞后。

3. 四市的 33 个县（市)城镇化影响因素横向实证分析

33 个县市的人口城镇化水平总体较低,2012 年平均水平只是 29.6%,最低的正阳县仅达到 23.6%,就算水平最高的潢川县也仅达到 40.9% 的水平,而 2012 年河南省的平均水平已经达到 42.2%,全国的平均水平高达 52.6%,可以看出该区域县（市)人口城镇化水平与其他地区比相差甚远,乡村人口所占比重太多,这也是从根本上制约该区域农业发展水平滞后的原因。

为了分析影响该县（市)城镇化水平的影响因素,本部分选择人均生产总值、人均工业增加值、人均固定资产投资、人均收入作为自变量。通过进行计量分析,最终模型为：

$$CHENGZHENHUA = 20.1410 + 0.0008 RJGONGYE + 0.0003 RJTOUZI$$
$$(4.6)$$
$$(11.4176) \quad (4.1167) \quad (2.8810)$$

$$R^2 = 0.5161 \qquad\qquad DW = 1.7182$$

　　实证的结果表明,人均工业增加值和人均社会固定资产投资的提高都能促进城镇化水平的提高,而人均工业增加值的推动作用更为明显。这也说明,该区域城镇化水平的提高最明显的推动力量是工业化发展水平的提升,而该区域城镇化水平远远滞后于其他区域的原因很大程度上是工业化水平的滞后。固定资产投资一方面是推动农区经济发展的主要因素,同时也能够提供非农就业岗位,带动人口转移。由于固定资产投资的滞后,导致工业化生产水平和基础设施滞后,制约了资源优势转化为经济优势,也减缓了外资进入的速度。

第六章

传统农区城镇化与农业现代化协调发展的路径选择

第一节　城镇化与农业现代化协调发展路径选择的依据和特殊性

　　传统农区作为一类特殊的地区,必须从自身实际出发,依据国家的总体规划和功能定位,在确保粮食生产能力稳步提高、生态环境良好和农民主体地位的前提下,充分利用发展的机遇和有利条件,选择新的路径模式,才能实现城镇化与农业现代化的协调发展。

一、城镇化与农业现代化协调发展路径选择的依据

(一)按照全国主体功能区规划推进协调发展

　　2010 年我国颁布了《全国主体功能区规划》,并做出了在十二五时期实施主体功能区规划的发展战略。主体功能区是按照国土空间总体功能最大化和各区域协调发展的原则,根据不同区域的资源环境承载力、经济发展潜力和现有的开发强度和密度,从总体上考虑未来我国人口分布、经济和城镇布局、国土资源的利用,按照结构优化、区域协调、保护生态的原则,对于国土空间的发展方向和定位进行划分所形成的具有某种功能的区域空间。主体功能区改变了以往规划中单一注重经济增长、忽视资源和环境保护的做法,首次将生态安全和环境保护作为区域功能定位的主要因素。这是在我国工业化和城镇化加速推进的背景下,实现科学发展观的重大战略举措,是

区域协调发展理念的进一步发展,对于实现区域协调发展具有重大的战略意义。规划把国土空间分为优化开发区、重点开发区、限制开发区和禁止开发区。各个主体功能区在国家的经济发展格局中处于同等重要的位置,只是发展的方式不同,国家支持的侧重点不同。不同的功能区需要实施不同的人口和产业政策,实现区域人口的均衡化分布。十八大报告指出,要严格按照主体功能区功能定位进行发展,构建科学合理的城镇化格局、农业发展格局、生态安全格局。十八届三中全会进一步强调"必须坚定不移地实施主体功能区制度"。

　　传统农区大部分生态环境好、农业发展的基础优越,是我国的粮食主产区,棉花、油菜、特色农产品的优势产区,因此传统农区的发展关系到农产品供给的安全、较大范围的生态安全,是保障国家农产品安全、生态安全的重要区域,大部分地区都是属于限制开发区,是国家"七区二十三带"①为主体的农业格局的最重要组成部分。传统农区作为限制开发区其空间功能定位是农产品产区和生态屏障区,是保证国家粮食安全、生态安全的重要区域,不适宜大规模人口和经济集聚,因此限制其高强度的工业和城镇化发展。传统农区的发展方向是以发展现代农业为目标,要通过增加农产品生产能力,提高耕地保护能力,来提升农业的综合生产能力。通过加快社会发展,加强公共服务能力建设,保护生态环境,引导农业人口和经济发展向重点开发区转移集聚。传统农区自身能力建设和社会发展水平要通过国家的投融资政策、农业扶持政策、财政转移支持政策获得提升。对发展绩效的考核,必须淡化GDP的考核比重,实行农业发展优先的考核体系,考核的重点是其农业发展水平、农业综合生产能力、生态发展水平,同时还包括其社会发展水平、公共服务水平。需要明确的是,作为限制开发的传统农区并不限制与其资源环境承载能力相适应的产业发展,不是限制传统农区的发展,更不是限制该区域的繁荣富裕,只是发展的方式和途径的侧重点不同。

（二）确保农民的主体地位保证协调发展

　　城镇化是以农民为主,农业现代化也是以农民为主,二者要实现协调发展,其主体只能是农民。然而在很多地方,推动城镇化发展的主要力量是政界、商界、学界以及其他一些组织,而本应扮演"主角"的农民却常常被忽视,成为城镇化的被动接受者,其参与权、决策权形同虚设。这种忽视或者"遗忘"造成了城镇化过程中农民主体的缺失,而政府和资本主导的城镇化带来

---

　　① "七区二十三带"是重点建设的农业产区,七区主要是指东北平原、黄淮海平原、长江中下游、汾渭平原、河套灌区、华南、甘肃等农业产区;"二十三带"指小麦、玉米、棉花等23个农产品分布带。

了"空城""鬼城"的出现,以及农民"被进城""被上楼"等违背中央精神和农民意愿的种种现象,扭曲了城镇化发展的本质要求。同样,在农业现代化的发展中,农民的主体地位也时常被忽略,导致农民土地的被流转,农业生产经营的被规模化、被产业化,导致农业现代化发展进程受阻。由于没有尊重农民的主体地位,在我国很多地方发展的专业合作组织形成了以职能部门和社会资本为主导,而不是以农民为主体,结果导致农民参与不积极、合作组织发展迟缓的现象。城镇化和农业现代化发展过程中,农民的主体地位难以充分发挥,主要体现在农民自我决策的程度低、农民参与的积极性不高、农民实际收益有限、农民利益没有得到有效保障,这些问题背后的原因在于人们传统的惯性思维、制度的缺失和漠视以及农民自身的局限性。

实际上,政府和其他主体并不比农民具有更多的理性和更完备的信息,这一规律早已被经济学理论所证实,也被我国改革开放以来农村发展的经验所验证。坚持"以农民为本"的原则,形成城镇化自然的发展,才能够使城镇化获得顺利、持续的发展,才能形成源源不断的活力,城镇化的发展才能够成为推动经济发展的动力,成为扩大内需的最大潜力。农业现代化水平提升,在很大程度上也只能是以农民为主体才能获得发展。例如农业的规模化经营,在人均土地承包面积不变的情况下,农民依靠组织形式的创新,通过农业机械的跨区收割提升了农业播种和收割的机械化程度,创新了农业规模化经营的形式。因此农业的现代化、科技化、规模化、产业化,也必须依靠农民的力量才能实现。

城镇化和农业现代化是为了农民,所以必须依靠农民、发展农民、提升农民。实现好、发展好、维护好大多数农民的利益,应该成为城镇化和农业现代化发展的出发点和落脚点。因此,必须创新机制,让农民成为城镇化与农业现代化的参与主体、实践主体、收益主体,进而提高农民的地位。这就要求发展过程中处处为农民着想,尊重农民的主体地位,发挥农民的首创精神,保障农民的各项权利。不仅在经济上保障农民的物质利益,而且还要在政治上保证农民和其他社会主体一样平等享有各项民主权利,为农民提供更多的公共服务,使农民得到实实在在的好处,才能真正实现和发挥农民的主体作用。

(三)实现农民收入稳步增长促进协调发展

三农问题的核心问题是农民问题,农民问题的核心问题是收入问题。因此城镇化与农业现代化协调发展的出发点、归宿点一定是让农民收入得到增长,确保农民收益增加,让农民成为最大的受益群体,这样才能得到农民的拥护和参与,才能够实现二者的协调发展。

在城镇化的发展过程中,农民要求的是利益增量发展、收益水平提升,而不是利益相互交换的改革,更不是农民利益的受损。作为农民最主要资产的土地,应该随着城镇化的发展给农民带来更多的收益,农民既可以带着土地进城,也可以自愿公平地让土地流转。农民进城的目的,是为了获得更好的工作机会,获得比在农村务农更多的收入,实现生活的富裕。如果农民进城找不到工作,收入水平得不到提升,权益得不到保障,也就失去了城镇化发展的本来含义,将会给城镇化的发展带来极大的隐患,因此必须在确保农民有工作岗位的前提下引导农民进入城镇。在不能给予农民城镇户口的条件下,先给予在城镇有稳定就业的农民工市民化的待遇,让进城农民平等地分享城市文明。

农业现代化发展首要和直接的结果是使从事农业生产和经营的农民收入增长,应该保证随着农业现代化水平的提高,农民获得的收益也逐步提高,否则农民对于推动农业现代化的发展也就失去积极性。目前兴起的包括农业大户、家庭农场、龙头企业等新型农业生产经营主体获取的收益大多都与普通农户无关,大部分农民只是作为土地要素的提供者,没有享受到农业现代化发展带来的成果。在农业产业化经营中,各种“公司+农户”的农业产业化模式虽然推动了农业现代化水平的发展,但不能使农民真正获益,普通的农户只是作为农产品原料的提供者,农民并不能分享到农产品深加工和流通环节所带来的收益。因此构建农业产业化体系,必须把能否让农民成为产业化发展最主要的受益者作为最根本的标准,使得农业现代化发展所带来的收益尽可能多地分配给农民。通过发展股份合作的农业经营主体,以及构建股份合作的农业经营体系,创新农民公平分享农业现代化成果的载体和形式。不仅要重视和加快推进农业生产力的发展,而且要注重农业生产关系的优化,形成普通农户、农业大户、企业等不同主体横向合作与生产、加工、流通等不同环节纵向合作相结合的农业生产经营格局,农业生产力快速发展与普通农民共享现代农业成果相统一的农业现代化道路,真正提高农民的收入水平。

二、城镇化与农业现代化协调发展路径选择的特殊性

(一)保障国家粮食安全是协调发展的基本前提

我国粮食流通已经形成了由“北粮南运”“中粮西运”替代过去“南粮北运”的格局,粮食生产的地域中心发生了由南向北、由东向中的逐步转移,粮食生产的地域中心大多数都已经集中在我国的传统农区。在中央的强农惠农政策支持下,我国粮食生产的综合能力不断增强,地方政府和农民粮食生产的积极性不断提高,粮食生产的投入要素力度不断加大。2004 到 2012年,粮食生产实现了十连增,2012 年全国粮食产量达到 11791 亿斤,连续 5

年都在 10500 亿斤以上。传统农区粮食产量大、土地肥沃、农耕条件好,相当多的县(市)都是粮食生产的核心区,在国家粮食安全方面承担着重大的职责。但是对于传统农区来说,我国粮食生产的基础并不稳定,粮食综合生产能力水平不高,靠天吃饭的局面还没有根本改变,因此保障国家粮食安全的任务依然面临着严峻的挑战。

传统农区目前处于经济社会转型期,工业化城镇化推进的加速期,"米袋子"让位于"钱袋子"的倾向越来越明显,农业发展的积极性有所松懈,维护粮食安全的意识不太强烈,这就很容易带来城镇化与工业化的快速发展与农业和粮食、生态和环境的冲突,从而导致城镇化、工业化、农业现代化的不协调局面出现,这对于提高我国农业发展水平、维护粮食安全带来严重的影响。沿海发达地区工业化和城镇化的发展模式,尤其是长三角、珠三角等地发展的经验教训需要认真反思和总结。这些区域很多地方曾经是我国重要的粮食主产区、富庶的鱼米之乡。但是改革开放以来,这些地区的城镇化和工业化的快速推进是以大片粮田被占用、耕地面积急剧减少、粮食生产加速萎缩、环境生态大范围破坏为代价的,农业现代化的发展没有得到应有的重视,从而给粮食的生产、环境的保护带来严重的影响。从 1978 年到 2010 年,浙江省和江苏省的粮食播种面积分别减少了 63.3% 和 50.1%,粮食产量分别减少了 47.% 和 12.8%,已经由历史上的粮食主产区变成了粮食主销区。传统农区在推进城镇化、工业化的过程中,必须深刻吸取长三角、珠三角等地发展的教训,必须不断提高维护粮食安全的积极性和责任意识,确保粮食稳产增产、耕地资源不减少,积极探索不以牺牲粮食和农业、生态和环境为代价的新型城镇化发展道路。

(二)补齐工业化的短板是协调发展的关键

传统农区经济发展的核心问题是农民就业和收入问题,制约农民就业和收入水平提高的关键在于传统农区的工业化水平低。缺乏足够多的非农就业机会,是传统农区农民收入低于发达地区农民收入的主要影响因素。在全面建成小康社会的背景下,单独依靠城市的发展或者农业的发展,不能解决传统农区发展滞后、农民收入增长缓慢的问题。一方面,虽然目前农业依然是传统农区农民就业的主要领域,农业现代化的发展能够增加农民的就业机会,提高农民的收入水平,但是随着农业现代化的发展、农业产业化水平的提升,农业创造的就业机会将逐步趋于平稳,甚至会降低,因此规模庞大的农村剩余劳动力是无法单纯依靠农业的发展来解决就业问题的;另一方面,完全通过异地转移进入城市来解决农民的就业和收入问题将是一个漫长的历史过程。据有关数据测算,就算每年向城市转移 1000 万人口的规模,完全转移现有的农村剩余劳动力至少也需要 70 年的时间。同时向城市转移劳动力已经出现严重的半城镇化现象，"城市病"和"农村病"交织在一起，对城市和农村的发展都带来诸多不利的影响，导致农区经济发展状况持续恶化，城乡二元差距更为突出。因此在农业现代化和异地转移都无法完全解决农民的就业问题、不能从根本上解决农区发展滞后的困境下，推进农区的工业化就成为解决农区经济社会发展的必然选择。因此工业化的发展才是形成农区发展的根本动力。工业化的发展是实现传统农区经济社会转型、城镇化与农业现代化协调发展的现实要求，也是符合农区工业化进程的理性选择，对于充分利用农区丰富的劳动力资源、自然资源，推动农区经济的可持续发展都具有重大的意义。按照张培刚教授对于工业化的定义，工业化是"一系列基本的生产函数（或生产要素组合方式）连续发生由低级到高级突破性变化（或变革）的过程"。传统农区工业化的过程本质是产业结构调整和产业升级的过程。传统农区推进新型工业化，既包括在传统农区办工业，也包括按照工业化的理念和方式发展非农产业，发展包括农业产业化在内的农村经济，最终实现传统农区由二元社会发展为一元社会。因此传统农区的工业化包括两个方面：狭义的农区工业化是指农区本地工业的发展，广义的农区工业化是指整个工业化进程对于传统农区经济发展的影响。

传统农区工业化的发展必须是符合农区的新型工业化，是"坚持以信息化带动工业化、以工业化促进信息化，走出一条科技含量高、经济效益好、资源消耗低、环境污染少、人力资源优势得到充分发挥的新型工业化路子"。这就要求农区工业化必须走可持续发展道路，改变主要依靠增加资源的投入粗放型的发展模式。农区工业的发展既要注重近期效果，更要注重长期效果，要突出资源的永续利用，尤其是要注意协调好工业发展和粮食安全、耕地保护、生态环境保护的关系，坚决避免工业的发展造成农区环境的破坏和恶化①。农区工业化必须走同信息化同步发展的道路，实现农区的技术层面和产业层面的跨越发展，通过将信息技术应用于产品的研发、设计、制造、管理、营销等过程，让产品的质量更好、成本更低、技术含量更高，增加市场竞争力，让信息技术的应用助推工业化的发展。农区工业化必须走依靠教育和创新发展的道路，突破传统农区教育滞后、缺乏技术创新的瓶颈。

（三）发挥新型城镇化的引领作用是协调发展的立足点

新型城镇化的引领作用体现在三个方面：第一，城镇化是"四化"同步的切入点，是一个"结"，四化同步发展面临的所有问题都与城镇化联系在一

---

①　祝洪章：《传统农区走新型工业化道路分析》，求是学刊，2010,9

起。工业化发展所需要的项目落地空间、基础设施配套、生产和生活服务体系的发展等都需要城市来提供。农业现代化的发展一个重要的方面就是通过土地的适度规模经营,提高农业劳动生产率。土地的适度规模和劳动生产率提高的前提就是减少农业劳动力,使农民脱离土地、离开农村进入城镇。信息化是城镇化的产物,城镇化的发展对信息化起着推动作用,信息技术、信息产业的发展都需要一定的应用空间和场合,而城镇化则能够为信息化的发展提供足够的空间和基础,是信息化的载体和依托。所以传统农区推动工业化、信息化、农业现代化发展,实现四化同步,首先必须解开城镇化这个"结"。

第二,城镇化需要走在前面。虽然工业化是现代化的动力,城镇化是工业化发展的结果,但是在现代化发展的不同时期二者之间的次序和重要性是会发生变化的,在现代化发展的早期,工业化处于主导地位,是经济社会发展的动力。然而进入工业化中期之后,城镇化的速度明显加快,尤其是在城镇化率从 30% 到 70% 的发展阶段,城镇化所起的作用就会越来越明显,对于整个经济社会的作用将超过工业化。在城镇化发展的早期,苏南、温州等地依靠集体经济以及民营经济,实现了乡镇的工业化,进而带动当地城镇化的发展;珠三角等地则是依靠外部投资力量的驱动,通过土地的资本化,实现乡村的工业化之后带动了城镇化的发展。因此沿海发达地区在早期依靠工业化带动城镇化发展的路径取得了巨大的成功。但是对于传统农区来说,城镇化的发展必须走在前面,这是因为传统农区工业化水平整体上已经进入中期的发展阶段,城镇化水平已经超过 30% 的阶段,进入城镇化的加速期。更为重要的是目前工业化发展所需要的条件和环境已经不同于我国工业化发展的早期阶段,没有城镇化的领先,工业化就无法顺利推进。这是因为从工业发展的技术角度来说,现代的工业发展都需要完善的基础设施和公共服务设施,需要功能完善的城市作为支撑和基础。从制度环境来看,传统农区的发展必须按照主体功能区的要求进行发展,坚守耕地面积不能减少,不允许到处投资设厂发展工业,因此工业必须集聚在城市。

第三,必须补上城镇化发展的短板。城镇化滞后于工业化是农区发展过程中一直存在的问题,比如城市功能发展不足、基础设施和公共服务滞后、城镇化率低等。最为突出的是随着工业化和城市化的推进出现的农民工现象,2012 年全国农民工达到 2.6 亿多人,例如河南省的农民工数量就已达到 2000 多万人。大量进城务工经商的农民从事非农职业,生活环境和工作方式已经城市化,但是身份依然是农民,户籍还在农村。城镇化滞后的问题不仅影响经济社会的健康发展,而且也与科学发展观的理念不一致。因此只有发挥城镇化的引领作用,才能尽快解决这些问题。

新型城镇化的引领作用必须解决两个问题：第一是农民能够进得来，在城市住得下、留得住。同时实现农民的职业转变、生活转变、身份转变，让进城农民能够平等享受到公平的住房、医疗、教育、社保等公共服务。同时要降低农民进入城镇的门槛，提升城镇的公共服务水平和质量，增强城镇的吸引力，让农民能够完全融入城市，成为真正的市民。第二是让农民从农村能够出得去，走得了，推动农民大规模进城。探索农民向城镇迁徙的条件和机制，其中最有效的方式是通过对于城中村、城边村、产业集聚区周边村，以及有产业支撑的村庄的城镇化改造，实现整村的城镇化、就地的城镇化，把新型农村社区发展成为城镇体系的一部分。但是推动农民进城的前提是保证农民在农村的利益不被剥夺，特别是土地的权益要完整地保留给农民。

第二节　城镇化与农业现代化协调发展路径选择的条件和机遇

一、城镇化与农业现代化协调发展路径选择的条件

（一）农产品资源和劳动力资源丰富

传统农区拥有丰富的农产品资源和广阔的发展前景。社会经济发展最大的优势就是可以立足本地的农产品资源推动城镇化进程，以农产品加工业的发展启动本地的工业化进程，并且使之成为推动工业化和城镇化、农业现代化协调发展的持续动力。传统农区粮食产量占全国粮食总产量的75%，稻谷、小麦、玉米产量分别占全国的72%、85%、77%，其中河南省小麦产量占到全国的四分之一，粮食产量占全国的十分之一。各个地区都有自己的特色农产品，比如安徽省的油菜、小麦、稻谷和花生等，河南省的小麦、玉米等。产量大、品种多、特色明显的农产品在满足人们基本食用需要的同时，又能够为农业现代化和城镇化的发展带来充分的空间，为农区非农产业的发展打下坚实的基础。因此农区可以围绕本地特色优势农产品资源，以农产品加工业为基础，通过产业链的横向和纵向延伸，发展与农业相联系的二、三产业，不断延伸农业产业链，带动农区整个产业链的发展，提升本地的工业化水平，促进农区经济整体发展。

传统农区劳动力资源优势明显，人口占全国总人口的59%，15～64岁的劳动人口占到全国的60%。全国第一人口大省河南省2012年总人口达到

1.05 亿,15～64 岁人口占到总人口的 70%。从总抚养比来看,传统农区的比值为 35%,低于全国 37% 的平均比值。从劳务输出来源可以看出,传统农区是最主要的劳务输出地,比如安徽、河南等省都是劳务输出大省。由于劳动力资源丰富,传统农区大部分地方的城镇在岗职工工资水平都低于全国的平均水平。2012 年河南省城镇职工平均水平为 37338 元,低于全国 46769 元的平均水平,私营企业工资为 27682 元,也低于全国 28751 元的平均水平。在推动城镇化与农业现代化发展的进程中,传统农区丰富而又成本较低的劳动力资源就为传统农区的发展提供了极大的优势。大量的农业剩余劳动力通过技术培训、职业教育等途径转化为农区发展的人力资源,这就为农区发展劳动密集型的产业提供了坚实的基础。

(二)生态环境好

随着收入水平的提高、消费结构的升级,人们对于健康、生态、绿色产品的需求越来越明显,加上各种食品安全问题的频发,使得人们对于农产品原产地的关注度越来越高。传统农区由于工业发展相对缓慢,尤其是高污染、高能耗的工业项目相对较少,总体上生态环境保护较好。环境污染程度低、生态环境保护好已经成为传统农区推进城镇化与农业现代化协调发展的巨大优势。传统农区完全可以立足良好的生态环境优势,选择相应的产业结构,鼓励发展有利于充分利用生态环境的可持续发展产业,限制甚至淘汰对生态环境带来污染破坏的产业。这就会为传统农区通过以生态工业为基础、以科学技术为依托,促进循环经济的大力发展提供了良好的基础。循环经济的发展会通过产业链的延伸和循环范围的拓展,带动农业产业链向工业、服务业的纵向延伸,在城乡之间形成物流、资金流、信息流、人才流的双向流动,将越来越多的关联企业吸纳进来,使得最终废弃物的种类和数量减少,最终污染物的处理成本降低,生产效率提高。传统农区在严格的耕地保护制度下,需要通过高效有机农业、绿色生态产业、旅游业等对生态环境保护要求高的产业发展,带动农区产业发展。

(三)后发优势明显

所谓后发优势就是当先进地区与落后地区同时存在的条件下,落后地区所具备的各种内在的、有利的客观条件,使得落后地区能够实现更快的发展,是一种发展势能。在发达地区已经形成的有效可行的制度基础上,传统农区利用自身的发展势能优势,通过学习、模仿和积累,就可以有效避免由于各种不断尝试探索而支付的各种额外成本和代价,根据农区的资源禀赋优势创新发展方式,使得资源的配置更有效率,进而形成自己的优势产业、特色产业。一般来说知识经济背景下,经济社会的发展会进一步弱化欠发达地区的后发优势。但是总体来看,不同于在较高的工业化水平基础上落后国家追赶发达国家所面临的难题,传统农区工业发展水平相对滞后,整体处于工业化初期阶段,因此获得发展的信息知识的成本较低、获得的方式相对便捷、消化吸收的效果更为明显。但是传统农区后发优势的发挥需要以资本积累、技术积累、文化环境改善等社会能力发展为基础。所以传统农区如果能够抓住机遇,为后发优势的发挥创造条件,就能够把潜在的优势变成现实的优势,实现农区的跨越式发展。通过激励方式的改变,降低经济发展的交易成本和风险,提升发展的速度和质量,进而缩短同发达地区的差距。

二、城镇化与农业现代化协调发展路径选择的机遇

(一)强农惠农政策的支持

党的十六大以来,中央在统筹城乡经济社会发展的战略下,对"三农"政策做出根本性的调整,做出"两个趋势"的判断,把解决"三农"问题作为全党工作的重中之重,重新确定了城乡工农关系。通过体制机制的创新,主动全面破解城乡二元结构,加大城乡统筹发展的力度,逐步形成了"以工促农、以城带乡、工农互惠、城乡一体的新型工农城乡关系"的政策体系。通过体制机制创新,采取"多予少取放活"的方针,加大"城市支持农村、工业反哺农业"的政策支持力度,逐步形成了一系列支农惠农的政策,尤其是把增加农民收入作为农村政策目标的核心,最终形成了系统解决三农难题的政策体系。

从2004年到2014年连续十一年,中央一号文件从不同角度不同方面,围绕"三农"的核心问题、关键问题、基本问题进行展开。在全面取消农业税的基础上,中央财政用于三农的各项资金逐年加大,先后出台了粮食直补、农资补贴、综合补贴等多项有利于农业生产的补贴。通过建设社会主义新农村,把农村基础设施建设和农村社会事业建设作为财政投入的重点领域,提升了农村生产和生活的环境;通过推进农村基本公共服务的发展,建立了新型农村合作医疗制度、新型农村养老制度、新型农村生活最低保障制度,完善了农民权益保护政策,为农民的生产生活解除了后顾之忧。十八届三中全会进一步做出"让市场在资源配置中发挥决定性作用"的重大决策,统筹城乡要素平等交换。尤其是在土地改革方面,提出更加尊重农民的土地财产权,建立城乡统一的建设用地市场,为逐步形成城乡"同地同权""同地同价"提供了有力的政策支持。各种支农惠农政策有力地推进了传统农区城镇化与农业现代化的协调发展,为农民参与现代化建设,分享改革发展的成果提供了有力的保障。

(二)国际和国内产业的大转移

产业转移是指由于外界供给和需求的变化,使得产业在不同的国家之

间或者在一个国家的不同地区之间,通过企业的迁移引起要素资源从一个区域转移到另一个区域的经济活动现象。产业转移一般是从劳动密集型产业开始,逐步转变到资本型、技术型产业。产业转移能够促进产业结构的调整、区域的分工与合作,已经成为欠发达国家和地区进行产业结构升级优化的重要途径。到目前为止,全球经济共完成了三次产业中心的转移,现在正在经历第四次的产业转移,也就是以电子信息产品为代表的世界加工制造中心向中国的转移。

改革开放以来,我国东部地区经济的发展始终伴随着产业转移带来的机遇,已经承接了三次产业转移:第一次是20世纪80年代到90年代,东部地区抓住以轻纺、玩具、电子等为代表的传统劳动密集型产业转移的机遇,推动相关产业的升级调整;第二次是20世纪90年代以来,东部地区抓住国际产业结构调整的机遇,成为国际产业转移的主要目的地,促进了加工工业、高附加值工业、新型工业的发展,在此基础上带动服务业的发展;第三次是在进入21世纪以后,东部地区利用加入WTO带来的难得机遇,促进全球以研发中心、产品设计中心、采购中心为代表的高端产业的转移,使得我国成为世界的"制造中心"。可以看出,沿海地区正是由于成功地承接了全球产业转移才实现了跨越发展。

目前我国经济发展的格局正在进行深刻调整。经过长期高速发展,以长三角、珠三角为代表的东部地区已经处于资本相对饱和的状态,正面临着土地紧张、劳动力用工短缺、工资成本上升、资源环境约束等发展的突出问题,面临着结构升级转型的压力。广大的中西部地区基础设施逐步完善,要素成本低廉以及产业发展空间巨大的优势日益明显。在这样的背景下,沿海地区正通过产业转型升级,推动了我国新一轮的由东部向西部、由沿海向内地产业转移的浪潮,进而形成产业的合理空间布局。

虽然传统农区具有劳动力、土地等生产要素成本上的优势,但是由于其配套能力、物流体系、市场环境相对滞后,面临着物流成本和交易成本居高不下的劣势。因此,传统农区需要加强市场环境建设,尽快形成有利于产业转移的平台。借助于沿海地区产业转移的机遇,选择适合本地具有比较优势的产业,进行嫁接式的承接,尽快完善传统农区的现代产业体系。

第三节　城镇化与农业现代化协调发展的
路径模式

传统农区实现城镇化与农业现代化协调发展,必须在立足于农区现状的基础上,在国家"四化同步"发展背景下展开,根据资源禀赋和发展环境,选择适合自身发展特点的路径模式,通过内生性的发展,实现农区经济社会的全面发展,缩短与沿海发达地区的差距,促进区域的均衡发展。

一、龙头企业带动模式

龙头企业是连接城镇化与农业现代化最具活力的载体,这是因为龙头企业具有资金、技术、信息和管理的优势,在农业产业化中具有支配和引领的作用。在充分利用农业资源优势的基础上,龙头企业能够立足农区县域、镇域平台,用工业化的理念改造传统农业,实现传统农区工业化的突破,并且与信息化深度融合,为城镇化的发展提供产业支撑,通过创造的利润反哺农业和农村,实现农民的增收致富,形成兴工业、强城镇、带农村、富农民的良好局面。

(一)龙头企业的带动,可以更好地发挥传统农区农业资源的优势,实现工农共生

现代农业是紧密联系的全产业链的产业体系,因此农业的产前、产中、产后分工越来越完善,越来越系统化,越来越需要规模化,只有依托龙头企业的发展和带动,才能打造完整的全产业链。龙头企业可以提供产前、产中、产后的专业化的一条龙的服务,实现农业的生产、加工、销售等各个环节的结合,可以充分挖掘、利用、提升农业内生的潜在价值,进行集约开发、集约经营,拉长产业链,促进农业产业化、集约化、规模化。龙头企业通过强化科技的支撑作用,与相关研究所和技术中心结合,走产学研结合的道路,能够提高企业的核心竞争力。在龙头企业的示范带动下,农产品加工、销售等企业也会出现,通过推动农产品工业园区的建设,促进产业集群发展,带动农区工业经济的发展。

(二)龙头企业的带动,可以为城镇化发展提供产业支撑,实现城镇和企业共赢

就业是民生之本,企业是就业之基。要让进城农民"有业可就",最重要的就是依托企业的发展来实现就业。通过龙头企业的发展,提供大量的就业岗位,为城镇的发展提供产业基础。龙头企业通过参与城镇建设、社区建设,提升城镇、社区的环境,安置企业员工居住,能够有效缓解政府城镇建设资金不足的困境,既可以为企业赢得美誉,获得政府和居民的支持,也有利于企业留住人才,吸引客户,使得企业能够长久持续发展。城镇的发展会带动建材、物流、餐饮等相关行业发展,为农村转移出来的劳动力提供更多就业岗位。另一方面龙头企业的发展,对城镇的基础设施、劳务用工等方面提出了新的内在要求,这就需要政府加大促进龙头企业发展的政策和措施,进行产业规划,加大扶持力度,为企业的发展解决实际问题,支持真正在农业一线的龙头企业发展壮大。政府通过基础设施的建造,公共服务的延伸,在改善居民生活水平的同时,也为企业的发展增添了活力,在推进城镇建设的同时,也促进了企业发展,增强龙头企业带动"四化同步"发展的能力。

(三)龙头企业的带动,能够推进城乡一体化,实现城乡共兴

通过建立连片的农产品种养殖基地、原料加工基地,实行农业产业化经营,龙头企业能够有效推动农业结构的调整,让众多的小农户与千变万化的大市场进行对接,带领农户走向市场;龙头企业通过产业化发展获得的利润反哺农村和农民,促进农村经济发展和农民增收。通过引导生产要素向农村流动,基础设施向农村延伸,龙头企业能够推动农村的工业化,打牢农村发展的产业基础,带动新型社区建设,推动新农村建设。实现产业向优势区域集中,人口向社区集中,土地向规模经营集中。

龙头企业要能够真正做大做强发挥产业化的带动作用,就离不开农产品种养殖业的基础支撑,否则,龙头企业的发展就会成为"无源之水""无本之木"。因此龙头企业必须从保障优质原料的自身利益出发,以农业产业化带来的利润空间为依托,主动、自觉地"以工补农、以工促农、以工兴农",和农民结成利益共享、风险共担的连接机制,走上企业、农民、政府都满意的利益共生共享的和谐发展之路。

二、工业园区带动模式

工业园区的发展能够推动人口集中居住,产业集聚发展,资源集约节约利用,为城镇的发展提供基础支撑,提升农业现代化水平,推动城镇化与农业现代化的协调发展。

(一)工业园区的发展,能够带动农民就地就近就业,实现农民的就地城镇化

工业园区能够承接农村转移出来的大量剩余劳动力,进而推进土地的流转、农业的规模化经营,提升农业的现代化水平。转移出来的农民既可以选择进行土地流转,进入园区打工;也可以选择在种田的同时兼业就近进入园区打工,这样就会增加农民收入,带来农民收入的多样化,使得农民收入的增加与就地工业化和城镇化的发展紧密联系。这种模式在解决农民非农就业的同时,可以从根本上解决农村留守妇女、留守儿童、留守老人的问题,扭转青壮年劳动力外流的趋势,缓解诸如农村"空心病"等问题。

(二)工业园区的发展,能够带动县域、镇域经济的发展,是城乡一体化的结合点

工业园区能够集中资源要素,根据本地的资源禀赋和比较优势,打造具有特色突出的板块经济。通过错位竞争、差异发展,避免产业的同质化和恶性竞争,进而打造优势突出、特色鲜明、低碳高效工业园区。在承接大中城市转移过来的产业时,通过引导与当地特色资源和优势资源相关的企业进驻工业园区,尤其是劳动密集型、农产品加工型的企业入驻,能够改善传统产业,培育新兴产业,带动产业调整升级,逐步形成主导产业。通过布局合理、功能完善、配套齐全、承载能力较高的专业园区发展,实现园区在规模上的带动作用、节能减排上的引领作用、科技创新上的突破作用。

(三)工业园区的发展,能够带动城镇建设、新型社区建设的发展,实现人口的集中、产业的集聚

通过科学规划,把产业园区布局在基础设施完备、交通发达、产业基础较好的若干重点镇,在为农民就地转移提供平台的同时,也实现了产业的集聚发展,资源利用效率的提高。人口和产业的集中会推动房产、学校、医院、超市等基础设施和公共服务的发展,推动城镇的建设,带动新型社区建设。

工业园区带动作用的发挥,需要围绕大产业、大项目展开,这样可以发挥大企业和大项目对于园区的支撑依托作用,吸引要素资源向园区聚集。政府在重视企业地理上集中的同时,更需要从产业链的角度,突出产业集群的效应,鼓励创新,把园区打造为产业链条的"延伸区""提升区",实现园区发展的专业化、特色化、循环化、集群化,进而提升园区产业发展的整体层次。

三、返乡创业推动模式

返乡创业人员在外经过长期的经商务工,具有一定的技术、管理和信息方面的优势,在完成一定的资金积累之后,基于自我发展或者家庭的需要,在乡情、亲情的感召下,尤其是优惠政策的吸引下,选择返乡创业,可以形成以创业带动就业,以就业促进创业的良好局面,在一定程度上能够解决"回不去的故乡,进不去的城市"的难题。

第一,返乡创业能够促进资源要素流向传统农区,进而促进当地发展。

回归创业人员利用拥有的资金和资源创办企业和经商,能够带动人才、资金、技术、信息、项目、情感的回归,推动市场经济意识在农村的传播;同时随着传统农区发展机会的增多,回归创业的规模扩大,会带动外出务工人员返乡就业,形成返乡创业和返乡就业"双回归"的良好局面。

第二,返乡创业能够促进农业结构调整,延长产业链,提升农业现代化水平。返乡创业人员依靠掌握的技术和管理经验,充分利用当地丰富的农业资源,通过发展规模化特色种养殖业、农产品加工业,以及为农业服务配套的企业,能够实现农业发展的合理分工,进而延长农业产业链条,推进农村经济和产业的发展。

第三,返乡创业人员创办的企业,很多都是承接发达地区的劳动密集型企业,对于劳动力的需求量大、技术要求相对较低,能够为素质较低的农民提供灵活多样的就业机会,起到"吸引一人回归创业,带动一批人就业"的良好效果。返乡创业人员一般都会选择在城镇创办经济实体,这样就能够在带动农民实现非农业就业的同时,实现就地就近进入城镇。由于创办的企业会产生示范效应,这样就会带动周围更多的人进行创业,形成产业的集聚,由此带动当地工业和第三产业的发展,增加政府财政收入,提高政府完善基础设施,提升公共服务水平,加快小城镇的建设。

政府应该把返乡创业作为招商引资的一部分,出台各种优惠政策吸引外出人员积极返乡创业,打造良好的投资环境,为返乡创业提供好的平台。这就要求政府加强创业素质培训,提供优惠的税费减免政策、金融支持政策,完善创业指导机制,开展多元化的创业途径,营造浓厚的创业氛围。

四、产业融合推动模式

通过商贸带动、特色发展,实现产业之间融合推进,协调发展,进而培育新的经济增长点。

第一,进行准确定位,根据区域的比较优势构建以地方特色资源为基础的产业,弱化产业之间的界限划分,增强农业和工业向第三产业延伸渗透,通过互补延伸,拉长产业链条,实现产业的融合发展,扬长避短培育特色,资源整合放大特色,科技创新提升特色。把特色资源发展为特色产业,特色产业发展为优势产业。重点打造特色农业板块,通过规模化标准化的种养殖、品牌化的销售、集群化的发展,带动农民致富,提高对于农村劳动力的吸纳能力。

第二,依托优越的地理位置,便利的交通条件,加强专业商品市场、物流市场建设,尤其要重点建设与本地优势农产品相关的市场体系和物流体系,形成以城镇为集散中心的枢纽,实现人流、信息流、物流的集散,依靠市场促进产业发展,依靠产业带动城镇发展。通过具有优势工贸产业的发展,发展成为工贸重镇;通过特色商贸物流业的发展,带动物流中心镇的发展。

第三,通过建设农业生态园、采摘园等把农业的发展和休闲产业结合,发展农业观光游、生产体验游,带动休闲农业的发展,使得农业的社会、生态、文化功能逐步显现。这不仅能够延伸旅游业的边界,还能够带动农业的转变,实现农业与旅游业的融合,提升农业的附加值,满足人们休闲消费需要。结合城镇和新型社区建设整合旅游资源,坚持在保护中开发,在开发中保护,因地制宜,开展旅游规划,打造乡村旅游示范点。通过特色文化资源、人文景观、历史遗址的开发,打造文化特色浓郁的小镇,突出品牌的影响。通过旅游业的发展,带动相关的基础设施建设,促进食品加工、旅游工艺品、餐饮、住宿等产业的发展,增加非农就业机会,带动农民增加收入。

第七章

传统农区城镇化与农业现代化协调发展的思路和对策

第一节　传统农区城镇化与农业现代化协调
　　　　发展的基本思路

一、以稳定粮食生产为根本，夯实农业现代化发展的基础

（一）保护和提高粮食综合生产能力

粮食综合生产能力包括：由耕地、水资源和农田基础设施构成的基础要素，由技术装备和科技应用构成的支撑要素，由作物布局结构和粮食品种结构构成的促进要素，由生产者经营行为和国家粮食政策构成的保障要素。粮食综合生产能力水平的高低是农业综合生产能力的主要标志。保护和提高传统农区的粮食综合生产能力，直接关系到粮食的有效供给，关系到农区粮食安全的保障能力和经济持续发展。保证粮食安全就必须采取有效措施提高粮食综合生产能力。

严格耕地资源和水资源的保护，这是提高粮食综合生产能力的基础。实行最严格的耕地保护制度，集约节约用地；确保耕地红线不突破，确保基本农田数量不减少，保证农业用地用途不改变，质量不下降；严格耕地审批手续，建立耕地保护目标责任制。加强农业水资源的保护力度，建立科学合理的用水机制；创新农田水利设施建设和使用方式，完善管护制度，创新基本管理体制，提高农业抵御自然灾害的能力。

强化农业技术装备水平和科技应用水平,这是提高农业综合生产能力的根本支撑。提高农业的机械化装备水平,推进农田作物生产全过程的机械化;加强农产品市场体系的建设,完善农产品公平交易的制度建设,着力提高农产品流通体系建设,发展传统农区大宗农产品现代化的仓储物流设施,完善农村物流服务体系。

加快实施科技兴农战略,加大新品种、新技术的引进推广力度,强化农业科技研发和创新,尽快完善农业科技进村入户的网络建设推广,形成有效的科技推广技术队伍,让农业科技成为农业增产、农民增收的有效途径。

(二)完善支农惠农政策,增加农民粮食生产的积极性

进一步健全财政支农政策,增加农业支出,完善农业资金投入的增长机制,拓宽农业资金来源的途径,充分发挥财政资金的引导作用,进而带动金融和社会资金投入的多元化。

粮食安全的问题与农民收入问题紧密相连,贯穿于农业现代化发展的整个过程。在传统家庭农户依然是粮食生产主体的情况下,必须把保证粮食安全寓于农民的增收之中,保证农民种粮的收益,提高他们的收入水平,使得农民通过市场的引导自觉增加粮食生产要素的投入,维护粮食安全。在稳定现有农业补贴政策的基础上,完善新增农业补贴的发放标准和办法;继续实行粮食种植补贴,使得粮食补贴政策能够让真正从事粮食生产经营的农民收益,提高农民种植粮食的收入,提高种粮的比较效益;继续施行良种补贴、农资综合补贴等支农的政策,加大农机具购置补贴的力度。新增农业补贴主要向粮食等农产品倾斜、向新型农业生产经营主体倾斜、向主产区倾斜。

(三)把培育和发展专业化的现代粮农作为巩固粮食安全的关键问题

传统农户种植粮食的普遍趋势是兼业化、面积缩小化,维护粮食安全的基础比较薄弱。现代粮农是以增收为目的,由于种植的粮食规模大,生产的专业化水平高,劳动生产率要远高于传统农户,能够实现增产增收。通过破解现有的资源和体制的约束,为现代粮农的发展创造有利的条件,培养对于市场信号、价格信号、政策信号敏感的现代粮农,提高他们的生产效率,保证他们的收入水平高于从事非农产业的农民和城市工人的收入水平(张晓山,2008),这样才能实现粮食增产、粮农增收,破解农业转型期粮食生产的难题,巩固粮食安全的微观基础。

(四)建设粮食生产核心区,优化粮食生产的区域布局

把粮食生产条件好、基础设施齐全的区域划为粮食生产核心区,集中投入财力,加强基础设施建设,发展现代粮食产业。完善粮食作物种植的区域

布局,把粮食生产的重点安排在具有基础和资源比较好的粮食核心区。要增强政策的有效性、财政资金投放的针对性,使得粮食生产政策更精准地施加于粮农、提高政策绩效,更加有效地发挥政策对于粮食生产的支持作用;通过在粮食生产核心区进行规模化的粮食生产,可以形成稳定可靠的粮食生产能力,促进粮农增收。把专业化、集约化、现代化的粮农培育为核心区粮食生产的主体。

建设粮食生产核心区,在重视粮食生产数量的同时,要更加重视粮食生产的质量和品质。要有针对性地加强农田水利建设、高标准农田建设和技术支撑体系建设;增强良种覆盖率和科技入户率,依靠科技投入提高单产水平,提高科技水平对于粮食增产的作用。有效整合财政资金,重点投入,进行高起点规划、高规格建设,把粮食生产核心区真正建成农田标准化、生产管理规范化、经营产业化的优质、高产的国家粮食生产基地,形成示范辐射作用,进而带动传统农区粮食生产能力的提升。

二、以农业产业化为主线,提升农业现代化的发展水平

广义的现代农业包括产前、产中、产后三个环节。产前环节包括机械、化肥、农药、水利等环节;产中环节包括孵化培育、种植、饲养等环节;产后环节包括加工、储藏、运输、营销等环节。这就表明现代农业的发展已经从第一产业扩展到二、三产业的全农业产业链。与二、三产业相比,农业之所以成为"弱势产业""微利产业",最主要的原因就在于农业产业链条太短、附加值太低、粗放开发、粗放经营。事实上通过拓展、拉长农业产业链,充分挖掘农产品本身的潜在价值,进行集约开发、集约经营,农业可以发展成为"强势产业""丰利产业"。

农业产业化就是以一个经营主体为主导,以农产品为核心,进行农业产前、产中、产后各环节的联结,实现农业、工业、商业内部的紧密融合,三次产业纵向一体化的产业体系。农业产业化至少应该包括三个方面的组成要素:一是基础要素,就是产业布局好、资源优势明显、市场需求旺盛、处于主导地位的主导产业。二是关键要素,就是基础稳固,市场竞争优势强,综合带动能力突出的龙头企业。三是依托要素,也就是具有区域化布局、规模化种植养殖、主导产业利于发展、龙头企业便于带动的特色、优势产业基地。从根本上来看,农业产业化就是以市场需求为导向,以效益提升为中心,实行多层次、多元化的要素整合,进而提升农业的增值能力和比较效益,最终实现农业生产的专业化、布局的区域化、服务的社会化、管理的现代化,逐步使农业发展成为经济效益高、社会效益好、生态效益好的可持续发展的产业。因此,农业产业化的发展,既属"工",又属"农",有利于实现农业结构的

调整,提高农业综合生产能力;有利于农民进入市场、增加收入、带动劳动力有效转移,保障农村经济和社会全面发展。

通过龙头企业、专业市场和合作组织的发展,把分散的小农户与大市场联系在一起。按照市场的需求,通过产业基地的建设,龙头企业的带动,延伸农业链条,实现工商的结合、产加销的一体化,促进农业发展的商品化、专业化、市场化转变。

在这个过程中,传统农区农业产业化的发展需要注意几个突出的问题:

首先,必须重点发展和培育各种"农"字号的龙头企业,发挥其人才、技术、设备、管理等方面的优势,使其更多承担农产品精深加工、销售的作用。提升龙头企业的辐射带动作用,真正发挥其在产业化经营中的"龙头"作用,这是传统农区农业产业化发展的重点,也是发展的难点。

其次,要加强各种中介体系的建设,包括各种专业合作体系、技术推广体系、销售物流体系等,把中介体系发展成为连接分散农民的纽带,成为提供产前、产中、产后服务的有效载体。

再次,农业产业化的发展,必须让农民的收益得到提升,形成企业与农民利益合理分享的稳定分配机制,实现企业、农民都满意的和谐发展之路。

三、以土地流转为条件,推动农业的适度规模化经营

适度规模经营是现代农业发展的一般规律,也是我国发展现代农业的必然选择和趋势。以农户种植不同面积的粮食收益计算为例,5亩以下、5~10亩、10~20亩、20~50亩、50亩以上,粮食平均利润分别为1264元、3082元、5537元、11852元、27329元[①],可以看出农户种植粮食的总收益与农户种植的粮食规模呈现正相关性,这说明种植粮食的收益如果实现了适度规模种植,相比较其他行业的收益,其实并不低。因此现代农业的发展必须适时推动土地流转,引导土地的规模经营、扩大户均经营的土地面积,这样才能提高农业劳动生产率,提高农业生产的人均和户均收入水平。由于人多地少的国情,即便只有5%的劳动力从事农业生产,我国也有6500多万的农业劳动力,平均起来每户农民的经营规模也不到120亩,因此土地流转必须体现适度规模性;受人力成本和生产要素成本上升的影响,每亩的成本随着经营规模的扩大而明显上升,而每亩的产量和收入随着规模的扩大反而降低,从提高产量和收益的角度可以看出并非规模越大越好。

对于传统农区来说,由于人口众多,耕地资源有限,发展规模经营就要

---

① 罗丹、陈洁:《构建新型农业经营体系势在必行》,http://www.qstheory.cn/zxdk/2013/201314/201307/t20130712_248539.htm。

兼顾劳动生产率、土地生产率、农民转移的速度、现有农业技术的配套能力和农业社会化服务水平,突出土地规模经营的"适度"性,实现土地、劳动、资本、管理等要素的最优组合,从而提高农业的劳动生产率、土地生产率。土地规模太小,可以提高土地的生产率,但是会影响劳动生产率,影响农民收入的提高。土地规模过大,可以提高劳动生产率,但是会影响土地产出率,影响农业增产。传统农区确定适度规模的标准应该满足两个原则:第一个原则是从事规模经营的农民,其收益应该不低于当地收入的平均水平,种地收入不低于进城务工经商的平均收入,这样才能保证主要劳动力留在农村从事农业,流转的土地面积不能低于这个标准。第二个原则是不雇佣劳动力或者尽可能少雇佣劳动力,农业生产以农户家庭主要成员为主,这样才能保证农业生产家庭经营的主体性,使得劳动过程和成果相连,保证土地的单位收益不降低、土地的生产率不降低、劳动者的积极性不降低。特别需要注意的是,由于传统农区农民的恋土情节浓厚,以及土地的社会保障功能的存在,土地的流转是一个循序渐进的长期过程,因此必须维护农民土地承包权益,确保土地承包权、经营权的有序流转;必须尊重农民的意愿和选择,按照经济规律的要求,有序引导土地的适度规模经营,绝不能违背经济发展的阶段水平用行政手段强行推进土地的流转。

四、以产业与城镇的融合发展为基础,实现城镇化的持续发展

产业是城镇化发展的根本动力。产业作为城镇化的引擎,牵引力越大带动力越强;城镇是产业发展的平台,其辐射力越强则凝聚力越大。没有产业的发展作为基础,城镇化的发展就会出现"村村是楼房、处处是空房"现象,农民"被上楼""被城镇化"也就不足为奇了。传统农区城镇化要解决的核心问题就是农民的就业和收入问题。因此要让农民安心进城,就要首先解决他们的就业问题,就得有吸纳他们就业的充足岗位,使得各个年龄阶段的人都有事可做。只有产业发展兴旺了,才能从根本上解决人的城镇化问题。实际上,城镇化演变的过程本身就是产业发展的自然过程。城镇化的发展为非农产业发展提供了空间平台。城镇化不仅能推动公共服务的发展,也能够推动生产服务业和生活服务业的发展。因此传统农区城镇化的发展要以产业的发展为支撑,促进产业与城镇的融合发展,让产业的发展成为推动农区城镇化发展的根本动力。

产城融合发展通过解决"产业怎么做""城镇怎么建""人往哪里去"三个相互关联的关键问题,在城乡统筹一体化的指引下,实现产业集聚、人口集聚和城镇发展。

首先,要高标准、高起点编制城镇化发展的总体规划。突出产城一体、

产城共融的规划理念,从城乡统筹的角度谋划和推进区域的城镇化。要根据现有的产业优势和基础,对区域的资源、空间进行优化配置,把区域内产业划分为若干功能区,明确产业定位。在规划上要把特色产业发展和就地城镇化相结合,把产业集群和新型城镇体系建设相结合,避免在城镇化推进中,出现产城脱节、产城发展不能良性互动的现象。通过参与中心城市的生产力布局和分工,实现与大城市的产业对接、市场对接,形成良性的双向互动格局。要严格执行规划,逐步推进,实施"产业向优势区域集中,工业向专业园区集中,农民向社区集中,土地向规模集中"的四集中战略,从而推动产业错位发展、产业集约发展,促进产城高度融合。

其次,要依托优势资源兴业兴城。把培育和壮大具有当地优势资源的产业作为推进新型城镇化的核心和抓手,实现产城共融、园城共建。要围绕农业资源优势,延伸产业链实现就地工业化,通过就地工业化拓展城镇的骨架。按照产业规划和城镇规划、产业适度集中的发展理念,推进产业向工业园区集中,构建若干主导产业的合理分布的格局。通过推进产业向园区集中,加快产业园区的基础设施配套建设,提升城镇化的扩容速度。

再次,按照"后城市化"的理念,发展现代新型城镇体系。通过对城镇的发展定位,提升城镇对于产业集聚、人口集中的功能。在城镇的布局上,要加快构建以主城、组团、集镇、新型社区为主体的城镇体系。围绕城镇化布局推进经济圈建设,通过推进交通空间和信息化网络空间建设,提升城镇化的硬环境,尤其是推进信息化工程,实现互联网、物联网入园、入户全覆盖。同时加大体制创新,强化政府的服务职能,提高办事效率,为着力提升产业园区的软实力和助推产城融合创造必要条件。

五、以就地转移为主和异地转移为辅,实现农业转移人口市民化

实现传统农区城镇化的发展目标,推动农业转移人口市民化,不能只依赖一种方式、一种途径,必须因地制宜、以人为本,既要通过农民工的异地转移实现市民化,更要通过农民的就地就近转移,实现就地城镇化,有效解决"人往哪里去"的问题。

(一)通过异地转移进入城市群,实现异地城镇化

由于传统农区产业基础薄弱、就业容量有限,具有庞大农村人口基数的传统农区劳动力异地转移趋势短期之内难以改变。2013年12月中央城镇化工作会议提出,在"两横三纵"城市化总体规划布局的基础上,逐步发展形

成若干城市群。我国大的城市群,尤其是中国现有的十大城市群①,将是中国城镇化发展的中心,是人口和产业集聚的中心。这些地区所能提供的工作岗位也会更多,发展的机会也更多,收入也会更高,是吸纳劳动力进城就业最有潜力的区域,因此人口向这些地区转移的趋势短期之内不会发生大的改变。异地城镇化主要是通过制度的改革,重点解决农民工的住房、医疗、子女入学等问题,真正让外来进城农民享受到市民化的待遇,获得与所在城市居民一样的权利和身份,公平公正分享城市公共资源和社会福利,全面参与政治、经济、社会、文化生活,实现经济独立、身份认同、社会接纳,使其转得了、留得住、过得好。对于吸纳外来务工就业较多的城市,要积极探索农民工进城就业定居向市民化转变的途径,形成"一人带一家"的转移带动措施,促进在务工城市有稳定收入的农民工带动全家转为市民,创新公共服务管理的理念,提高进城农民能够享受到的公共服务水平。

(二)通过发展小城镇,实现农民就地就近城镇化

就地就近城镇化可以让农民就近得到就业机会,利用空闲时间照顾农田。既可以缓解大城市的压力,又可以推动新型城乡一体化的形成。作为就地化的主战场,中小城镇必须进一步提升发展水平,提高吸纳农业转移人口的能力和吸引力。随着传统农区的经济发展,县域范围内以县城和中心镇为代表的小城镇对于劳动力的需求会进一步增强,提供的非农就业岗位会进一步增多,因此对于劳动力的需求会更多,通过离土不离乡让农民就地城镇化,具有现实可行性。相对于大城市,小城镇对于从业人员的劳动技能要求相对更低、包容性会更强,而进城农民的生活压力会更小,更有利于农民融入城市。对于就地城镇化来说,重点是需要增强县城和中心镇的产业支撑和公共服务的功能,提高其吸引产业集聚、人口集中的能力,提供更多的非农就业岗位,提高农民就地城镇化的吸引力。

六、以统筹城乡发展为手段,缩小城乡发展差距

《中共中央关于全面深化改革若干重大问题的决定》明确了城乡一体化的战略目标,重新定位了城市和农村二者之间的关系,提出了"以工促农、以城带乡、工农互惠"的新型城乡关系。实现城镇化与农业现代化协调发展,必须通过统筹城乡发展,着力进行体制改革,破解城乡二元结构,逐步缩小城乡发展差距,实现二元经济结构向一元经济结构转变。

---

① 根据国家发改委肖金成的研究标准划分,我国目前的十大城市群分别是长三角、珠三角、京津冀、辽中南、山东半岛、海峡西岸、长江中游、中原、川渝、关中城市群。

(一)推进户籍制度改革,切实解决半城镇化的问题

户籍制度改革的总体目标应该是逐步取消城乡二元户籍制度,实现全国城乡户籍的一元化,为农民进入城镇、实现跨区域的流动扫清制度障碍。国家层面首先做出统一的政策安排,提出总体指导原则和方针,各个地方根据本地的资源环境承载力、经济社会发展实际制定具体的户籍制度改革措施、户口转移条件、落户办法,并向全社会公布,让进城农民工根据自己的情况合理安排,形成稳定的预期和希望。

要按照城镇化发展规律,以人为本,尊重农民进城的意愿,优先解决存量、有序引导增量,逐步缩小常住人口与户籍人口两个城镇化率的差距,让符合条件有能力的进城农民有序实现市民化,真正融入城市实现农民身份的转变,提升生活质量和水平。取消农民与市民的身份差别,尽快建立和完善城乡统一的户口登记制度,完善实际居住人口登记制度,建设覆盖全国的人口信息库,为跨地区人口流动服务和管理提供支撑。实施居住证制度,以居住证为载体,对暂时不具备户口迁移条件或者不愿意落户城市的农民工,建立与其居住年限挂钩的教育、医疗、就业等基本公共服务的保障问题,通过与居住年限等条件挂钩的积分落户制度的实施,为有序落户提供条件,享有与居住地居民同等的公共服务,实现同工同酬;同时出台"居住法"等一系列新的法律法规进行配合。在这个基础上逐步形成以稳定的住所和职业为户口迁移的条件,消除城乡二元户籍的藩篱。

在具体操作上,根据城镇化发展的实际进程,目前的主要任务是通过户口迁移政策的完善,重点解决在城镇已经稳定就业和居住的农业转移人口落户问题,提高户籍人口的比重,有效实现市民化。按照"谁收益,谁承担"的原则明确主体责任,合理分摊城镇化的成本;推进公共服务与户口脱钩,逐步剥离附着在户口上的公共服务和福利政策。对刚进入城镇的农民工,在暂时不能解决户口的情况下,先给农民工市民待遇,侧重为他们提供稳定的工作机会,努力做到人口流动到哪里,服务和管理就跟进到哪里。对于城镇常住人口,应该侧重为他们提供公共服务的制度保障,切实保障农业转移人口和其他常住人口的合法权益。城市在制定公共政策时,应该以城市常住人口而不是户籍人口作为政策制定的依据,做到公共服务对于城市常住人口全覆盖。

(二)深化农地产权制度改革,实现城乡土地"同权同利"

土地利益是农民利益的根本体现和农民最大的资产,是解决城乡要素平等交换最为关键的问题。农村土地改革既不是为解决城市建设用地指标,也不是鼓励城市工商资本到农村圈地,其出发点和落脚点只能是增加农民财产性收入,保证农民利益最大化。

加快推进农村土地的确权颁证工作,完善农村土地产权制度。将土地的所有权确权到每个具有所有权的农村集体组织,尽快完成农村集体建设用地、农业用地、未利用土地的确权登记工作,在这个基础上再确权到户。土地确权登记应该加快从集体土地所有权向使用权转变,明确产权主体,明确农民的权益,明确土地的性质。通过确权颁证,为进一步完善土地的处置权、抵押权、转让权等打好基础,促进土地流转。建立农地产权流转交易中心,让权利明晰的农地在交易市场挂牌,推动农村土地产权交易公开、公正、规范运行。

建立城乡统一的建设用地市场,让市场在土地资源的配置中起决定性的作用,激活农村土地的金融属性,实现农村集体土地与国有土地"同权同价",允许集体土地直接进入土地一级市场,使农民能够享有更多的财产权,获得更多的土地红利。要在试点成熟的基础上,逐步推进承包地经营权的抵押和集体建设用地的入市。在符合相关规划和用途的前提下,除了农业耕地之外,包括宅基地在内的农村集体土地都应该实行同权同价,允许以各种方式进行灵活流转。合理有效拓宽农民增加财产性收入的途径,允许农村建设用地用于农民住宅小区建设,用于工业、商业、旅游业投资开发。加快进行修改土地管理法、土地承包法等相关法律法规,制定允许农村集体建设用地规范入市流转的法规条款,使其在合法的轨道上运行,使农村集体土地入市流转不仅获得政策的认可,还要获得法律的保障。

依法保护农民的土地承包经营权、宅基地使用权,赋予农民对于承包地的占有权、使用权、流转权、收益权。使农民对土地的使用权稳定,经营权放开并且进行适当流转,允许农民用承包地的经营权进行抵押贷款;允许农民在不放弃土地使用权的条件下,以土地经营权入股发展现代农业,形成利益分享的合理机制。通过土地信托的方式,将农业用地的承包经营权作为信托财产,委托给信托公司进行经营管理,实现定期获得信托受益。改革完善农村宅基地制度,在试点成熟的基础上,允许农民住房财产权的抵押、担保,允许宅基地作为农民财产进行出租、买卖,实现宅基地使用权与城里房屋产权同等的权利。在坚持自愿、有偿的前提下,慎重稳妥地建立符合农民合理需求的宅基地退出补偿机制,允许农民有偿获得其他村民的宅基地,建立农民通过流转方式使用农村其他集体经济组织宅基地的制度。

要形成依法透明的土地征收制度,让农民有参与权、表决权,建立农民、政府、开发商之间直接协商机制,完善对被征地农民合理、规范、多元保障机制,给予农民公平的补偿。让农民用土地入股以保证土地增值收益中农民的利益,让农民公平合理地分享土地增值收益,确保被征地农民生活水平有提高、长远生计有保障。打破政府垄断征地模式,缩小征地范围,规范征地程序,让农村建设用地直接入市,农村集体用地价格不再是征用土地方单方面决定,要建立合理的利益分享机制,农村集体组织,使农民都可以从中获取收益。同时由于城镇化过程中土地用途的转换所发生的增值在很大程度上是来自于具有"外部性"的城市基础设施和产业的发展,而非土地原使用者对土地的投资,抽取一定比例的土地增值税也具有经济效益的合理性。在土地征用市场化的基础上,引入土地增值税,促进土地利用效率提高和利用结构优化。

必须考虑农民进城以后的现实和长远利益,充分保障进城农民在农村的承包地经营权、宅基地使用权、房产权的合法权益,任何人都无权剥夺。允许农民带土地进城,充分发挥土地对于农民的持续保障作用;或者依照自愿公平的原则,由农民自己对于土地权利做出流转或者处置的决定,建立宅基地的有偿使用、转让、退出的制度,建立进城落户农民在城镇住房保障的机制。只有保障了农民土地财产权,让农民从土地资源中获取更多的财产收益,用获得的收益到城里安家乐业,才能让农民进城心里踏实,留在乡村心里安稳,更好地解除农民市民化过程中的后顾之忧,更快地融入城市。

(三)通过资源配置的均等化,同步推进城镇化与新农村建设

在推进城镇化发展进程中必须同时推进新农村建设,这对于传统农区实现城镇化和农业现代化协调发展具有重大的意义。新农村建设就是要全面推动农业、农村和农民问题,这三个问题相互联系又有自身的特点。农业问题是解决农业发展本身的问题,尤其是农产品的数量和农产品的质量;农村问题是农村区域中所涉及要解决的问题,主要是农村的社会公共服务(比如水、电、路等基础设施,教育、卫生、文化、社会保障等社会事业问题)和生态环境保护;农民问题,表现为农民的经济权利和政治权利。以城市建设为中心的城镇化虽然一定程度上促进了我国经济的发展,实现了农民就业方式的转变,提高了农业生产效率,但是却在很大程度上忽略了农村的发展。事实上城镇化要想进一步向前发展,就必须有效解决农村发展的问题。这是因为就算将来我国的城镇化率提高到70%,非农就业达到90%,农村依然还有30%的人口,生活居住在农村的人口规模将有4亿多,直接从事农业生产经营的劳动力规模还将有1.5亿左右。对于传统农区来说,在农村生活的人口比重,以及从事农业生产经营活动的人口比重会更多。因此必须推动农村的现代化、农业的现代化,让农村和城市一样成为人们安居的乐园。这就要求在提升城市居民生活质量的同时,通过财政的转移支持,更主要的是通过新农村建设来发展农村经济,来实现农村人口生活质量向城市生活质量看齐。这就要求公共财政支出应该把农村作为重点,进行倾斜投入,新增财政资金要更多地向农村倾斜,切实提高农民的教育、卫生、医疗、社保水

平,逐步建立覆盖城乡的社会保障体系。完善机制,引导更多的金融和社会资金投入农村。

第二节 传统农区城镇化与农业现代化协调发展的对策建议

一、加快农产品加工业的发展,延伸农业产业链

传统农区农业基础条件好,依靠农业资源的比较优势,实现农业资源和加工业的紧密融合,发展农产品加工业,延伸农业产业链,进而推动农区的工业化。

农产品加工业是关联性、带动性较强的产业。一方面,由于其对农业的依赖程度较大,与上游的种养殖环节连接较为紧密,农产品加工业的发展可以有效利用农业资源,带动农产品原料的需求,促进农业生产的发展,实现农业结构的调整和优化,把农业、农村的优势转变为产业发展的优势。另一方面,通过向下游产业链的延伸,连接包装、运输、销售等环节,带动第三产业的发展,把农业从简单的生产环节延伸到加工销售环节,最终带来农产品的增值,实现农业发展由粗放型向高效型的转变。现代农业与传统农业区别主要体现在产业结构上:传统农业是以种养业为中心环节,现代农业是包括种养业、加工业、物流业等一、二、三产业在内的完整产业链,其中农产品加工业作为中心环节,起着承上启下的作用,能够实现种养、加工、销售的一体化。现代农业的发展主要是通过农产品加工业的发展进行带动,出路和动力主要也是来自于农产品加工业。

我国城镇化和工业化的快速发展,以及人们收入水平和消费水平的提高,都为我国农业的发展提供了强大的动力和市场需求,推动着我国农业加速发展。农产品加工业已经成为农业产业结构中发展最快的环节,其作为农村工业化的重要组成部分,无论是发展的深度和广度都在逐步增加,目前已经发展成为具有一定特色的产业体系和结构。农产品加工业已经进入高速发展的时期,成为农业产业结构的主体,使得农业产前、产中、产后的地位发生了根本性的变革。虽然目前我国农产品加工业与传统农业的产值比重达到了 1.7：1 的水平,农产品加工业已经取代传统种养业的地位成为我国农业的主体,但是距离农产品加工业与农业产值 8：1 的理想比值还有相当

大的差距,这也说明我国农产品加工业的发展空间巨大。

传统农区农业发展的一个突出问题就是过多侧重种养殖生产环节,而不太重视生产环节之外的加工和流通环节。传统农区农产品加工业整体上还是处于初级产品加工阶段,深加工环节较少,农产品加工环节提升潜力巨大。大力发展农产品加工业,充分利用农业资源优势,挖掘农业潜力,提升农业的竞争力,有利于按照市场的需求,调整农业结构,实现农业种养的专业化、商品化、现代化,扩大农产品的流通、节约交易费用,可以从根本上改善传统农区的经济结构,培育新的经济增长点;通过农产品加工业的发展,可以引导农村劳动力从单纯的种养殖环节的就业,到农产品的加工、运输、销售环节就业,实现劳动力就业的非农化,可以扩大农民就业门路,有效转移农业剩余劳动力,提升农业劳动效率;发展农产品加工业,可以进一步挖掘农产品新的使用价值,能够更有效地开发农业资源的潜力,形成农区具有比较优势的产业;发展农产品加工业,能够提高农业的综合利用效益,为农区的发展积累更多的资金。

传统农区是重要的农产品原料产地,具有丰富的农业资源优势,具备发展农产品加工业的客观优势,农产品加工业的发展正是实现农区产业结构调整,促进经济发展的有利机遇和战略抓手。相对于其他非农产业,农产品加工业对资本的要求不太高,进入的门槛相对较低,容易成为农区工业做大做强的切入点和基础。因此传统农区必须立足农业优势,大力发展农产品加工业,提升农区工业化水平,促进农村经济的发展。

这就要求传统农区在提升农业发展的竞争力时,把农产品加工业作为农业发展的重点,进而实现农业的增效,农民的增收。通过挖掘农业本身的潜力和扩大外延并进,跳出传统农业来抓农业,通过现代工业发展的理念和思维来推动农业的发展,实现农业的现代化与新型工业化的有效结合。在选择农业的种养殖结构和农业发展的重点时,首先要根据农产品加工业的发展来考虑和布局。企业把市场的需求作为目标,选择合适的加工品种。农民围绕加工企业的需要、反馈的市场信息,按照企业的标准和要求选择种养殖品种,改变传统的种养殖结构,形成市场需要什么—企业加工什么—农民种养殖什么的逆向思维,这样既保证了农产品原料的质量和品质,又促进了优质高效农业规模化、标准化的发展,从而对农业发展的重点和路径带来全新的变革,能够有效引领农业生产的区域化布局、规模化经营、专业化分工。政府对于农业的财政支持和投资政策也要相应调整,从重点关注产中的种养殖环节适时地转向产后的加工环节。要高度重视农产品加工企业的培育,政府在大力扶持龙头加工企业发展的同时,要创造条件鼓励各种类型和规模的中小加工企业得到发展,形成较为合理的多元化、多层次的农产品加工体系。

农产品加工企业应该根据市场发展的趋势和规律,进行技术创新,突破技术对于农产品加工的制约,实现农产品加工由初级加工向高附加值精深加工的转变。按照因地制宜、发挥比较优势的原则,企业应该主动依托农产品基地,发展具有地域特色农产品加工业,形成农产品加工业的地域分工,实现农产品加工业与农产品原料的有效结合。同时农产品加工企业要充分加强与农业的上游种养殖环节的利益纽带关系,建立规模化、标准化的农产品生产原料基地,通过下游的包装、运输环节的关联性,积极建立销售网络,打通一、二、三产业,把农业要素和资源有效整合在一起,形成生产、加工、销售一体化经营。与发达地区的加工业相比,传统农区加工业忽视了产品品牌的开发,营销意识和方式比较薄弱和滞后,导致生产出来的产品成为其他企业的原料和包装营销的对象。所以传统农区农产品加工企业不仅要做大企业的规模,增强自身的实力,而且还必须开发出有影响力的产品,加大市场的营销意识和手段,打造品牌的知名度,提高产品的竞争力,扩大自身的市场占有份额。通过发展农产品加工产业集群和相关配套服务,建立农产品加工产业园区,重点突出农产品的精深加工,打造以农产品精深加工业为基础的主导产业。

二、建设优势农产品产业带,增强农业发展的竞争力

传统农区由于技术、资金的限制,以及工业对农业反哺作用的限制,总体上不具备发展高投入、高产出的集约型高效农业的条件;同时农区的大部分城市的规模较小、带动能力有限,总体上也不适宜发展都市农业。传统农区大部分都是我国的粮食、棉花、油料等大宗农产品产区,以及传统的肉蛋奶禽等养殖基地,但是农产品总体上优质率低、产业化水平不高,农业的整体竞争力不强,因此,传统农区发展现代农业就需要把传统的种养殖业标准化、规模化、商品化。通过整合资源,选择优势农产品进行重点扶持,突出产地的品牌化,建设优势农产品产业带,从根本上提升农业的竞争力。

优势农产品带就是根据比较优势的原则,形成的具有一定特色和规模的农产品集中连片的生产经营,自然资源禀赋是前提,区域化布局是基础,市场需求是关键,产业化经营是根本。建设优势农产品产业带,可以实现优质农产品在具有比较优势的区域集中,通过生产经营的规模化,把分散的小农户联合起来,实现资源的优化配置,达到产加销各环节的有机整合,实现农产品多层次的转化增值;可以提高科技进步对于农业生产的贡献率,形成农产品生产的标准化、专业化,促进相关企业的发展。

建设优势农产品产业带应该以提高农产品竞争力为目标,以有效推进农业产业化经营为方向。首先根据各地的气候条件、农业结构、资源基础、

产业前景综合考虑。按照宜农则农、宜林则林的原则,选择本地的优势农产品,建设区域特色鲜明、市场竞争力强的种养殖基地。在基地建设中,需要打破行政区划的条条框框,形成连片建设、连片发展的农产品种养殖基地。分步骤、分重点进行推进,扩大产业带的规模,提升优势农产品生产的集中度,形成若干具有较强影响力的产业带。在优势农产品产业带的建设中,要突出优势产业的选择。所谓优势产业就是能够有效利用农业资源,产业关联度高,特色明显,主导地位强的产业,具有较强的带动效应和关联效应,能够带动农村产业结构的优化。要有意识地打破行政区域的壁垒,把有限的生产要素投入优势产业中,通过产业带的建设,带动农业整体水平的提升。

按照比较优势的原则,调整和优化农产品的品种,多发展"名特优"产品,多发展反季节的农产品,通过打造农产品的品牌提升农产品的价值。把培育、引进、推广优良品种作为发展优势农产品产业带的基础。按照规模化、标准化的要求来进行农产品的生产和管理。通过区域化的布局、专业化的生产、规模化的经营,有效开发竞争力强的农产品。在此基础上,根据不同地区的资源条件、市场发育程度,选择不同的发展模式,通过一村一品,一乡一业等形式,形成区域性的主导产业、优势产业。通过资金、技术等生产要素的统一整合,建设规模大、一体化程度高的优势农产品产业群,实现产业的集群发展壮大。

产业带的建设要特别注重产业链效应,不能只是注重优势农产品的生产。由于农产品产后环节增值空间大,中间利润高,通过产业链的有效延伸,实现一、二、三产业的有效整合,降低交易成本,获取中间环节利润。要通过新技术、新品种延伸生产链,提升农产品的品质,实现生产环节的增值;通过精深加工、系统加工实现加工环节的增值;通过延伸销售链,获取营销环节的增值。

在短期之内,要选择优势最为明显的农产品进行重点扶持,发展为优势农产品产业带,每个农产品带要形成一两个核心产品;重点培育若干个经济效益好、产业基础好的龙头企业,提升对于优势农产品带发展的带动能力。中长期要进一步扩大产业带的规模,加大优势农产品品种的拓展力度,提升产品的品质,延伸产业链条,提升产业化的发展水平,突出农产品的标准化、规模化的优势,突出品牌的影响力和带动力。把原产地品牌作为农产品市场开发营销的着力点,提升产品的市场占有率。

建设优势农产品产业带,必须让农民从中得到收益,这样才能使农产品产业带获得持续发展。健全的利益机制是保障优势农产品产业带形成的核心和关键,通过建立合理有效的利益机制,使产业带中的各个主体都能获得相应利润,确保农民利益增加。

三、构建以地级城市为依托,小城镇为支点的城镇体系

(一)突出地级城市的依托带动作用,完善区域性中心城市的功能

传统农区的地级城市本身具有很多优势:第一是区域辐射带动优势。地级城市具有相对合理的城市布局,较为完善的城市基础设施,比较系统的城市运行机制;同时地级城市和周围的县城构成的是一个开放的城镇体系。第二是产业体系优势。地级城市具有完备的产业体系,比较低廉的要素成本和相对完善的配套基础设施,制造业的承载空间较大,具有发展制造业的比较优势。第三是中间突破优势。地级城市作为一个地区的中心节点,是人流、资金流、信息流、物流的汇聚点,是承接产业转移和人口集聚的重要平台,能够沟通上下,辐射周围。所以传统农区城镇化战略必须突出地级城市的发展活力,增强其城市的承载力,做强人口百万以内的中等城市,形成一批带动力强的区域性中心城市,这样就可以容纳更多的农业转移人口,承接一线大城市的辐射,带动区域性城镇化体系的发展,带动县(市)和中心镇的发展升级。需要强调的是,强化地级城市的战略依托和区域中心作用并不是要增加其行政管理的层级和成本,更主要的是强调传统农区城镇体系的发展,强调的是区域城镇化的发展理念。

(二)构建以小城镇为支点的城镇体系

县城和中心镇是推进传统农区就地城镇化的主要载体,合理的空间组织结构是城镇体系顺利发展的前提,完善的产业布局则是城镇持续发展的基础。通过规划引导,构建"县城—中心/特色镇—建制镇—农村社区"层次清晰的城镇体系结构,打破低水平均衡城镇空间格局,形成县域范围内县城中心高度极化、中心城镇支点集聚,社区有机分散的非均衡式城镇化空间组织模式。通过构筑县域范围放射状干线网络,缩短各层级的时空距离,促使产业和人口向县城中心城区、中心镇集聚。同时依托发达的交通条件,对接周边省市交通干线,提升区域资源要素流动效率。

按照十八大提出的"五位一体"的发展目标进行产业规划、人口规划、城镇布局规划、生态保护规划等,在规划中尤其要保护具有文化特色和历史传承的古迹和村庄。加大县城土地综合开发的深度,提高县城中心城区发展的集约度和辐射能力;加强政策引导、产业引导、观念引导,推动产业布局优化调整;有选择地发展重点小城镇,增强小城镇承接产业转移的能力,通过产业的发展提供更多的就业岗位,以就业岗位带动人口集聚,引导人口就地就近转移,实现人口合理均衡的分布。

充分发挥政府和市场的"双轮驱动"作用,形成"政府引导,市场主导,社会参与"的融资平台,有效解决城镇建设资金缺乏的问题,破解"钱从哪里

来"的难题。通过机制创新,让市场在城镇基础设施建设和公共服务中发挥作用,尤其需要激活民间投资主体参与城镇化的活力,形成城镇建设资金来源的多元化。

四、加快县域经济和镇域经济的发展,促进农民就地城镇化

农民就地就近就业,形成合理的城镇体系和人口布局,才能实现真正意义上的人的城镇化,必须把解决"人"的城镇化作为突破口,着力探索"人本城镇化"的道路。县域城镇化是传统农区城镇化的最后一公里,也是实现就地城镇化的主战场。有效推动县域经济和镇域经济的发展,以县城为龙头,中心镇为支点,是实现农民就地城镇化的根本出路。

(一)做大做强县城,突出其对县域经济的龙头作用

县域经济发展的"龙头"是县城,县城是离农民心里最近的城市形态,是城乡交汇的结合点,在农民心里至少进入县城才算是进城,才算是"城里人"。县城作为有效连接城市和农村的"桥梁",是县域经济发展的中心极,是县域范围非农产业和人口集聚的中心,起着"蓄水"和"分洪"的作用。因此传统农区城镇化水平的提升,县域经济的发展,最大的潜力在于县城这个龙头作用的发挥,关键的切入点就是要做大做强县城,使县域范围内大部分的非农产业、人口、学校、医院等集中在县城之内;把区位优势明显、资源承载能力强、条件优越的县城发展为中小城市。根据实际统筹规划产业分布和人口分布,突出城市特色和个性,综合考虑公共设施的合理布局,做大县城中心城区,带动产业落地,提高就业容量。抓住产业由东部向中西部转移的战略机遇期,加大招商引资力度,积极承接产业转移,以产业集聚区为抓手打造县城产业发展的平台,促进产业发展,切实提升县城吸纳就业能力、聚集人口的能力。做大做强县城,推动以县城为中心的极化发展,让资本、人才、技术向县城集聚,一方面可以避免由于县城镇规模狭小,土地和资源的浪费,带来无序发展的"农村病";另一方面又可以避免规模过大、承载力过重、污染严重的"城市病"。因此只有抓住县城这个"牛鼻子",实施"小县大县城"战略,拉大县城发展的城市框架,有效承接产业转移,才能实现农民就地创业和就业。

做大做强县城,必须注意两个方面的问题:第一,做大县城绝不是"摊大饼"、乱圈地、造新城,首先必须有产业的支撑,使得县城发展为进城农民的"乐业"之地。通过做大做强二、三产业为农民提供就业机会,尤其是必须做强能够充分发挥传统农区比较优势的现代工业,没有一定规模的工业发展,第三产业也难以得到发展。第二,做大县城不单是人口数量和规模的增多,必须解决县城的基础设施和公共服务,让县城发展为进城农民的"安居"之

地。县城如果能够成为"安居乐业"之地,那么城市规模的扩大、人气的兴旺也就是发展的自然结果。因此传统农区县城必须加快改革,增强产业支撑、完善服务功能,让进城农民留得住、留得下。

(二)依托产业支撑,重点发展中心镇

在县域范围内选择若干实力较强、产业优势明显的中心镇予以重点发展,使中心镇成为农区城镇化进程中有效响应县城的节点、县域范围的次级中心、人口集中的新主体、产业集聚的新高地。虽然从行政级别上中心镇与周围乡镇是平级,但是其最明显的是产业集聚的优势、人口集中的优势,因此规模优势要明显高于周边的乡镇,能够对周边乡镇起着辐射带动作用。中心镇的选择和形成,首先是背后一定要有大的产业、大的项目、大的园区来支撑,要通过发展具有当地资源优势的主导产业,尤其是使特色产业的发展成为中心镇发展的动力,而不是通过中心镇的建设带动产业的发展。中心镇的一个主要职能就是作为农业产业化服务的基地和农业科技推广的中心,必须充分发挥对现代农业的支撑作用。通过加大基础设施和公共服务的配套建设,提升中心镇的吸引力和辐射力。新型农村社区作为城镇体系的末端,是农民就地城镇化最直接的方式。新型农村社区的建设应该靠近城镇、靠近园区、靠近商贸市场。依托龙头企业和工业园区的发展,农民可以就近选择就业方式和生活方式,想种地的可以成为新型职业农民,想打工的可以进入工业园区。

五、积极承接产业转移,加快工业化发展进程

目前,传统农区发展面临的主要任务是工业化,这是传统农区经济社会发展不可逾越的阶段。随着东部沿海地区产业结构调整以及技术的升级,产业转移的力度也在逐步加快,产业转移的来源地也相对集中于长三角、珠三角以及环渤海经济圈。传统农区积极承接东部地区的产业转移,有利于发挥农区优势,尤其是劳动力资源和农业资源丰富的优势,有利于加快农区的工业化进程,助推城镇化和农业现代化发展,实现农区的跨越式发展。

首先,传统农区承接产业转移时绝不能以牺牲耕地和环境为代价,不能以招商引资额和项目的多少为标准,不能把"招商驱动"变成"招商冲动"。必须"有所为,有所不为",要认真研究产业转移的规律和特点,做出符合农区自身实际的产业承接规划,突出承接产业的重点,有所承接,有所不承接。承接的产业转移,应该有利于农区生态环境的保护,有利于带动劳动力的就地就业,有利于农业资源的开发利用。承接产业转移的重点应该立足于技术密集型、劳动密集型的产业。应该利用发达地区的技术优势、信息优势,立足于本地资源的优势,形成农区具有比较优势的技术领先、信息化水平高

的主导产业和支柱产业。要切实转变政府职能,营造好的招商环境,规范市场秩序,要通过"富商""亲商"大力培育和吸引本土的投资者,由被动"招商"变为主动"选商"。

其次,找准特色,以优势资源吸引相关产业发展,围绕主导产业和支柱产业承接产业转移,带动农区工业化的突破性发展。承接的产业,要选择和本地资源关联度高、收入弹性大、带动能力强的产业。通过"嫁接式"而不是"移植式"的产业转移,充分利用本地优势资源,有效推动本地工业的发展。借助产业转移,把本地的资源优势转化为产业优势,进而加速培育和发展本地的主导产业。通过引进技术先进的制造业,形成具有本地特色的支柱产业。通过财政、金融的支持,重点引进与本地优势农产品资源相关的产业,劳动密集型和技术密集型的产业,具有广泛发展前景的产业,并且要保证这些产业获得优先发展。通过信息技术的渗透作用间接提升农区工业化发展的水平。对于本地已经进入衰退期的产业,应该限制其发展,通过原有企业的淘汰以及技术的更新改造,加速产业结构的调整,实现人口、环境、经济的协调发展,推动农区工业的发展从资源依赖型向技术和知识支撑型转变。

再次,打造产业转移平台,完善基础设施,提升产业配套能力。按照大项目—产业链—产业集群—产业基地的思路,促进产业转移,促进产业结构调整。要突出产业集聚区的集聚效应,把产业集聚区打造为功能齐全、配套完善、有效承接产业转移的平台,推动农区产业发展的集约效应、规模效应、技术溢出效应,大幅度降低生产成本和交易成本,实现产城互动发展。

利用产业转移的机遇,大力促进产业集群的发展,进而提高资源的利用效率。实现产业的集群发展,重点是通过承接的产业转移,建立生态工业园区,实现生态和环境成本的最小化。通过建立生态工业园区,以循环经济为核心,大力发展生态工业,形成"农业—生态—工业"健康循环发展,进而延伸产业链,带动相关产业的发展,降低发展的成本,使整个农区工业化能够健康持续发展。通过生态工业的发展,促使农业链向工业、服务业延伸,在城市和农村之间形成多层次、多样式的联系,带动城乡之间资金、技术、信息的有效流动,促进城乡一体化的协调发展。

六、构建新型农业经营体系,提升农业现代化发展水平

随着工业化城镇化的快速发展,传统农业向现代农业转变,传统农区必须适应新形势、新要求,加快构建新型农业经营体系,提升农业现代化的发展水平。

(一)加快培育以农户家庭为基础的适度规模经营主体

农户家庭作为一个特殊的生产单位,其家庭成员利益一致、责任心强、

主动性高,可以有效解决农业生产过程中的合作、监督、激励等问题,就算在农业发达的国家,家庭经营的比例也在85%以上。对于传统农区来说,培育和发展以种养大户和家庭农场为主的新型主体,实现农业生产经营的专业化、规模化、现代化:一方面,可以解决谁来种地、怎么种地的难题,加速实现农业的现代化;另一方面,可以进一步保持和完善我国农村的基本制度,发挥农业生产的家庭优势,避免农村土地过度流转、农村社会结构变动过于剧烈所带来的问题,进而保持农村社会的和谐稳定。因此要健全针对各类新型农业经营主体的支持政策,促进土地有序流转,逐步完善政策设计,使得新增农业补贴、新增支农政策向新型主体倾斜,并且逐步加大政策支持力度。

(二)注重引进和培育涉农企业

引导龙头企业积极推动现代农业的发展,支持和鼓励龙头企业提供种养业产前、产中、产后相应环节的专业服务,发挥其引领辐射作用。尤其要鼓励涉农企业进入农民个体和专业合作组织做不成,或者做不好的环节,以及现代农业发展的关键环节和薄弱环节,比如良种培育繁殖、农产品物流营销以及规模化、标准化有示范带动作用的种植(养殖)基地的建设。要限制涉农企业长时间、大面积租用农民的土地进行种养殖,限制仅仅是雇佣农民打工而对农民没有辐射带动的企业,以及与农民形成利益竞争关系,对于农户家庭进行"排挤"的企业,必须保证现代农业的发展过程是以农民为主、使农民增收的过程。

(三)提升各类农业专业合作组织的发展水平

农业专业合作组织最大的优势就在于保证土地承包经营权不变、农户家庭经营主体地位不变的基础上,实现农户生产经营的横向联合。农业专业合作组织在为农户提供产前、产中、产后服务,以及维护农民的市场主体地位方面,所起的作用非常明显,可以从根本上改变传统农区分散超小家庭经营的弱势现状,提升农民的收入水平和市场的谈判能力,因此必须加快各类专业合作组织的发展,强化专业合作组织扶持力度。一方面,提升合作组织对农户的吸引力,支持合作组织兴办的农产品加工企业,积极延伸产业链,提升农产品附加值,增强自身的发展能力。另一方面,要特别注意发挥小型地缘性专业合作组织的凝聚力,同时发挥大型跨地域专业合作组织开拓市场的优势,支持同类合作组织突破区域限制,实行更高一层的联合与合作,解决农产品供给和需求失衡的市场结构,从根本上破解农产品流通体系滞后的难题。发展专业合作、股份合作等多种形式的农业合作组织,密切合作组织与农民之间的利益连接,加强制度建设,完善合作组织的运行机制。

(四)完善农业社会化服务体系

由于农业生产经营的不同环节可以相互分离,通过专门的机构和组织为农业生产提供服务,进而实现专业化的分工、社会化的协作,能够促进现代农业发展的科学化、机械化、标准化、集约化水平大幅度提高。尽管传统农区已经建立了庞大的公益性农业服务体系,但是总体上来看,现代农业发展所需要的教育、科研、技术与实际依然脱节,服务机制还不健全,尤其是服务体系部门的横向分割和纵向之间的难以贯通显得尤为突出,所以单纯依靠公益性服务体系很难满足现代农业发展所需要的多样化的生产经营需求。要按照发展现代农业的要求,构建便捷高效、全面覆盖、发育完善、主体多元化、形式多样化、竞争有序的社会化的农业服务机构和组织。大力发展以生产经营性服务为重点的现代农业服务体系,突出商业化服务体系的作用,尤其是在良种培育、生产资料供应、农机服务、农产品储藏、加工和营销环节。增强和完善公益性服务机构发展的能力,拓展其公益性的服务功能。对于传统农区来说,由于商业性的服务主体起步晚、发育迟缓,因此需要特别加强龙头企业的培育支持,重点发展一批辐射面广、带动能力强的龙头企业。

(五)培养职业农民

吸引青年流向农村、流向农业,把培养职业农民作为人才培养的一部分,发展起强大的职业农民队伍。着力培育新型职业农民,尤其是让更多的"80后""90后"年轻人进入职业农民的队伍,通过培训和学习让他们逐步成长为有技能、会经营、懂管理的职业农民,成为农业生产经营各个环节的能手。让农民成为有体面的职业,让农业成为有奔头的产业。

七、建立现代农业综合试验区,探索现代农业发展路径

虽然很多地区根据当地的资源禀赋特征,对现代农业进行了积极的探索和尝试,取得了一些经验和做法,但是大多数都是依靠政府财政投资,更多的是尝试某一方面的改革试验,并没有形成总体的效果,其形成的经验因而也不具备大范围推广意义。借鉴设立经济特区的成功经验,国家应该在中部的传统农区,尤其是在中部平原农区选择一片面积上万平方公里、数千村庄、人口几百万甚至上千万的典型农业大市作为实验样本,建立现代农业综合试验区,以便总结经验、逐步推广,积极有效、全面系统地探索现代农业的发展路径。

在传统农区建立综合试验区的意义主要体现在:首先,这是立足我国农村人口众多、村庄分布散乱、土地零碎分割、农民的组织化程度较低、城乡二元结构存在的现实情况下,通过试验区的先行先试,探索适合我国现代农业

发展道路的实际需要。其次,这是突破现代农业发展瓶颈和约束的需要,尤其是目前我国发展现代农业的各项政策不配套、农业生产加工销售之间的脱节、制度创新和产业发展之间的不同步,农业资源效率难以优化,劳动生产率和土地生产率难以提高等。再次,这是促进传统农区经济社会加快发展、协调发展的需要。

通过建设建立综合试验区,可以更好地探索现代农业发展的路径,总结经验进行推广,这对于推动传统农区整体加快发展,发挥农业资源的比较优势,统筹城乡协调发展,具有明显的示范带动意义。

建设现代农业综合试验区,应该以科学发展观为指导,充分贯彻党的十八大和十八届三中全会精神,突出工业对于农业的支持力度,理顺城市与农村的关系,以生产的社会化、农民的合作化、农业的产业化、城乡的一体化为方向。最大化地突出农民的主体地位,创造条件发挥农民的聪明才智,强化科技对于农业增产增效的支撑力度,完善农业的社会服务体系。实现三产有效联动,试验区建成生态环境友好区、城乡统筹先行区、制度创新试验区、现代农业发展示范区,为传统农区的农业发展积累经验,指明方向。

综合试验区的建设要坚持以下原则:一是要坚持现代农业的"四性"建设原则,也就是要侧重现代农业建设的基础性、现代性、可持续性、组织性。二是要坚持现代农业发展集成创新的建设原则,也就是通过把发展的理念、资源的配置、经营管理的方式、政策的支持等若干方面整合为一体,展开全方位的试验和创新。三是要坚持"齐头并进"的原则,也就是要把农村、农民、农业融为一个相辅相成的体系,通过新型农民的培育、现代农业的发展和新农村的建设,进行整体全面推进,真正破解"三农"面临的诸多交织在一起的难题和困境。四是要坚持城乡统筹的原则,要构建城乡发展一体化的全新格局,打破城乡二元结构,加速推动城乡统筹发展,为现代农业的发展注入活力。

在具体实施方法上,综合试验区应该通过循序渐进的方式逐步推进,通过局部点和线的试验创新,再推广到整个试验区范围,实现点线面的全面贯通,最终提升整个试验区现代农业的发展水平和层次。首先,以点为范,也就是在试验区范围内,选择农业基础条件好、农业基础设施完备、交通便捷的某个县(市)作为实验核心区推进现代农业的全面性、综合性的创新和试验,进行率先突破,大胆探索现代农业发展的路径和方法。其次,以试验区的主导产业为纲,通过产业化的布局和发展,突出粮食、蔬菜产业的重点发展,形成商品化、标准化的现代产业体系。再次,全面拓展,把在核心示范区取得的经验在整个农业综合试验区展开。争取把综合试验区建成传统农区现代农业发展的样板区、示范区,有效带动传统农区现代农业的发展。

八、实行针对性的扶持政策，建立利益补偿机制

由于发展过程的滞后性，以及功能定位的特殊性，传统农区的发展完全依靠经济的自发演进和自我调节很难有效解决城镇化与农业现代协调的问题，必须依靠中央政府强有力的政策扶持，建立有效的利益补偿机制，才能加快改变农区发展滞后的现状。传统农区在提升粮食生产与保障粮食安全上的潜力很大，因而需要给予粮食等大宗农产品生产的政策支持，对传统农区实行针对性的差别政策，发挥农产品主产区的特殊作用。加大对于传统农区的财政转移支付力度，加大对于商品粮大县、粮油畜牧生产大县的奖励补助力度，降低或者取消粮食生产大县用于粮食生产项目的建设资金，鼓励更多的企业以多种方式在传统农区投资，建设粮食等农产品生产基地，发展农产品加工业，把农产品增值的环节更多地留在传统农区内部。加大政府投入的力度，直接投资民生工程、重大基础设施建设；通过财政转移等多种方式减小农区与其他区域之间的发展差距，逐步实现不同区域的民众享有均等化的基本公共服务。

第八章

传统农区城镇化与农业现代化协调发展的案例分析

由于各自的地理位置、历史起点、资源禀赋不完全相同,在实现城镇化与农业现代化协调发展的过程中,各地实现城镇化与农业现代化协调发展所选择的具体路径应各有不同,协调发展的模式应各具特色。传统农区有很多地方从本地实际出发,实现了城镇化与农业现代的协调发展、稳步发展、持续发展,走出了具有样本意义的路子。对这些地区的成功经验进行归纳和总结,对推进传统农区城镇化与农业现代化协调发展具有较好的借鉴意义。

第一节　农业产业化带动型——以农业大县潇川县为例

作为传统农业大县的潇川县,通过农业产业化的发展,带动了县域工业化的发展,进而有效实现工农对接,互动发展;通过拓展城镇发展空间,促使资金、技术、人才向县城、中心镇、新型农村社区有序流动,形成产业和人口的空间集聚和集中,实现了产城有效互动,成功走出了一条传统农区城镇化与农业现代化协调发展的新路子,对传统农区实现协调发展具有典型的借鉴意义和启示。

一、潇川县概况和发展背景

(一)潇川县概况

潇川县位于信阳市的中部,大别山北麓,淮河南岸,全县总人口84万人,

2012年城镇化率达到42.9%,高于河南省的平均水平。全县面积1660平方公里,其中耕地面积为62.19千公顷,人均1.41亩。2012年全县实现生产总值162.7亿元,第一产业增加值为49.6亿元,其中粮食产量达到13.5亿斤,连续实现九连增,多次获得"全国粮食生产先进县";第二产业增加值58.1亿元,其中规模以上工业增加值为36.1亿元,第三产业增加值达到55亿元,形成了较为明显的"二三一"的产业结构,工业主导作用相对巩固。社会固定资产投资达到129亿元,公共财政预算收入达到3.7亿元,城镇居民人均收入为16848元,农村人均纯收入为7603元,社会消费品零售总额达到57.7亿元,万元生产总值能耗下降3.2%,人口自然增长率控制在5.24%,全县初步呈现出城镇化与农业现代化协调发展的良好局面。

(二)背景分析

潢川县经济社会结构具有典型传统农区的特征:矿产自然资源短缺、农业产值比重过大、经济欠发达、财政收入较低等多重因素交织在一起。作为一个农业大县,潢川的农村人口比重达到57.1%,农业从业人员的比重达到57.3%,而农业增加值占比仅达到30.5%。因而农业、农民、农村问题是潢川县经济社会实现协调发展面临的最为突出的问题,也是潢川经济实现又好又快发展必须解决的关键问题。作为农业大县,要实现协调发展,潢川县就必须走"不以牺牲粮食和农业、不以破坏环境和生态为代价"的发展之路,这个前提条件就限定了潢川县的发展必须以农业的发展为立足点,把小农弱农做成大农强农;其次作为经济欠发达的地区,潢川县第二产业增加值占GDP的比重仅为35.7%,第二产业的发展水平,尤其是工业发展水平还相当滞后,工业化进程处于起步阶段,尤其是经济带动能力强的重化工产业还没有完全布局展开。这一现实因素决定了潢川要想实现跨越式的发展,就不能跳过工业化充分发展的历史阶段,而必须结合本地实际选择走新型工业化的发展道路,进而实现工业化发展的历史任务。潢川县具有充裕的劳动力资源、良好的农业基础条件,以及通畅便捷的交通、得天独厚的区位等优越条件。在这样的背景和基础上,该县牢牢把握自身的农业优势和资源优势,尤其是通过种养业来发展农产品加工业,延伸拓展农业产业链,最终形成了以农业产业化带动工业化,通过工业化的发展推动城镇化,形成了多方"共赢"、劣势变为优势的协调发展局面。这既是基于自身条件做出的"被逼无奈"的选择,也是充分发挥自身优势"水到渠成"的结果。

二、思路选择和具体做法

(一)思路选择

当地政府和群众牢牢把握"农业大县"这一基本县情,把发展农业产业化当作切入点,围绕"工农互动、产城互动"选择发展思路。首先,该县立足于农业资源优势的基础,通过农业内部结构调整,积极引导农业规模经营,为工业的发展提供有力的基础支撑。突出农产品的精深加工,延伸拓展完整的"龙型经济",形成了成熟的"公司+基地+农户"的农业产业化模式。发展起花木、中华鳖、生猪、羽毛、水产品和粮油加工六大特色经济板块,出现了华英集团、黄国粮业等龙头企业,形成了具有较强竞争力的食品工业,成功地实现了工农融合,由单个的企业发展上升为产业的发展,由特色经济的发展上升为板块经济的发展,由集中的发展上升为集群的发展。这种转变在提升潢川县本地的工业发展水平、为农业结构调整提供动力的同时,又增加了农民收入。其次,借助于潢川便捷的交通、优越的区位,通过基础设施投入的加大、城镇体系建设的提升,城镇发展空间的拉大,政府有意识地引导产业集聚,实现了经济技术开发区、产业集聚区、城市拓展区"三区互动"的格局。再次,通过推进"潢光一体化"、延伸县城的框架、带动中心镇的发展、促进新型农村小区建设思路的创新,促进人才、资金、信息等要素集散节点的形成,实现人口的集中居住、土地的集约利用、非农产业的集聚发展。

(二)具体做法与效果

1.强化农业发展的基础,提升现代农业综合发展能力

依靠各类农业产业化龙头企业的带动、完善的社会服务体系,引导农业朝着基地化发展、产业化发展、系统化发展、标准化发展,进而形成若干各具特色的农产品基地。第一,突出本地的农业特色。围绕各类农业龙头企业,集中建设能够连成一体、布局优化、彰显特色的农产品生产基地,打造各具特色的农业板块,为下游的加工企业提供源源不断的"原料"。现在,潢川县是全世界最大的樱桃谷鸭养殖基地、全国农业标准化示范县、禽类生产示范基地、无公害农产品生产基地、生猪调出大县,特色农业收入对于农民收入的贡献超过50%。第二,通过土地流转实现规模经营。潢川在全县范围内较早建立了完善的土地流转服务体系,实现了"县有中心、乡有站所、村有网点"的网络结构。全县流转土地73.3万亩,其中在花木、粮油两个产业实现土地流转4万多亩,发展流转大户达到975个,农业机械化率达到55%,初步实现了特色农业生产的基地化、规模化。第三,拓展特色农业新功能。以花木产业为例,全县100多家园林公司实现融合发展,依托万亩花木精品园建设,使花木生产基地由单一种植基地向餐饮、娱乐、观光展销于一体的多功能基地转变,大幅度地提升了花木的经济效益。第四,健全社会服务体系。目前该县各类专业合作社发展到729家,入社农户6.7万人,占到全县农户总数的45%,并且组建了茶叶、花木、甲鱼、华英鸭和农机五类十家专业合作联合社及总社,同时强化了农技推广服务体系的建设。

2. 突出龙头企业的带动作用

以食品工业为重点,加强产业集聚区建设,引导龙头企业集聚发展,通过龙头企业的发展带动食品工业发展。第一,突出品牌建设。通过各种途径引导资金、技术、土地、人力等生产要素向龙头企业流动,着力做大做强龙头企业,重点发展华英集团、黄国粮业、潢绣集团、裕丰粮业、明业食品、中兴面粉等龙头企业。目前,该县产业化龙头企业已经有 61 家,其中"华英农业"成功上市,集团产值达到 64 亿元,黄国粮业已经发展成为全国最大的糯米粉生产企业。在龙头企业的带动下,潢川已经形成了以食品工业为主的工业体系,食品工业占到全县生产总值的 80% 以上,吸纳劳动力 16 万多人。第二,加强产业集聚区建设,完善产业配套,推动项目集中、企业集聚。县城西部的产业集聚区占地 10.6 平方公里,基础配套设施完善,初步形成了华英工业园、康缘食品园、中川水产园、黄瓜科技园、闽商食品园、甾体科技园六大"园中园"的集聚发展,五大产业的龙头企业全部集聚在园区内,进驻企业 66 家,主营业务收入达到 91 亿元,年产值占全县规模企业产值的 70% 以上,实现利税 10 多亿,吸纳就业员工达到 3 万余人,集聚效应日益显现,已经成为县域经济增长极。县城东部的火车站物流园区,集聚企业达到 80 多家,包括中储粮、中石化、中石油等央企的仓储物流直属库,华英集团、康缘食品、中川水产等企业在物流园区发展冷链物流,物流园区初步形成了区域性、综合性的仓储贸易中心。东西两大产业集聚区,已经成为支撑产业发展的制高点,县域经济的增长极。第三,拉长产业链条,进行产业化经营。依托特色农业集群发展和龙头企业的带动作用,加大主导产业内部上下游之间、主导产业与配套产业之间的纵向和横向联合,形成了鸭、花、猪、羽毛、水产、粮油六大产业链,目前六大产业链产值占到全县生产总值的 90%。例如华英集团围绕樱桃谷鸭,集中了孵化、养殖、饲料、屠宰加工、熟食加工、羽绒加工等环节,发展一体化的产业链条。黄国粮业以糯米粉为主导,以糯米淀粉和糯米蛋白及多肽为高科技产品,以休闲、方便食品为终端产品发展的产业链条。第四,做优品牌,加强创新。该县依靠创新和品牌打造了华英鸭、潢川金桂、黄国水磨糯米粉、光州茗茶等名牌产品。例如华英集团拥有中国鸭业研发中心博士后工作站、肉食品检验检测中心,在行业内始终保持技术上领先。黄国粮业先后制定了糯米粉地方标准和国家标准,"中国汤圆黄国粉"已经成为业内共识。

3. 推进县城中心城区、重点乡镇和新型小区建设

通过拓展城镇发展空间,提升城镇功能,促进人口和产业向城镇集聚,完善具有地方特色的城镇体系。第一,围绕"建成区面积 50 平方公里、人口 50 万"的规划目标,拉大城区框架,增强承载能力。以京九大道、潢河两岸、工业大道为中心,实现中心城区与开发区、产业集聚区三区融合发展,推进潢川和光山两个县城区对接发展,拓展城区空间,实现产城互动。突出"水城花香,秀美潢川"这一定位,以县城区的小潢河为轴线,做好"水"文章,通过沿岸治理工程,使之形成城区中心景观带,形成"一水中流,两城对峙"格局,以水秀城、以水兴城,不断提升县城区的品位。目前县城建成区面积已经达到 41 平方公里,被评为省级园林城市。第二,重点发展中心镇,使之成为城乡统筹发展的重要支撑点。以乡镇中的首位集镇建设作为小城镇建设的重点,突出特色产业、优势产业发展,加大扶持力度,积极引导农民就近就地转移。例如双柳树镇通过挖掘人文和自然资源,积极打造文化旅游名镇,利用区位和商贸传统优势,积极打造商贸重镇,该镇区目前已经建造成了一个占地 1 平方公里的商贸物流区,六个专业市场,建成了四个可以容纳 5000 人以上的新型小区,初步形成了产业集聚、人口集居、功能完备的小城镇。第三,大力建设新型农村小区,破解就地城镇化的瓶颈约束。新型农村建设面临很多难题,比如资金不足、征地难、设施落后、就业无着落,在这方面该县进行了大胆的探索,取得了突破。一方面,构建了农村信用担保体系,发展农村新型金融组织。例如爱国村成立的全县第一家资金互助合作社,总股金达到 2000 多万元,贷出 1200 多万元,既缓解了小区建设资金的不足,又支持了该村花卉种植产业的发展。另一方面积极推进"四个置换":以土地换社保、换住房、换就业、换固定收益。以桃园康居新区试点为例,该小区建设了包括商业街、蔬菜批发市场、农民居住区集于一体,占地 200 亩、容纳 800 户的新型小区,有效破解了在新型小区建设中用地难、资金难、拆迁难、就业难等问题。依据"科学规划、量力而行、群众自愿"的原则,按照平原区 5000 人、丘岗区 3000 人的规模,每个乡镇进行一到两个试点,突出小区功能,进而达到"农村变小区、农民变市民",农民就地过上城市生活的目标。

三、经验启示

(一)传统农区协调发展应该立足农业资源优势,加快工业化发展

工业化发展水平滞后是传统农区发展的最主要短板,实现农业现代化的发展、城镇化水平的提升,农村人口的就近就地转移,都需要工业化发展作为动力。传统农区工业化水平滞后不仅是相对于东部沿海发达地区,就是相对于全国平均水平也是相当滞后,即便相对于同区域的非农区来说,也是相当滞后,可以说传统农区发展落后,在很大程度上就是因为工业化水平低。工业化发展落后是这类地区实现协调发展的最大短板,传统农区在实现追赶型发展战略时,绕不过去的一个事实就是必须补上工业化这一课,做大做强第二产业这块"蛋糕"。

从全国总体发展情况来看,我国已经步入了工业化、城镇化加速推进的战略时期,这就为传统农区实现工业化加速发展提供了一个强劲的外部"推力"作用。尤其是在东部沿海地区转型升级、产业转移的大背景下,传统农区工业化水平的提升获得了难得的历史发展机遇。由于传统农区的发展必须是建立在不能牺牲农业和粮食、不能牺牲环境和生态的前提下,这就决定了传统农区工业化的发展不可能也不允许走先污染,后治理的传统工业化路径,在承接东部的产业转移的时候就不能"照单全收、来者不拒"。另一方面,由于传统农区工业化水平滞后、产业基础较差、产业配套能力不完善,以及资金、技术等要素供给的制约,传统农区也很难完全依赖"植入式"的工业化路径创造发达地区在开放早期的发展辉煌。事实上,传统农区大部分地区农业基础都比较好,尤其是很多地区的农业结构都建立在自身独特的资源禀赋基础之上,在这种情况下发挥自身农业的特色优势、比较优势就显得尤为突出。传统农区完全可以根据自身丰富的农产品资源和农业比较优势、丰富的劳动力资源,通过发展农业产业化,形成自身的产业链条,启动工业化进程,进而实现自身的工业化。

　　这样的工业化路径具有几个优点:第一,这种路径是围绕"农"做文章,实现农产品加工由物理形态的变化到化学状态的改变,提升了农业产业的价值,因而基础牢固,不仅可以顺利启动农区的工业化进程,而且由于源源不断的原料支撑,随着产业的升级,其市场优势和竞争优势更加明显。第二,这种延伸式的路径容易围绕当地的优势产品、特色产品找到切入点形成主导产业,进而通过加工运输销售形成产业集群,让优势产品形成优势产业,特色产品基地形成特色产业集聚。第三,这种工业化路径不仅避免了"植入式"企业发展水土不服的难题,而且可以通过对于外来企业进行"嫁接",围绕本地的主导产业定向招商引资,借助外力提升自身工业化水平,实现跨越式发展。第四,围绕农产品延伸的产业,一般都是劳动密集型的产业,而这对于解决农区剩余劳动力问题,尤其是对于不能跨区转移的劳动力实现就近就地转移就业尤为明显。作为传统农区的潢川县正是按照这样的发展路径来启动自身的工业化,并且逐步形成了健康快速发展的态势。

(二)协调发展应该加快农业产业化的发展

　　农业产业化其实就是农业和相关产业之间的联系问题。对于农业发达的国家来说,其农业产业化的结构形式是"公司+农场"的平衡形式,而我国农业产业化的结构则是"公司+小农户"的不平衡形式。由于城乡二元结构的存在,我国农业产业化的企业所面对的市场主要是发达的城市市场甚至是海外市场的竞争。现实情况下,我国的农业产业化的产业链条形成了"V"字形的结构:一头是实行现代经营管理的加工企业,一头是对于农产品的需求处于高端的城市市场,而中间的则是弱小分散的小农户生产主体,这样的链条形式形成了制约我国农业产业化的基本约束,成为解决我国三农问题所面临的基本矛盾。

为了破解这一难题,潢川县一方面做大做强龙头企业,提升整个产业的竞争力,这样企业就可以根据市场竞争的信号,给予分散的农户技术指导、保证了农户提供的原料能够满足需求。同时由于龙头企业的资金帮助和技术支持,农户的生产经营水平就能获得提升,使得农户更多的依据市场信号、企业需求的信号主动地改变种养结构,增强自身的市场适应能力。另一方面,为了提升分散农户的市场主体地位,增强与大企业的市场谈判能力,潢川县通过土地流转,实行适度规模经营,带动农户联合,发展各种形式的农业专业合作组织。因此潢川县农业产业化的发展模式其实就是借助龙头企业的拉动作用,在家庭经营的基础上形成内在推力,对于传统农业进行改造、发展现代农业。

(三)协调发展应该提高城镇的综合承载能力

城镇作为人口和非农产业的空间载体,其综合承载能力的大小,直接影响着引领作用的发挥。对传统农区的大部分县市来说,由于财力限制,没有能力全面展开以新型农村社区为切入点的城镇化发展,同时也没有足够多的非农岗位为转移出来的劳动力提供就业,但又不能等到经济社会发展到足够高的水平再来推进城镇化。在这样的制约条件下,潢川县的实践经验是大力发展县城和中心镇,通过提高城镇的综合承载能力来推进城镇化进程。依据科学规划,产业园区、教育园区与县城区同步发展,拉大县城和中心镇的框架,实现人口和产业集聚。通过基础设施的建造,提升城镇环境和管理水平,完善城镇功能,打造宜居之地,增强城镇的吸引力。

第二节 "回归工程"推动型——以人口大县
固始县为例

作为人口大县、农业大县,固始充分发挥劳动力资源丰富的优势,把劳务经济作为该县经济的支柱产业发展。借助外力积极引导劳动力的有序转移和返乡创业,形成了独特的"固始经济"现象,在这个基础上又孕育出以市场为导向的民营经济,成功走了一条传统农区农业稳步发展,工业快速推进,新型城镇化引领带动的路子,创造了具有典型意义的"固始"现象。

一、固始县概况和发展约束

(一)固始县概况

固始县位于河南省东南部,面积 2946 平方公里,地处河南和安徽两省的交界之处,是华东和中原交融之地,中国南北地理区过渡地带,也是淮河源生态保护区。固始县是河南省五个重点扩权县之一,同时也是河南省五个规划建设的区域性中心城市之一。该县是河南省第一人口大县、劳务大县,也是农业大县。全县下辖 33 个乡镇(办),户籍人口 172.2 万,常住人口 102.4 万人,其中农村人口为 102.2 万人,农村剩余劳动力占到农村人口的 69%。2012 年,全县实现国内生产总值 198.7 亿元,第一产业增加值为 71.6 亿元,第二产业增加值为 68 亿元,其中工业增加值为 55.4 亿元,规模以上企业实现增加值 38.9 亿元,全社会固定资产投资 162.1 亿元,第三产业增加值为 59.1 亿元,社会消费品零售总额 102.9 亿元。城镇人均可支配收入 16578 元,农民人均纯收入 7206 元,城镇化率达到 30.5% 的水平。

(二)发展约束

作为人口大县和农业大县,固始县既承担着保证粮食安全、巩固农业基础地位的责任,同时也面临着促进县域经济更好更快发展的压力,更为重要的是作为河南省第一人口大县,农村剩余劳动力多达 70 多万,有效破解农民就业难题、提高农民收入的压力尤为繁重。然而固始现实的情况是,缺乏煤炭、金属等矿产资源,三次产业发展均处于较低水平,产业结构为 35.7∶34.9∶29.4,第一产业依然占最大的比重,但是农业发展基础很不牢固,产业链条较短。工业经济落后,成为经济发展的"瓶颈",第二产业尤其是工业增加值所占比重较低,县域经济缺乏大规模的工业企业的支撑,发展后劲不足。第三产业处于刚刚起步的阶段,主要是围绕人们生活服务。城乡差距逐渐拉大,农村发展滞后,城镇的发展不能有效带动农村的同步发展。

二、思路选择和具体做法

(一)思路选择

固始县立足人口大县、农业大县实情,经过多年的探索实践,把做大做强劳务经济作为解决"三农"问题的切入点,把劳务经济作为建设区域性中心城市的助推剂。凭借发达的劳务经济,引领外出人员返乡创业,带动非农产业发展,形成富民富县的双赢格局。以加快发展为第一要务,以提高县域经济综合实力和竞争力为核心,以发展新型工业经济、非公有制经济、劳务经济、物流经济为重点,促进城镇化与农业现代化协调发展。

（二）主要做法和成效

1. 做大做强劳务产业，形成独特的"固始人经济"现象

固始当地政府连续 20 多年为劳务经济提供扶持，有力地促进了劳务经济的发展壮大，成功地解决了"人往哪里去"的难题。通过实施"阳光工程"，对农民进行知识和技能培训，为农民外出送上"金钥匙"，提升农民素质，使得劳务输出由体能型输出转变为技能型输出。积极拓展农民输出的地域范围，让农民走出农村、走向全国各地，甚至走出国门。通过实施"金桥工程"，依靠驻在外地的政府组织和机构，推动出外创业的固始人形成规模化、整体化，打造了在全国具有一定影响力的四大劳务品牌：建筑装饰、废品回收、商务会展、水暖器材。通过实施"维权工程"，为外出人员送去维权的"金拐杖"，创新外出人员维权的组织和机制，最大化保证了务工创业人员的权益。经过 30 多年的发展，外出务工经商最终形成了独具特色的"固始人经济"现象①，劳务经济已经发展成为固始县最大、最强同时也是最具有活力的支柱产业，是农民收入最稳定，而且最直接的途径。50 多万外出务工创业的固始人，每年收入 50 多亿元，相当于全县 GDP 的 1/4，是当地财政收入的 8 倍多。外出务工人员中有 1/3 的人已经当上老板，完成了从依靠打工脱贫致富到依靠创业和投资积累财富的转型，外出劳务大军已经成为固始发展的最主要的生力军。2004 年开始，政府因势利导，实施"回归工程"，通过"回归工程"，把吸引外出人员回乡创业作为招商引资的重要内容，通过开发"人矿"资源，搭建创业平台，改变固始发展的软环境和服务水平，为返乡创业人员提供最大化的便利，引发了返乡创业的高潮，使得"固始人经济"成功注入"固始经济"之中，带动了固始经济发展。截止到 2012 年返乡创业的人员已达到 3.7 万人，累计投资 50 多亿元，成立企业 3000 多家，吸纳就业人员 12 多万个。返乡创业的固始人，已经成为固始经济发展的"半边天"。在"回归工程"的基础上孕育出的民营经济，已经成为固始经济最具活力、带动力最强的主体经济形式。

2. 借力"回归工程"推进农业现代化水平

坚持稳粮强农，持续加大农业基础设施建设，夯实农业发展基础，大力促进农业结构调整。固始粮食播种面积一直稳定在 234 万亩左右，每年的粮食产量稳定在 24 亿斤，连续 9 年获得"全国粮食生产先进县"，连续五年获得"全国生猪调出奖励大县"。利用淮河源头生态保护区、国家级生态示范区的优势，大力发展生态经济、特色经济。其中固始鸡、固始鹅、豫南黑猪成

---

① 固始经济是指固始县域范围内的经济发展和总量，而"固始人经济"则没有地域的限制，凡是走出去的固始人创造的企业和经济效益都属于"固始人经济"。

为国家级优质禽种,荣获国家级绿色食品 A 级认证,"嫩头青""王脑"萝卜成为绿色食品商标。农村综合试验区建设稳步推进,豫南黑猪和优质水稻两个产业化集群实现年销售收入 46.5 亿元以上。市级以上示范合作社、龙头企业分别发展到 33 家和 57 家。其中由返乡创业人员陈德宏于 2009 年创办的广德农业高科合作社,流转土地面积 15320 亩,发展社员 2300 多户,是固始土地流转面积最大的合作社,成为"全国农业专业合作社示范社"。

3. 以建设区域性城市为目标,实施城镇化建设的跨越发展

通过完善城镇建设的"一心两翼多点"布局,让"回归工程"成为城镇化发展的助推剂。"一心"是指固始县城区,按照"巩固、提高、完善、发展"的思路,实施城区建设的总体规划,大力推进城区基础设施建设,使得城区功能不断完善,品位不断提升。两翼是指段集镇和三河尖镇,其中段集依靠固始火车站的优势,发展成为固始南部的次中心和物流中心,三河尖镇依托柳编工业城,打造成为"中国柳编之乡"、沿淮重镇。其他集镇成为城镇化发展的"多点",依托各自的优势进行定位。城镇建设开发中,一个关键的问题是"钱从哪里来",固始县的一个显著的特征是人均储蓄率高、藏富于民,其城镇建设吸纳的社会资金高达 50 多亿,而其中 70% 以上的资金都是由回乡创业人员进行投资的。外出回归人员凭借多年的资金积累和实力,抓住家乡进行城镇开发建设的机遇,在政府的统一规划引导下,投资兴建房产、街道、基础设施等,直接参与家乡的城镇建设,加速了固始城镇化的进程。相当一部分外出人员回乡之后,选择在县城以及中心集镇的主要街道购房安家,经商创业,带动城镇人口大幅度上升,因而固始县城也被人称作"由打工者托起的城市"。目前固始县城建成区面积达到 37 平方公里,常住人口 36.8 万人,集镇面积达到 71.2 平方公里,人口达到 30 万人。

4. 实施产城互动,突出产业集聚

通过新型工业化为城镇发展奠定基础,而"回归工程"则成为加速新型工业化的发动机。外出人员经过长期的打工创业积累,掌握了技术、拥有了资金、懂得了管理,成为固始发展的"资金库""人才库""技术库"。回乡创业人员投资 100 万以上的企业达到 489 个,很多企业已经成为富民强县的企业,其中有 18 家已经成为固始的重点工业企业。回乡创业人员万正和依靠固始柳编的历史传统,成立了正和集团,成功把柳编产品打入欧美市场,每年创汇 5000 多美元,成为固始创汇出口最大项目,使柳编成为固始富民强乡的支柱产业,推动了沿淮的 10 多个乡镇发展。外出务工人员周学生利用掌握的针灸银针的生产技术回乡创业建厂,在他的带动下固始已经成为全国最大的银针生产基地,年产量近 6 亿支,带动 2800 多人就业。国内三分之二的水暖器材市场都是固始人建造的,在温州务工的固始人返乡创业建造的

中原水暖器材城,已经成为国内最大的水暖器材制造基地。

三、经验启示

(一)协调发展应该有序引导劳动力转移,发挥劳动力资源优势

三农问题的核心问题是农民收入问题,而农民收入问题解决的关键是农民的就业问题。传统农区由于人多地少的限制,农民就业问题的解决需要两个途径:一种途径是通过农区本地经济的发展,提升工业化的发展水平,扩大非农产业的吸纳就业能力,实现农民在当地就业;另一种途径就是通过发展劳务经济,引导农民有序转移,外出进城务工经商,缓解农区人多地少的困境,解决农民就业问题。由于传统农区城镇化发展滞后,二、三产业发展迟缓,产业基础薄弱,本地就业容量有限,具有庞大人口基数的农民外出,尤其是跨区外出务工就成为解决农民就业问题的现实途径。

通过劳务经济的发展,转移了农村剩余劳动力,提高了农民收入,同时也带动了农村二、三产业的发展,带动了农村经济的发展。大量劳动力外出带回的资金、技术、管理经验是传统农区发展的有效动力。传统农区应该加强劳动力非农就业技能培训,有序转移劳动力,提升本地劳务输出的质量和水平,加强劳务输出的技术含量,扩大劳务输出的影响力,打造输出地的劳务品牌。依据本地农业资源、生态资源等优势资源型产业进行转型升级、技术创新,进而延伸产业链,扩大就业容量,增强本地区对于人口和产业的吸引力,吸引劳动力、资金、技术回流,从劳务输出转变为回乡创业,提升劳务收入的资本化,实现人力优势和本地资源优势的有效结合。作为人口大县、劳动力输出大县,固始县成功地把劳务经济作为切入点,发挥政府的引导扶持作用,早期为农民外出保驾护航,解除后顾之忧,有效地缓解了人多地少、农村剩余劳动力过剩的问题,实现了农民收入的增长。随着劳务经济的做大做强,当地政府又因势利导,搭建平台,积极吸引外出人员返乡创业,使他们成为城镇化与农业现代化协调发展的资金库、技术库、人才库,让"固始经济"的发展与"固始人经济"的发展实现有效融合。

(二)协调发展应该实现产城融合发展

以产业发展为基础,实现城镇化与产业发展的良性互动,城镇化与企业的融合发展,利益共生共享,才能推动城镇化持续健康发展。传统农区的发展不能再走"村村点火、户户冒烟"的老路,更不能走以牺牲农业、牺牲环境为代价,因此工业向园区和城镇的集聚、经济与生态的协调发展,是实现传统农区跨越式发展的必然要求。城镇化不是简单地把人口从农村迁往城镇,在城镇的简单集中,人口在城镇的集中目的是为了安居乐业,是经济发展自然结果。避免人们非生产性地向城镇集中,避免"空心城镇化",最基本

的前提就是让进城的农民必须有工作可做;而且工作的收入减去迁移的成本,还必须高于在农村的种地务农的收入,这样的城镇化才是"伴随经济增长的城镇化",这种人口向城镇的流动才是"生产性的流动"。要让农民"有业可就",一方面要形成个人创业的环境,政府为进城农民经商创业提供各种平台和便利。但是更为重要的方面就是依托企业的发展实现农民的就业,因此"就业是民生之本,企业是就业之基"。只有企业发展了,才能为进城农民提供大量的就业岗位,城镇化才有实实在在的内容,才不会成为"空心城镇化"。所以要推进城镇化的实质性发展,就必须把企业的发展放在首要的位置。迁入城镇的农民要真正落户城镇,不仅需要"有业可就",而且还需"有房可居","安居"才能"乐业";反过来,只有乐业,才能够做到"安居"。企业的发展需要政府提供好的发展环境、完善的基础设施。固始县的经验就是政府充分发挥引导规划作用,提供环境和平台,实施产城互动。通过新型工业化的发展为城镇化的发展提供支撑,通过"回归工程"的实施助推城镇化的发展,在这个基础上充分发展民营经济,让非公有制经济成为市场主体经济形式,让社会经济的发展充满活力。

第三节　三次产业协调推动型 ——以产粮大县淮阳县为例

近年来,淮阳县始终把握城镇化发展所带来的机遇,立足自身优势,借助产业转移和国家政策的支持,重点培育内生力量的发展,找办法、想出路,积极推进三次产业协调发展,最终形成了以外促内、以城带乡的发展格局,探索出了产粮大县城镇化与农业现代化协调发展的新路径。

一、淮阳县概况和背景

淮阳县立足于产粮大县、农业大县的实情,把发展旅游业作为切入点,以发展现代农业作为基础,以发展工业为核心,最后落脚于城镇化的发展,初步形成了产粮大县良好发展的格局。

(一)概况

淮阳县地处河南东部,全县总面积为 1321 平方公里,下辖 7 个镇 12 个乡,2 个农场,总人口 130 多万人,其中劳动力 80 多万人。2012 年全县生产总值达到 170 亿元,第一产业产值为 58 亿元,第二产业产值为 77 亿元,第三产业产值为 35 亿元,三次产业结构为 34.1：45.3：20.6。全社会固定资产投资达到 103.8 亿元,社会消费品零售总额达到 68.7 亿元。农民人均纯收入 5600 元,城镇居民可支配收入 16000 元,城镇化率达到 31.4%。

淮阳县是全国闻名的粮食大县、农业大县,粮、棉、油产量以及畜牧业的产值均居河南省的前列,是我国油料生产五强县之一,是槐山羊、黄花菜、花生、大蒜的出口基地。2012 年粮食总产量为 8.7 亿多公斤,其中有 5 亿多公斤是商品粮,是名副其实的粮食大县。淮阳县还是旅游强县,目前文化旅游业已经成为淮阳的"一大优势、一大名片",形成了"羲皇古都、水城淮阳"主题形象文化品牌,中华姓氏文化节、羲皇古都文化节、荷花节"两节一会"的品牌。境内名胜古迹众多,资源丰富,文化底蕴深厚、自然环境优美。淮阳县是中华闻名的发祥地,中华始祖太昊伏羲氏在此建都,特别是有"天下第一庙会"之称的羲皇古都朝祖会,单日游客最高达到 82.6 万人的盛大规模,成为全球单日参会人数最多的庙会。淮阳生态环境优美,拥有 11 平方公里的万亩龙湖,是中国内陆最大的环城湖,被列为国家湿地公园,因而淮阳也被誉为"北方水城",2012 年被授予"全国旅游标准化示范县"荣誉称号,成为全国首批获此殊荣的五个县之一。

近年来淮阳通过积极发展庙会文化、祖根文化以及生态文化,使得文化旅游产业成为淮阳新的支柱产业,连续成功举办 7 届荷花节,成为继洛阳牡丹、开封菊展之后河南第三大花卉旅游节品牌。2012 年全县接待游客 1598 万人次,实现文化旅游综合收入 45.2 亿元,独特的文化资源已经成了淮阳县经济社会发展的新引擎、新动力、新亮点。

(二)背景分析

作为粮食大县,淮阳县既要承担维护粮食安全的责任,又要实现经济的快速发展。一方面,相对于非粮收入,依靠种植粮食获得的收入太低,因此发展粮食生产不能实现经济的有效发展,也不能实现农民收入水平的提高。目前传统农区大多数地方主要是通过"粮食生产+外出打工"的方式维持粮食的生产,因此确保粮食安全的基础很不牢固,粮食产业持续发展的机制还没有从根本上形成。在这样的情况下,就必须加快城镇化发展,形成"以城带乡、以工促农"的发展格局,进而提升农业现代化水平,让政府维护粮食安全的责任真正转化为粮农的收益,夯实粮食稳产高产的微观基础。另一方面,作为粮食大县,由于长期的"路径依赖",再加上政策的引导,财政金融和社会投入的资金要素主要是倾向于农业生产,尤其是粮食的生产,这就导致淮阳县缺乏强有力的工业发展,缺少大的工业项目拉动,因而县域经济内生动力发展不足。在这样两个因素的限制下,产粮大县如何实现既要保证粮食安全,又要实现区域经济的跨越发展,就成了一个亟待解决的难题。

二、思路选择和具体做法

(一)思路选择

随着城镇化进程的加快以及国家各种支农惠农政策力度的加大,产粮大县在维护粮食安全,以及加快县域经济发展、提升自身发展能力方面就获得了强有力的外部拉力。在这个过程中,淮阳县逐步形成了加速城镇化发展和提升内生发展能力同时并举的思路来破解发展的难题。首先,充分利用城镇化对于产业和人口的吸纳能力,实现农村剩余劳动力的转移。其次,紧紧抓住国家强化农业支持的政策机遇,提升农业生产的基本设施水平,完善农村发展的基本条件,为粮食的稳产高产夯实基础;同时顺应消费结构的升级,优化农业结构,大力发展农产品加工业。再次,开发地方特有的文化资源、生态资源,打造旅游强县,形成新的经济亮点。最后,积极发展县域范围的县城区和中心城镇,促进人口集中居住,产业集聚发展,实现了粮食增长和经济发展的良好局面。

(二)做法和成效

淮阳县通过强化农业支持政策,发展现代农业,巩固城镇化发展的基础;积极推进三次产业协调发展,强化城镇化发展的动力;发展壮大县城区和中心镇区,拓展城镇化发展的空间载体,因而取得了良好的成效,提升了县域经济实力,促进了其协调发展水平。

1.增加农业支持力度,巩固农业发展基础

第一,加大农业基础设施建设、农业综合开发建设,以及粮食核心区建设,改善农业生产条件,增强支农惠农力度。2012 年全县粮食补贴资金14604.62 万元,每亩平均 112.04 元;综合补贴 12610.24 万元,每亩平均96.74元,实现了粮食生产八连增,2012 年粮食产量达到 5.7 亿多公斤,连续四年被评为全国粮食生产先进县。第二,积极进行科技投入和推广,利用先进实用技术改造传统农业,构建了完善的农业技术推广的基础网络,实现了新技术入户、新品种入田的良好局面。例如漕河农业科技示范区,目前已经形成了以黄花菜为基础的特色农产品的种植繁育、技术推广,有效地带动了现代农业的发展。第三,形成了若干特色农产品生产区。通过积极引导、合理规划,形成了若干与龙头企业相配套的种植区和养殖小区:专用小麦种植区的规模为 100 多万亩,蔬菜种植区规模 10 多万亩,花生等油料种植区的规模 30 多万亩,水产养殖区的规模 6 万多亩。第四,创新农业经营体制,增强涉农企业的发展水平和管理能力,提升其对于农业生产的引领带动作用。促进各类农业专业合作组织的成长发育,目前已经有了 320 多个专业合作组织;同时积极引导土地流转,目前流转的土地规模已经达到了 20 多万亩。依托陈州华英、宏达脱水蔬菜公司、辉华粉业等龙头企业,延伸了产业链,提升了农产品价值。

2.借助产业转移的机遇,发展自身的优势产业和支柱产业

首先是积极搭建发展平台,承接产业转移,激活当地经济发展的活力。借助朝祖会、寻根节等活动平台,大力开展招商引资,吸引了一批以纺织服装、农产品加工等劳动密集型为代表的规模企业,提升了全县的工业化发展水平,扩大了县域范围内的就业岗位。淮阳县先后促成了广东联塑收购河南华林、中美矿业和淮阳金农实业公司重组、恒安集团与淮阳县棉织厂等企业兼并重组,通过兼并重组提升了工业发展的水平。其次是加快产业集聚区建设,促进产业集聚化发展。通过人力、资金、产业等资源的集中,开展了"农民工培训倍增计划",出台了重点企业务工人员奖励措施。建造了集幼儿园、小学、中学于一体的教育园区,重点保障产业集聚区基础设施建设,提升了产业集聚区对于人口和产业的吸引力,把产业集聚区打造为县城经济的增长极。截至2012年,县产业集聚区入驻企业已经达到88家,吸纳就业人员2万多人,被评为河南省"十快产业集聚区"。

3.做大做强旅游产业,为城镇化持续发展提供动力

淮阳县通过深入挖掘以伏羲文化为代表的旅游资源,抓住荣获全国标准化旅游示范县的机遇,推出了"万亩龙湖生态游""羲皇古都寻根游"等旅游精品线路,大力提升旅游产业的知名度、美誉度,倾力打造融合生态保护、观光休闲、文化传承于一体的旅游产业。

以打造"文化生态强县"为目标,扩展文化旅游产业链条,使其发展为促进全县经济发展的持续产业、结构调整的优势产业、环境保护的生态产业、增加农民收入的富民产业,有力支撑了城镇化水平的提升。第一,整合旅游资源,构建大的旅游格局,打造了"羲皇古都,水城淮阳"城市名片。通过积极挖掘淮阳旅游资源,形成了羲皇古都和环城湖为核心的旅游资源,在此基础上又形成了寻根游、观光游、民俗游等特色鲜明的功能区。第二,延伸旅游链条,增强辐射带动能力。依托羲皇古都景区,引领文化旅游资源延伸到乡村,带动乡村生态的保护、民俗传承的发展;通过旅游产业链条的延伸,带动了餐饮、交通的发展。文化生态旅游产业良性的发展,为不同类型、不同层次的劳动力提供了就业岗位,拓宽了农民收入渠道。目前,全县泥泥狗、布老虎、龙湖鱼等特色文化旅游产品的生产加工企业已经发展到408家,第三产业从业人员达到18.2万人。例如作为当地非物质文化遗产的吉祥物——泥泥狗,从事专业制作的金庄村700多户有2800多人从事制作,产品已经远销美国、日本、东南亚,年销售收入达到1400多万元。第三,强化中心城区建设,打造生态宜居城市。按照特色鲜明、功能完善的目标,大力实施

"周口—淮阳"一体化战略,打造定位鲜明的主体功能区,形成了"一城三区"的城市布局,提升了城区的综合承载力。强力打造伏羲文化景观园、龙湖生态园、环湖景观带,推进县城老城区和城中村改造,提升城市品位,完善城市功能。目前淮阳县城已经发展成为面积20平方公里,人口20万的中等城市规模,其城市的综合承载能力初步显现,在本区域内发挥了较强的辐射带动作用。

4.把改善民生作为新型城镇化的落脚点

淮阳把发展文化生态旅游业为切入点,把改善民生融入城镇化与农业现代化协调发展的进程中,让居民共享发展的成果。第一,强化和完善支农的政策力度与措施。在中央和省市各项支农政策的支持下,作为粮食大县的淮阳充分调动粮食生产的积极性,挖掘粮食增产的各种潜力和途径,加大农业生产基础建设的投入,粮食生产能力得到有效的提升。第二,积极促进劳动力就业。通过本地工业的发展、旅游产业的发展带动农民就地就业,加上县域之外的异地转移就业,转移了农村剩余劳动力33万多人,占到剩余劳动力的86%。第三,推动社会事业全面发展。加大教育投资力度,提升办学水平,创建教育强县。完成建造了乡镇综合文化站、农村书屋信息基层点,丰富了农民的精神生活。基本公共卫生体系初步实现全覆盖。加大了扶贫力度,切实解决低收入人群的基本生活问题。

三、经验启示

(一)实现协调发展必须夯实粮食生产的基础

在城镇化、工业化发展的进程中,粮食安全的重要性尤为突出和明显,13亿人的吃饭问题现在是,以后也一直是头等大事。随着我国城镇化、工业化进程的加快推进,粮食安全不仅是我国经济实现快速发展的前提,同时对保证社会的和谐稳定、国家经济安全都起着战略性的基础作用。近年来中央出台了一系列的强农惠农政策、实行了最严格的耕地保护措施,从2004年到2014年连续十一年中央一号文件都是围绕三农发文,对农业生产和粮食安全的重视程度前所未有。在各种有利的政策支持下,我国粮食实现了十连增,有力地维护了粮食安全的基础。但是随着城镇化和工业化进程的加快,以及人们需求的多样性,维护粮食安全依然面临着严峻的挑战。对于淮阳来说,影响粮食安全的因素主要有:首先,非农产业发展滞后,因此能够提供的就业岗位有限,城镇吸纳农村转移人口的能力较低,依然有70%左右的人口留在农村,传统超小型的家庭经营结构难以破解,规模经营难以推进。其次,城镇化推进的过程既是经济社会发展的过程,也是土地需求增长的过程。城镇基础设施的建设、产业园区的建设、产业结构的升级以及居住条件的改善,都不可避免地带来耕地的占用,导致农业用地减少。再次,随着大量的劳动力外出打工就业、劳动力价格的持续上升,在非农务工收入和粮食收入之间,农民很容易忽视粮食生产,粮食生产甚至出现"副业化"。最后,虽然连续多年的支农强农政策有力地促进了淮阳粮食稳产增产,但是由于政策的递减效应,国家必须加大粮食补贴的力度才能保证政策效应的持续作用。

由于产粮大县在维护粮食安全的重要作用,中央和省(市)除了依据国家主体功能区的要求进行区域发展规划外,还要加大对于粮食主产区的转移支付力度和补贴力度,真正改变"粮食大县、财政弱县"的困境,依靠政策的支持从根本上提升传统农区粮食生产的积极性、主动性,切实保证粮食安全。作为传统农区本身来说,在城镇化、工业化加快推进的过程中,更应该注意耕地的保护、粮食安全的维护、农民收入的提高,真正实现经济社会的协调发展。

(二)实现协调发展必须保证三次产业协调发展

只有三次产业的同步发展、协调发展,才能为城镇化的发展提供坚实稳固的产业支撑。传统农区的很多县(市)都是粮食大县、财政弱县,资源匮乏等诸多不利因素交织在一起,直接导致了城镇化的发展缺乏非农产业的支撑,缺乏发展的动力。

作为粮食大县的淮阳县,保证粮食安全的角色和分工一方面给自身工业化的发展带来诸多不利影响,另一方面由于路径依赖,制约了自身发展路径的选择;作为财政弱县,缺乏开展大型工业项目的财政资金投入条件;由于资源的匮乏,大型重化工项目难以展开,因此该县的工业化还处于起步的阶段。淮阳县立足自身实际,紧紧抓住三次产业协调发展、互动发展来实现区域经济的协调发展。首先,在保障粮食安全的基础上,该县积极促进现代农业的发展,优化农业生产的布局,延长产业链,提升产业化水平,发展适度规模经营,从侧重数量式的农业发展转向质量效益的发展,从单一的生产环节向生产、加工、销售全产业链和高附加值环节发展。在做大做强旅游产业的基础上,带动农业、加工业和旅游业三次产业的相互渗透,形成了特有的"植根型"内生发展模式,实现了三次产业协调发展的良好局面。其次,通过发挥劳动力成本和土地成本的优势,牢牢抓住产业转移的机遇,积极发展非农产业,走出了"嵌入式"的工业化发展的新路子。

(三)协调发展必须加快推进农民的市民化

城镇化的过程就是人口集中、资源重新配置的过程,也是土地利用效率大幅度提升的过程。城镇规模越大、配套越完善、人口越集中,土地的人均占用水平越低,越是有利于土地的集约利用。淮阳县共有 495 个行政村,按照平均一个行政村 3000 人、每个村一年有 15 个人结婚建房、每处房子按照 0.25 亩计算,将占用 1.2 平方公里的住宅用地。如果实现人口在城镇的集中居住,按照一平方公里一万人的标准进行规划,将只占用 0.7 平方公里的土地,占用的宅基地面积将会大大节约。对于淮阳来说,已经转移出去的 33 万农村户籍人口如果都能够实现市民化,就会让现有农业劳动力人均耕地面积扩大一倍,这将会有效推进土地规模化。因此应该在全国范围内加快农民工的市民化进程,切实解决农民进入城市遇到的种种难题,让农民工真正地融入城市,为传统农区的发展提供好的条件。作为传统农区的县(市),同时应该积极提升县城和中心镇的综合承载能力,增强吸引力,促进人口和产业的集中,为加快农民的就地城镇化创造条件。

第九章

研究结论和展望

第一节　研究结论

城镇化是扩大内需的主要抓手,是未来20年经济发展最强大的引擎,因此推进城镇化持续、有效、健康发展就成为实现现代化的必然选择。农业、农村、农民问题的解决事关我国经济能否实现又好又快地发展、全面的小康社会能否如期实现,因此必须跳出农村解决农村问题,跳出农业解决农业问题。城镇化与农业现代化协调发展是实现城乡一体化的关键,是"四化同步"的具体体现,是保证城镇化健康发展,补齐农业现代化这条"短腿"的必然选择,因此必须把二者发展中的突出问题、突出矛盾结合起来,才能实现同步协调发展。传统农区作为一类特殊的区域,在推进城镇化和农业现代化协调发展方面面临的矛盾更为突出、需要解决的问题更为艰巨,但是这一问题目前总体上仍然缺乏全面深刻的研究。正是在这个背景下,本书从四化同步、城乡统筹的高度对于传统农区城镇化与农业现代化协调发展的问题进行了研究。本书得出以下几个主要结论:

一、城镇化发展滞后是实现协调发展的主要问题

传统农区实现协调发展必须加快提升:从自身纵向发展的角度来看,传统农区城镇化发展的水平、农业现代化发展的水平逐步提升,二者相互协调的程度也在一直提升,尤其是进入2005年之后,由于城镇化水平进程的加快,强农惠农支农政策的有力支持,二者协调发展的水平提升尤其明显。但

是总体上来看,城镇化和农业现代化的发展仍然处于较低的水平,二者不协调的问题相当突出,造成这一问题的最主要原因是传统农区城镇化发展滞后。一方面,相对于传统农区城镇化的发展始终滞后于自身农业现代化的发展水平,虽然几年来城镇化发展的速度得到提升,但是城镇化发展综合水平依然低于农业现代化发展的水平,制约着农业发展绝对水平的提升;另一方面,相对于周围区域和全国的平均水平,传统农区的城镇化发展严重滞后,由此导致农业现代化发展的相对滞后,二者协调发展的相对滞后。因此解决传统农区城镇化与农业现代协调发展的问题主要是加快传统农区的城镇化发展,实现农业人口的有效转移,减少农业富余劳动力,提升农业的劳动生产率,进而实现城镇化与农业现代化的协调发展。

二、保障国家粮食安全是实现协调发展的基本前提

传统农区粮食产量大、土地肥沃、农耕条件好,相当多的县(市)都是粮食生产的核心区,在国家粮食安全方面承担着重大的职责。在推进城镇化、工业化的过程中,传统农区必须深刻吸取长三角、珠三角等地发展的教训,不断提高维护粮食安全的积极性和责任意识,确保粮食稳产增产、耕地资源不减少,积极探索不以牺牲粮食和农业、生态和环境为代价的新型城镇化发展道路。

三、实现协调发展必须加快县域经济和镇域经济发展

较高的劳务输出率和较低的城镇化率是传统农区城镇化发展的突出特征。一方面,传统农区劳动力资源丰富,农业剩余劳动力严重,解决的途径主要是进行通过异地转移进入沿海地区或者大城市。现有的全国2.6亿多农民工很大一部分都是来自于传统农区,其中1.6亿的农民工是通过异地转移进入大城市,由此带来半城镇化、城市病、城市二元结构等问题;另一方面,传统农区就地城镇化水平较低,引起传统农区劳动力、资金、技术等资源要素加速外流,形成农区与其他区域的发展差距进一步拉大,农村留守老人、留守妇女、留守儿童的问题愈发明显,农区空心化和农村病问题越发突出。这些问题的产生的主要原因是传统农区县域经济和镇域经济发展滞后,尤其是非农产业发展严重不足,直接导致吸纳农村剩余劳动力能力不足,这是就地城镇化滞后的主要原因。很多县城虽然有非农工作机会,但是整体来看工资水平较低和发展机会较少,因此农民外出务工经商都是直接跨越县城直接进行异地转移。大多数的乡镇其实只具有消费性的功能,不具备生产性的功能,根本就没有非农就业机会。因此解决就地城镇化难题的出路就在于大力发展县域经济和具有特色的镇域经济,为农民提供更多

的非农就业岗位。

四、实现协调发展必须加速工业化发展

传统农区城镇化与农业现代化协调发展水平较低的最主要原因是非农产业发展滞后,尤其是工业化发展水平落后,城镇化的发展由于缺乏产业支撑不能得到顺利发展,不能提供充足的就业岗位,不能吸纳农村大量剩余的劳动力。因此实现传统农区的加速发展必须加速工业化发展的进程,必须补齐工业化发展的短板,为城镇化与农业现代化的协调发展提供基本的发展动力。但是工业化的发展不能"村村点火、户户冒烟",必须通过发展新型工业化,通过发挥传统农区的资源优势、比较优势来推进,有利于促进传统农区的主导产业和支柱产业的发展。尤其是加快提升农产品加工业的发展,延伸农业产业链,提升农业竞争力。工业化的推进必须重视发展的质量,以工业园区为平台,实现集聚发展、集约发展、循环发展。在承接产业转移的时候,通过有所承接、有所不承接,"嫁接式"而不是"移植式"的承接,提升农区工业化发展的内生动力,加速工业化发展的进程。

五、实现协调发展必须突出农民的主体地位

城镇化与农业现代化的协调发展必须以人为本,尤其是要突出农民的主体地位。以农民答应不答应、农民愿意不愿意、农民的权益是否得维护、农民的地位是否得到提升作为推进协调发展的标准。城镇化的推进、农业现代化水平的提升,最主要的推力来自农民的参与,最主要的目的是农民生活水平的提高。我国城乡二元结构的问题、农民工的问题、土地城镇化快于人口城镇化的问题、城市病和农村病的问题,归根结底都是由于忽视农民主体地位而产生的问题。所以城镇化与农业现代化发展的整个过程都必须始终保证农民的主体地位,让农民成为参与主体、受益主体,处处为农民着想,激发农民的积极性、创造性,让城镇化与农业现代化协调发展的成果真正惠及亿万农民群众。

六、实现协调发展必须以国家主体功能区规划为着眼点

传统农区总体上属于限制开发区,大部分地区都是大宗农产品生产区、生态安全维护区。因此传统农区要实现城镇化与农业现代化的协调发展,就不能牺牲农业和粮食、不能牺牲生态和环境,必须依据国家主体功能区规划,把维护国家粮食安全、保障生态环境安全作为协调发展的着眼点。必须强化农业生产能力的保护,确保生态不被破坏、环境不被污染,选择生态、集约、持续的协调发展道路。

第二节 研究展望

一、研究不足

城镇化与农业现代化协调发展是一个复杂庞大的系统,涉及面较广,存在的问题较多,需要进行多学科、多视角的研究分析才能抓住问题的全貌,本书只是侧重从经济学的角度进行分析,因此分析的视野不够开阔。二者协调发展应该是一个动态综合的过程,本书只是分析了城镇化与农业现代化协调发展已有的一些问题,而随着城镇化的发展,对于很多新的情况、新的问题并没有展开分析。

传统农区包括的地理范围相当广泛,既有丘陵地区,也有平原地区;既有人多地少的中部农区,也有地广人稀的东北、西北农区,本书仅仅选择了中部平原农区进行了研究,重点选择了河南省和黄淮平原作了深入的定量分析。因此本书所得出的结论也是以此为基础,未免以偏概全,不能反映出整个传统农区城镇化与农业现代化协调发展的整体情况。

由于数据资料的可得性,本书仅仅选择了城镇化与农业现代化的几个常见指标,但是这些指标未必能够反映出问题的全貌,所得出的结论也是基于这些指标的选取,结果的准确性有待提升。

二、需要进一步完成的工作

(一)从城镇化与农业现代化协调发展的路径模式方面展开研究

传统农区城镇化与农业现代化协调发展不能再走发达地区已经走过的城镇化、工业化发展的道路,必须根据自身的依据和条件来选择新的发展路径、新的发展模式,才能够实现协调发展。这就需要进一步分析传统农区实现协调发展的特殊性、依赖条件,从各地实际出发选择不同的路径模式。

(二)从城镇化与农业现代化协调发展的机制构建方面展开研究

实现城镇化与农业现代化协调发展的保障,必须进一步完善机制的构建。机制的构建不仅包括经济方面的,更需要政策方面的。因此需要深入分析城镇化与农业现代化协调发展机制的内在联系、构建方式,进一步完善促进城镇化与农业现代化协调发展的政策体系。

（三）从地域的差别方面展开协调发展的研究

由于传统农区地域范围的广泛性,传统农区各地在实现协调发展中面临的具体约束和问题各异,实现协调发展就需要从各地实际出发,因地制宜地选择实现协调发展的道路。这就需要从不同的地域范围更广泛地考察分析,避免"一刀切"和片面性问题的出现。

参考文献

[1]陈池波.新农村建设中公共产品供给问题研究[J].中南财经政法大学学报,2006(7).

[2]陈池波.发展湖北优势农产品产业带的宏观思考[J].中南财政政法大学学报,2003(2).

[3]陈池波.湖北农村经济发展的新思路[J].中南财经政法大学学报,2002(3).

[4]陈池波.论农业产业化经营中的主导产业培植[J].理论学刊,2000(8).

[5]陈池波.农村工业化进程中的问题透视与对策[J].农业现代化研究,1999(2).

[6]"城镇化进程中农村劳动力转移问题研究"课题组.城镇化进程中农村劳动力转移:战略抉择和政策思路[J].中国农村经济,2011(6).

[7]蔡继明.解决"三农"问题的根本途径是加快城市化进程[J].经济纵横,2007(7).

[8]蔡雪雄、陈元勇.转换城乡二元经济结构的路径选择和制度创新:以福建省为例[J].东南学术,2009(6).

[9]曹广忠、刘涛.中国省区城镇化的核心驱动力演变与过程模型[J].中国软科学,2010(4).

[10]曹宗平.中国城镇化之路[J].北京:人民出版社,2009.

[11]陈爱贞.中国省区城镇化动力演进的实证分析:以浙江省和福建省比较分析为例[J].东南学术,2004(9).

[12]陈凤桂、张虹欧、吴旗韬.我国人口城镇化与土地城镇化协调发展研究[J].人文地理,2010(7).

[13]陈浩、郭力."双转移"趋势与城镇化模式转型[J].城市问题,2012(5).

[14]陈莞桢.我国城市化与农业现代化关系的分析[J].统计教育,2006(11).

[15]陈卫平、郑适.传统农区农业现代化的操作机理:吉林例证[J].改革,2012(8).

［16］陈锡文.中国特色农业现代化的几个主要问题［J］.改革,2012(10).

［17］程丹、薛莎莎.城镇化与农业现代化的耦合关系研究［J］.安徽农业科学,2013(3).

［18］陈甬军、陈爱帧.城镇化与产业区域转移［J］.当代经济研究,2004(12).

［19］仇保兴.城镇化的挑战与希望［J］.城市发展研究,2010(1).

［20］仇保兴.实现我国有序城镇化的难点与对策选择［J］.城市规划学刊,2007(1).

［21］崔慧霞.工业化、城镇化、农业现代化同步发展研究［J］.调研世界,2012(6).

［22］董栓成.“工业化、城镇化、农业现代化”协调发展的定量分析:以河南省为例［J］.经济研究导刊,2011(17).

［23］冯德显、汪雪峰.传统农区城镇化研究［J］.中国科学院院刊,2013(1).

［24］冯尚春.中国农村城镇化动力研究［M］.北京:经济科学出版社,2001.

［25］冯海发.农村城镇化发展探索［M］.北京:新华出版社,2004.

［26］耿明斋.平原农业区工业化道路研究［J］.南开经济研究,1996(4).

［27］耿明斋.对新型城镇化引领“三化”协调发展的几点认识［J］.河南工业大学学报(社会科学版)》,2011(4).

［28］耿明斋.欠发达平原农业区工业化若干问题研究［J］.中州学刊,2004(1).

［29］高歌.中部农区发展思路研究［J］.农业与技术,2010(10).

［30］辜胜阻、李华、易善策.城镇化是扩大内需实现经济可持续发展的引擎［J］.中国人口科学,2010(3).

［31］辜胜阻.人口流动与农村城镇化管理［M］.武汉:华中理工大学出版社,2000.

［32］辜胜阻、易善策、李华.中国特色城镇化道路研究［J］.中国人口.资源与环境,2009(1).

［33］辜胜阻.非农化及城镇化理论与实践［M］.武汉:武汉大学出版社,1999.

［34］郭剑雄.城市化与中国农业的现代化［J］.经济问题,2003(11).

［35］郭庆海.在统筹推进“三化”中加快吉林振兴［J］.当代经济研究,2012(10).

［36］郭志仪、金沙.中西部地区扶持农民工返乡创业的机制探索［J］.中州学刊,2000(2).

［37］高帆.中国农业现代化道路的“特色”如何体现［J］.云南社会科学,2008(4).

[38]关付新.中部粮食主产区现代粮农培育问题研究——基于河南省农户的分析[J].农业经济问题,2010(7).

[39]韩长赋.加快推进农业现代化,努力实现"三化"同步发展[J].农业经济问题,2011(11).

[40]韩俊、崔传义.从战略高度看待农民工回乡创业[J].农村金融研究,2007(7).

[41]韩兆柱、马文起.中部平原农区经济发展研究[J].新乡师范高等专科学校学报,2007(1).

[42]河南省社会科学院课题组.河南省"三化"协调发展的历程、成就与经验[J].经济研究参考,2012(9).

[43]贺叶玺.工业化、城镇化和农业现代共生关系研究[J].改革与发展,2011(5).

[44]黄向梅、何署子.转型时期我国农村城镇化模式研究[J].调研世界,2011(8).

[45]黄晶.城市化进程中的政府行为[M].北京:中国财政经济出版社,2006.

[46]胡伟艳,张安禄.人口城镇化与农地非农化的因果关系:以湖北省为例[J].中国土地科学,2008(6).

[47]黄亚平、林小如.欠发达山区县域新型城镇化路径模式探讨:以湖北省为例[J].城市规划,2013(7).

[48]简新华.论中国特色城镇化道路[M].北京:经济科学出版社,2007.

[49]简新华、黄琨.中国城镇化水平与速度的实证分析与前景预测[J].经济研究,2010(3).

[50]江学清.皖北地区城镇化与农业现代化的协同发展研究[D].安徽理工大学硕士论文,2012.

[51]姜恒.中国城镇化对农业发展的影响[J].长春工业大学学报,2010(1).

[52]姜爱林.城镇化、工业化与信息化发展研究[M].北京:中国大地出版社,2004.

[53]柯炳生.正确认识和处理发展现代农业中的若干问题[J].中国农村经济,2007(9).

[54]柯福艳.统筹城乡背景下城镇化与农业现代化互促共进长效机制研究[J].农村经济,2011(5).

[55]厉以宁.关于中国城镇化的一些问题[J].当代财经,2011(1).

[56]李二玲、李小建.中部农区产业集群的创建、培育与升级[J].中州学刊,2008(3).

[57]李苗.县域城镇化问题研究[M].北京:经济科学出版社,2012.

[58]李效民.城市内部"二元"结构问题及多维度研究[J].城市发展问题研究,2013(9).

[59]刘传江、宋栋.移民建镇的制度创新[J].管理世界,2000(1).

[60]刘东勋.内陆欠发达传统农业区的经济发展模式一个基于比较优势的开放增长分析框架[J].南开经济研究,2004(3).

[61]刘建铭.关于农区工业化、城镇化与农业现代化互动发展的思考[J].经济经纬,2004(2).

[62]刘奇、靳贞来.应在我国传统农区建立现代农业综合试验区[J].中国发展观察,2009(10).

[63]刘玉.农业现代化与城镇化协调发展研究[J].城市发展研究,2007(6).

[64]李恒.劳动力转移与农区发展[M].北京:社会科学文献出版社,2009.

[65]陆大道、姚士谋、李国平等.基于我国国情的城镇化过程综合分析[J].经济地理,2007(11).

[66]陆大道、姚士谋.中国城镇化进程的科学思辨[J].人文地理,2007(4).

[67]陆大道.我国的城镇化进程与空间扩张[J].城市规划学刊,2007(4).

[68]陆大道.中国城镇化发展模式:如何走向科学发展之路[J].苏州大学学报(哲学社会科学版),2007(3).

[69]雷海章.农业经济学[M].北京:中国科学技术出版社,1991.

[70]罗必良.现代农业发展理论:逻辑线索与创新路径[M].北京:中国农业出版社,2009.

[71]马远、龚新蜀.城镇化、农业现代化与产业结构调整:基于VAR模型的计量分析[J].开发研究,2010(5).

[72]马晓河.中国城镇化进程、面临问题及其总体布局[J].改革,2010(10).

[73]孟俊杰、田建民、蔡世忠.河南省"三化"同步发展水平测度研究[J].农业技术经济,2012(8).

[74]穆瑞杰.黄淮四市经济结构调整问题研究[J].河南社会科学,2009(7).

[75]倪毅、冯健.经济欠发达地区的"回归工程"发展模式[J].城市发展研究,2010(6).

[76]牛文元.中国新型城市化报告[M].北京:科学出版社,2009.

[77]牛若峰.中国农业现代化走什么道路[J].中国农村经济,2001(1).

[78]聂亚珍.欠发达地区农村劳动力转移问题研究[M].成都:四川大学出版社,2009.

[79]彭红碧、杨峰.新型城镇化道路的科学内涵[J].经济研究,2010(4).

[80]彭荣胜.基于主体功能区建设的传统农区农村人口转移研究[J].学习

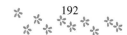

与实践,2012(11).

[81]钱陈、史晋川.城市化、结构变动与农业发展:基于城乡两部门的动态一般均衡分析[J].经济学(季刊),2006(10).

[82]钱津.成就中国农业现代化的力量[J].贵州社会科学,2011(12).

[83]钱克明,彭廷军.关于现代农业经营主体的调研报告[J].农业经济问题,2013(6).

[84]秦宪文.城市化与产业发展[J].山东师范大学学报(人文社科版),2004(1).

[85]史清华、卓建伟.农户家庭粮食经营行为研究[J].农业经济问题,2005(4).

[86]石如根.粮食主产区新型城镇化道路研究:基于河南省的实证分析[J].地域研究与开发,2012(10).

[87]史玉龙.中国特色城镇化道路的内涵和发展模式[J].贵州社会科学,2008(10).

[88]苏发金.城乡统筹:城镇化与农业经济增长关系实证分析[J].经济经纬,2011(4).

[89]孙致陆、周加来.城市化、农业现代化与农民收入增加[J].广西财经学院学报,2009(12).

[90]宋伟.中部地区县域经济"三化"协调发展问题研究[J].农村经济,2011(5).

[91]汪斌、徐士锋.产业结构变动与城市化发展研究述评[J].浙江社会科学,2006(1).

[92]汪光焘.关于当代中国城镇化发展战略的思考[J].中国软科学,2002(11).

[93]王贝.中国工业化、城镇化和农业现代化实证研究[J].城市问题,2011(9).

[94]满强.基于主体功能区规划的区域协调发展研究:以辽宁省为例[D].东北师范大学博士论文,2011.

[95]王发曾.中原经济区的"三化"协调发展之路[J].人文地理,2012(3).

[96]王发曾.中原经济区新型城镇化之路[J].经济地理,2010(12).

[97]王国刚.城镇化:中国经济发展方式转变的重心所在[J].经济研究,2010(12).

[98]王理.传统平原农业区工业化的思考[J].郑州大学学报,2008(7).

[99]王伟、吴志强.基于制度分析的我国人口城镇化演变与城乡关系转型[J].城市规划学刊,2007(4).

［100］王永苏.试论中原经济区工业化、城镇化、农业现代化协调发展［J］.中州学刊,2011(5).

［101］王永苏.正确认识和处理"三化"协调发展中的关系［J］.经济经纬,2012(1).

［102］魏后凯.走好"双加速"的下"三化"协调之路［J］.经济经纬,2012(1).

［103］温铁军、温厉.中国的"城镇化"与发展中国家城市化的教训［J］.中国软科学,2007(7).

［104］吴海峰.推进城市化必须与农业发展相协调［J］.红旗文稿,2004(11).

［105］吴文倩.农村城镇化与农业现代化关系探析［J］.商业时代,2007(17).

［106］伍国勇.基于现代多功能农业的工业化、城镇化和农业现代化"三化"同步协调发展研究［J］.农业现代化研究,2011(7).

［107］解宗方.粮食生产过程中的不协调性分析:以河南省为例［J］.农业现代化研究,2012(5).

［108］宣国富、徐建刚、赵静.安徽省区域城市化水平综合测度研究［J］.地域研究与开发,2005(6).

［109］夏春萍.农业现代化与城镇化、工业化协调发展关系的实证研究:基于VAR模型的计量分析［J］.农业技术经济,2012(5).

［110］夏春萍.我国统筹工业化、城镇化与农业现代化的现实条件分析［J］.经济纵横,2010(8).

［111］辛岭、蒋和平.我国农业现代化发展水平评价指标体系的构建和测算［J］.农业现代化研究,2010(11).

［112］徐大伟、段姗姗、刘春燕."三化"同步发展的内在机制与互动关系研究:基于协同学和机制设计理论［J］.农业经济问题,2012(2).

［113］许经勇.加快我国城镇化进程的关键在于全面繁荣农村经济［J］.广东社会科学,2004(6).

［114］许毅.农业产业化与城镇化的几个问题［J］.中南财经政法大学,2004(1).

［115］许毅.新世纪农村发展道路探索:兼论农业现代化与农村城镇化［J］.财政研究,2000(6).

［116］杨昌鹏.基于"三化"同步的欠发达地区城镇化研究［J］.江海学刊,2012(2).

［117］杨重光.新型城镇化是必由之路［J］.中国城市经济,2009(11).

［118］尹成杰.小城镇建设与农业现代化［J］.农业经济问题,1999(9).

［119］叶普万、白跃世.农业现代化问题研究评述:兼谈中国农业现代化的路径选择［J］.当代经济科学,2002(9).

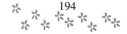

[120]严水永.农村工业化城镇化与新农村建设[J].理论界,2007(2).

[121]喻新安.传统农区新型工业化道路的内涵与实证分析:以河南黄淮四市为例[J].河南大学学报,2007(11).

[122]曾芬钰.城市化与产业结构优化[J].当代经济研究,2002(9).

[123]曾福生、吴雄周、刘辉.论我国目前城乡统筹发展的实现形式:城镇化和新农村建设协调发展[J].农业现代化研究,2010(1).

[124]张培刚.农业国工业化问题初探[M].武汉:华中科技大学出版社,2002.

[125]杨小凯.经济学原理[M].北京:中国社会科学出版社,1998.

[126]吴雄周.湖南新农村建设和城镇化协调发展研究[D].湖南农业大学博士学位论文,2010.

[127]张晓山.中国粮食安全问题与对策[J].经济与管理研究,2007(8).

[128]张晓山.关于走中国特色农业现代化道路的几点思考[J].经济纵横,2008(1).

[129]张忠明、钱文荣.不同土地规模下的农户生产行为分析[J].四川大学学报,2008(1).

[130]张雪玲.农业现代化过程中的城市化问题[J].广西社会科学,2005(5).

[131]张义明.提升黄淮四市区域经济竞争力的理论诉求[J].郑州航空工业管理学院学报,2009(4).

[132]张翼.农民工"进城落户"意愿与中国近期城镇化道路的选择[J].中国人口科学,2011(2).

[133]张建杰.粮食主产区粮作经营行为及其政策效应:基于河南省农户的调查[J].中国农村经济,2008(5).

[134]张友良.湖南省县域经济与现代农业发展实证研究[J].财经理论与实践,2008(11).

[135]张占仓.河南省新型城镇化战略研究[J].经济地理,2010(9).

[136]张占仓.如何破解"三化"协调难题[J].中州学刊,2011(6).

[137]张建云.农业现代化与农村就地城市化研究:关于当前农村"就地城市化"问题的调研[M].北京:中国社会科学出版社,2012.

[138]赵鹏.同步推进中国工业化、城镇化与农业现代化[J].中共中央党校学报,2011(8).

[139]赵新平、周一星.改革以来中国城市化道路及城市化理论研究述评[J].中国社会科学,200(2).

[140]赵群毅、周一星、王茂军.近20年来我国城市化发展速度的省区间比

较:基于"五普口径"的修正[J].经济地理,2005(5).

[141]甄峰、朱喜钢.中国城市信息化发展战略的初步研究[J].城市规划汇刊,2000(5).

[142]郑鑫.论城镇化与农业现代化的相互作用[J].郑州航空工业管理学院学报,2005(3).

[143]周天勇、李春林.论中国集中性城市化之必然[J].人口研究,1989(3).

[144]周一星.以"五普数据"为基础对我国分省城市化水平数据修补[J].统计研究,2006(3).

[145]周一星.关于中国城镇化速度的思考[J].城市规划,2007(7).

[146]周一星.土地失控谁之过[J].城市规划,200(11).

[147]周战强、乔志敏.工业化、城镇化与农业现代化[J].城市发展研究,2012(10).

[148]谢扬.城镇化道路与新农村建设[J].求知,2006(10).

[149]祁金立.中国城市化与农村经济协调发展[M].武汉:华中科技大学出版社,2004.

[150]童长江.鄂州市城乡经济协调发展评价与模式选择[D].华中农业大学博士论文,2011.

[151]邹农俭.中国农村城市化研究[M].南宁:广西人民出版社,2002.

[152]祝洪章.传统农区走新型工业化道路分析[J].求是学刊,2010(9).

[153]邹珊刚.系统科学[M].上海:上海科技出版社,1987.

[154]弗里德里希·李斯特.政治经济学的自然体系[M].北京:商务印书馆,1997.

[155]约翰·梅尔.农业经济发展学[M].北京:农村读物出版社,1988.

[156]罗斯托.经济成长阶段[M].北京:经济科学出版社,1998.

[157]费景汉·拉尼斯.劳力剩余经济的发展[M].北京:华夏出版社,1989.

[158]H.钱纳里.工业化与经济增长的比较研究[M].上海:上海人民出版社,1995.

[159]西蒙·库兹涅茨.各国的经济增长[M].北京:商务印书馆,2005.

[160]库兹涅茨.现代经济增长[M].北京:经济学院出版社,1989.

[161]舒尔茨.改造传统农业[M].北京:商务印书馆,1987.

[162]速水佑次郎、弗农·拉坦.农业发展的国际分析[M].北京:中国社会科学出版社,2000.

[163]村上直树.中原平原农区回乡创业的现状:对周口市回乡创业者的问卷调查[M].河南大学学报,2010(1).

[164]威廉·配第.政治算术[M].北京:商务印书馆,1978.

[165]COOPER, RICHARD C. *The Economics of Independence: Economic Policy in the Atlantic Community.* [M]. New York: Mcgraw-Hill, 1966.

[166]CHENERY HETAL. *Redistribution with Growth* [M]. London and New York. Oxford University Press, 1974.

[167]C. PETER TINMER. *The Agricultural Transformation in Handbook of Development Economics. Elsevier Science Publishers* [C]. North Holland Publishing Company, Amsterdam, 1988.

[168]CHEN J. *Rapid urbanization in China: A Real Challenge to Soil Protection and Food Security*[C]. Catena, 2007.

[169]DUNNING J. H. *The Paradigm of International Economic Production y* [C]. Journal of International Business Studies, 1988.

[170]FRIEDMANN J. *Four These in the Study of China Urbanization*[C]. International Journal of Urban and Regional Research, 2006.

[171]H·B·CHENERY. *Patterns of development* [M]. *London:* Oxford University Press, 1957.

[172]KAIVAN MUNSHI. *Networks in the Modern Economy: Mexican Migrants in the U. S. Labor Market*[C]. Quarterly Journal of Economics, 2003.

[173]LIN YI FU. *Rural Reforms and Agricultural Productivity Growth in China* [C]. American Economic Review.

[174]KAM WEN CHING, LI ZHANG. *The Hukou System and Rural-Urban Migration in China: Processes and Changes* [C]. The China Quarterly, 1999 .

[175]FEI J. ANDRANIS G. *Development of the Labor Surplus Economy*[C]. Richard Irwin. Inc, 1964.

[176]INDERIJIT SINGH, LYN SQUIRE, AND JOHN STRAUSS. *A Surevery of Agriculture Household Models Recent Findings and Policy Imploications* [C]. Word Bank Economic Review, 1986.

[177]JAMESC. DAVIS,J. VERNON HENDERSON. *Evidence on the political economy of the urbanization process* [C]. Journal of Urban Economics,2003.

[178]KARMESHU. *Demographic models of urbanization. Environment and planning*[C]. Planning and Design, 1988.

[179]KOJIMA K.*Reorganization of North-South Trade: Japan Foreign Economic Policy for the* 1970[C]. Hitotubanshi Journal of Economics, 1973.

[180]LEWIS. W. A. *Economic Development with Unlimited Supplies of Labor*

[C]. Manchester School of Economics and Social Studies, 1954.

[181] LEWIS. W. A. *the Evolution of International Economic Order* [M]. Princeton: Princeton University Press, 1978.

[182] MA L J C, FAN M. U. *Urbanization from Below: the Growth of Towns in Jiangsu, Chinar* [C]. Urban Studyies, 1994.

[183] RAY M. NORTHAM. *Urban Geography* [M]. New York: John Wiley & Sons, 1975.

[184] RONALD L. Moomaw. A li M. , Shatter. *Urbanization and Economic Development: A Bias toward Large Cities?* [C]. Journal of Urbanization, 1996.

[185] RAYMOND VERNON. *International Investment and Investment Trade in the Produt Cycle* [C]. Quarterly Journal of Economics, 1966.

[186] RAU IPREBISCH. *Commercial Policy in the Under – developed Countries* [C]. American Economic Review, 1959.

[187] SHEN J, WONG K Y, FENG Z. *State Sponsored and Spontaneous Urbanization in the Pear River Delta of South China , 1980—1998* [C]. Urban Geography, 2002.

[188] WEI Y D. *Decentralization, Marketization and Globalization: the Triple Processes Underlying Regional Development in China* [C]. Asian Geographer, 2001.

[189] YASUSADA MURATA. *Rural—urban interdependence and industrialization* [C]. Journal of Development Economics, 2002.

[190] ZHANG T. *Urban Development and a Socialist Pro—growth Coalition in ShangHai* [C]. Urban Affairs Review, 2002.

[191] ZHANG K H. What *Explains China Rising Urbanisation in the Reform Era* [C]. Urban Studies, 2002.

[192] ZHANG L, ZHAO X B. *Re–examining China " Urban" Concept and the Level of Urbanization* [C]. The China Quarterly, 1998.

[193] PERROUX F. *Economic Space: Theory and Application* [C]. Journal of Economics, 1950.

[194] ZHOU Y. X Ma L J C. *China Urbanization Levels: Reconstructing Comparable time–series data Based on the Fifth Population Census* [C]. China Quarterly, 2003.